受 浙江大学文科高水平学术著作出版基金
中央高校基本科研业务费专项基金 资助

系 国家社科基金一般项目《当代西方自然主义认识论研究》
（05BZX022）结题成果

"知识的命运"编委会

丛书主编

盛晓明

丛书编委（按姓氏音序排列）

陈素梅（上海社会科学院）

丛杭青（浙江大学）

李恒威（浙江大学）

刘晓力（中国人民大学）

盛晓明（浙江大学）

吴国盛（清华大学）

吴　彤（清华大学）

张　立（浙江大学）

张志林（复旦大学）

知识的命运·论丛
The Fate of Knowledge

A Study
of
Naturalistic
Epistemology

自然主义
认识论
研究

丛杭青　等著

ZHEJIANG UNIVERSITY PRESS
浙江大学出版社
·杭州·

总　序

"知识的命运"丛书今年终于能与读者见面了。这套丛书由论著和译著两个系列构成，主要涉及科学活动在当今社会生活中的境遇，以及学者们从哲学、政治学、社会学和人类学等不同角度所做的反思。

"知识"是一个古老而又时新的话题。在古希腊的哲学家那里，与"意见"（doxa）不同，"知识"或"科学"（episteme）是确证了的真理，从真理出发就奠定了西方主流的知识观。这种观点认为，知识一经产生就独立于它的生产者，成为一种不受时间和空间限制的普遍的、永恒的存在。如今，这样的想法逐渐为另一种知识观所取代，在这种观念中，首先，知识是在演化着的，无论是知识准则还是功能都发生了显著的变化。如果说希腊的知识以数学（几何学）为楷模而贬斥修辞学，中世纪的知识崇尚神学而抗拒巫术（神迹），那么近代以来的知识则倡导实证而抵制形而上学。我们不可能为知识的演化设定目标，因为没有任何超验的力量或"上帝之眼"可以做到这一点。正如库恩所说的那样，我们只知道知识从哪里开始演化，却无法获悉并主宰它朝何方演化。其次，"知"与"行"始终是一体的。60 多年前，赖

1

尔就试图区分两类知识,"know-that"(所知)与"know-how"(能知),"能知"不仅涉及认知能力,同时也涉及行为能力。当培根说"知识就是力量"时,他所谓的"知识"显然是指基于实验活动的"新科学"。在科学革命与产业革命之后,人们逐渐意识到,知识的增长不仅受认知驱动,同样也受产业(创新)驱动。

近代的科学革命无疑是一场知识观念的变革,不仅改变了知识的基本准则,也改变了知识的社会功能。通过18世纪的启蒙运动,科学被确认为人类一切认知的典范。在一个世纪前的今天,当陈独秀在《新青年》杂志上向中国这样一个非西方国家推介"德先生"时,在他眼里,科学已经成为衡量社会进步的唯一标杆。当时爆发的那场"科学与玄学"的论战,正如胡适所说的那样,是中国人向"赛先生"行的"见面礼"。不得不接受科学的启蒙,对于当时极其落后的中国和混沌不堪的文化状况来说,肯定是一件痛苦但是又不得不为之的事,因为知识已经与中国的国运牵扯在一起了。哲学家阿佩尔曾深刻地揭示了其中的困惑,"这些非欧洲文化已经并且还将不得不接受欧洲的技术工业生活方式及其科学基础,它们被迫与自身造成间距,被迫与它们的传统相疏远,其彻底程度远胜于我们。它们绝不能期望仅仅通过解释学的反思来补偿已经出现的与过去的断裂"①。

我们这里所理解的现代科学就是在拿破仑时期成形,在19世纪被移植到德国,最终形成的一种制度化的科学。无论是哲学家还是社会学家,都是以此作为"原型科学"(proto-science)来设计科学共同体的认知规范与社会(伦理)规范。从此,知识开始进入了高速增长期,并且迅速扩展到不同的地区和民族。知识之所以能够突破各种文化和传播屏障,是因为人们对知识的信任是建立在严格并且统一的制度基础上的。这也是现代知识有别于传统知识的地方。知识的

---

① 卡尔-奥托·阿佩尔:《哲学的改造》,孙周兴、陆兴华译,上海译文出版社,2005年,第70—71页。

"客观性"源自一种严格受规范约束的知识生产方式。

不过,知识的演化并未就此打住。进入 20 世纪,尤其在二战之后,出现了一些新的研究模式。一是所谓的"大科学"(big science),政府或者军方出于民族国家的核心利益,集中大规模的资金来构筑大规模的平台,强势地介入了知识的生产过程。二是"产业科学"(industrial science)的兴起,改变了"为科学而科学"的格局,科学进步的动力学也由兴趣(求知)驱动转向了"创新"驱动。由于上述研究模式多少都偏离了"原型科学"的发展轨迹,也有人称之为"后学院科学"或者"后常规科学"。

新文化运动已过去一个世纪了,这次,自上而下,中国人终于以主动的姿态迎接知识生产方式的转型。这一次同样也事关国运。当然,与一个世纪前一样,也肯定会经历磨难。在那些适应了"原型科学"的科学家和哲学家看来,新的研究模式多少颠覆了既有的规范化要求,并且与学术的失范现象,以及"功利化""行政化"的趋向脱不了干系。再说了,这样一种新的知识生产模式究竟能否被确认为一场知识观念的变革,以及它究竟是不是一种不可逆的演变趋势,学界还存在争议。

我们这套丛书正是以这样一种新的视角介入这场争议,并试图对知识演变的趋势做出确认。至少,下述几个方面的变化值得引起读者的注意。

首先,科学已经成为一项公共的事业,而不只是存在于少数知识精英和技术专家头脑中并且自以为是的东西。知识的有效性必须以别人的实际认可为前提。从这个意义上说,科技专家与产业、政府人士,乃至社会公众一起共同构造了知识。当科技知识渗透到社会的每一个角落时,这项事业就已经没有旁观者了,只有实际的参与者。这就意味着,知识的主体必定是共同主体,创新需要各方协同才能进行。也正因为如此,不同的价值与规范体系之间需要经历艰苦的协调与重塑过程。

其次,科学不再是一项纯粹的理智事业,它通过技术手段深度介入自然与社会过程,引发不可逆的后果,甚至带来生态的、社会的和伦理的风险。随着研究过程中复杂性与不确定性的增大,因果性模式被相关性模式所取代,任何准确预测的努力都有可能化为泡影。更重要的是,由于涉及不同的利益,政策歧见与争议也不断延伸,尤其在一些涉及公众健康与安全、动植物保护和环境等敏感议题上导致了公众对科学的信任危机,甚至还会引发族群的分裂。要解决这样一些问题需要有一种新的治理方式和新的协同机制。在拉维兹看来,"这也意味着,科学的进步已经成为政治事件。科学共同体的所有成员都与'科学政策'的决定如何下达有着密不可分的关系,至于所有的市民,他们至少都得间接地对这些决定的下达承担责任"①。

由此可见,知识的命运不仅涉及国家的命运,知识精英的命运,甚至也关乎每个社会公众的命运。因此,不仅需要"公众理解科学",同时也需要"科学理解公众",只有这样方能构建起一个新的命运共同体,并且只有这样才能真正理解,为何知识的命运就是我们自己的命运。真心希望这套丛书所选择的每一本书都有助于读者把握住自己的命运。

盛晓明

2017 年 11 月 20 日

---

① Ravetz,J. R. *Scientific Knowledge and Its Social Problems*. Oxford:Clarendon Press,1971,p. 3.

前　言

　　自然主义与实证主义、历史主义并称为 20 世纪西方哲学三大思潮。当代自然主义认识论指的是，威拉德·奥曼·奎因（Quine, Willard van Orman）在 1969 年倡导并在当代西方认识论和科学哲学中引起极大争议的"自然主义认识论"。

　　自然主义已经成为一股重要学术思潮，影响范围涉及哲学、伦理学、社会学、美学、语言学、政治学、宗教学等诸多领域。在哲学上，不仅出现自然化认识论，还出现"自然化信念""自然化意向""自然化心智"等方案。

　　在众多标榜自然主义或自然主义认识论的学者那里，存在着基本概念的相对模糊和对认识论基本问题的广泛争论。近来的争论更使得人们对自然主义认识论感到无所适从：即使是阐述同一主题，不同的自然主义者的所指也不一定相同。奎因原本试图以自然化认识论取代传统哲学的无谓纷争，未想自然化认识论本身如今亦陷入纷繁芜杂的局面。本书研究的目的是梳理奎因之后的自然主义认识论在当代的演变，并预测它的发展趋势。

　　认识论需要改造，或者"自然化"，这一点已成为当代认识论学者的共识。翻开近50年来出版的认识论论著和词典,几乎都将自然主义认识论作为一个重要的主题。但是,这又是一个最不容易达成共识的主题。有人戏称,当代有多少自称为自然主义者,那么就有多少种自然主义。

对于20世纪70年代在美国兴起的自然主义认识论,我们既可以将其看作认识论中长期存在的自然化趋势的关键性转向,也可以将其认作近代自然主义思潮在后分析哲学时代的认识论进路的复归。当代自然主义认识论仍处于蓬勃发展中,但过度繁荣的背后也蕴藏着危机或隐患:形态各异的自然主义认识论之间充满纷争甚至对立,自然主义认识论表现形式的多样化虽然在一定程度上扩展了理论视域,但也预示着自然主义认识论理论内核的分化及离心力的加剧,从而使整个自然主义认识论的内涵和外延面临宽泛化、模糊化、空洞化的危险。

本书通过两大问题群对自然主义认识论进行考察。一是自然主义认识论的思想理论渊源,即自然主义认识论的实用主义承诺。第二章探讨的就是这个问题。二是自然主义认识论的核心概念,即心理主义、规范性与先验。有了核心概念,我们就可准确地把握自然主义认识论的全貌,区分不同主张的自然主义认识论,并明确对这些核心概念的不同态度决定了对认识论的不同的改造方案。这也是本书第三至第五章所分别讨论的问题。

思想渊源:实用主义

自然主义认识论在当代美国实现复兴,而且这一过程是由实用主义者来完成的。这难道仅仅是巧合吗? 我们认为不是。实用主义是美国思想大舞台上最著名的和最具影响力的哲学流派。当代自然主义认识论由奎因发起,兴盛于美国并传播于世界。可以说,实用主义的传统与当代自然主义认识论有着天然的联系。

实用主义是美国哲学的标志。探讨自然主义认识论如何在实用主义的哲学土壤上得以产生、形成和发展,探寻其内在关系及其互动过程,这是值得我们关注的问题,也是厘清自然主义认识论的重要线索之一。

实用主义的传统与当代自然主义认识论的紧密联系可作两个方面的理解:一是它们之间内在的(或固有的)联系,即实用主义本身的特征与自然主义认识论具有某些相通之处。这是自然主义认识论直接产生于实用主义的前提条件。二是从实用主义到自然主义认识论经历了一个内在的发展过程。这是自然主义认识论在当代复兴的历史条件和契机。本书通过这两方面分析实用主义传统与自然主义认识论复兴之间的紧密关联性,从而澄清自然主义认识论的思想方法和本质内容。

本书先探讨实用主义的基本特征是否与自然主义认识论相符,进而分析实用主义在认识论上的表现。然后,结合实用主义,回顾认识论自然化的进程。在这一进程中,实用主义对自然主义认识论的影响显露无遗。因此,接着具体分析实用主义为自然主义认识论所提供的具体承诺,以揭示不同的自然主义认识论与不同的实用主义的对应关系。最后,对自然主义认识论的趋势给予预测性回答并对未来认识论的出路进行反思。

根据这样的思路,本书从三个方面着重论述了实用主义的自然化特征。首先,对实用主义特征的述评,从中我们可以看到它本身具有的自然化特征或倾向,正是这些基本特征决定了实用主义可以作为自然主义认识论的背景承诺。其次,对实用主义的三种认识论进路进行划分,这既是实用主义的认识论表现,也为自然主义认识论的三种纲领埋下伏笔。最后,结合实用主义回顾认识论自然化的历史进程,这不仅是实用主义的认识论表现的具体化,而且也为把实用主义作为自然主义认识论的承诺提供了历史证据。

本书梳理出当代自然主义认识论的三种主要形式,即所谓的三种纲领,并与实用主义的三种认识论进路形成照应。然后,对三种纲领的基本立场及其依赖的实用主义承诺进行了具体分析,将强、中、弱三种纲领分别对应于奎因、约翰·杜威(Dewey,John)、查尔斯·桑德斯·皮尔士(Peirce,Charles Sanders)的实用主义。我们看到,三种实用主义的承诺不仅决定了各自对应的自然主义认识论纲领的基本态度和立场,也体现出不同纲领的错综复杂的相互关系,这就为我们进一步分析自然主义认识论的发展趋势提供了可靠的依据。

这样,根据不同的实用主义承诺所表现出的相互依存关系推断自然主义认识论三种纲领之间的相互关联,从而预测自然主义认识论在纷争中的发展方向。由于依赖各自的实用主义承诺,在自然主义认识论三种纲领之间存在着相互转化的关系,因而,未来的自然主义认识论将向中纲领汇集,即以杜威的实用主义为背景承诺的纲领。

从其他的认识论表达中,我们也看到它们与自然主义认识论某种纲领的某些契合之处,这对认识论的未来出路是有启发意义的。可以肯定的是,未来的认识论将经历自然化方案与其他方案相互合作、融合的过程。

核心概念之一:心理主义

在广泛而热烈的讨论中,有一个问题贯穿始终,那便是心理学与认识论之间的关系问题。心理学是否该被引入认识论?为何要引入?引入的具体方式如何?心理学和认识论之间的关系到底该如何界定?围绕着这些问题,不同的认识论者提出了不同的观点和看法。本书对此问题进行分析和考察,以期探究出一条合理的认识论研究的心理学进路。

自19世纪以来,心理主义一直占据着各种批判浪潮的核心位置。伊曼努尔·康德(Kant,Immanuel)、弗里德里希·路德维希·

戈特洛布·弗雷格(Frege，Friedrich Ludwig Gottlob)等都对心理主义进行过批判。康德主张净化伦理学和逻辑学，去除其中的经验部分，当然也包括了心理因素。

进入 20 世纪后，以弗雷格为代表的逻辑实证主义者开始在认识论研究中拒斥心理学的渗透。弗雷格把我们如何获知基本规则的过程描述为一种精神上的过程。在这里，他提出了一个重要的命题，即属于逻辑的问题应当与属于心理学的问题严格地区分开来。

弗雷格在他著作中一再所反对的，是将我们关于推论的精神过程的描述性特征与规范性特征混淆起来的观点。弗雷格将心理学排除出了认识论的研究领域，以一种纯逻辑的形式来探究传统的认识论难题，但事实证明，这种把心理学割裂出去的做法并不有效。

将心理学重新引入认识论的一个重要原因在于在当代心理学自身领域内所发生的变化。在 20 世纪六七十年代，众多关于语言学习、记忆、感知及问题解决的著作使得认识论研究有机会超越晦涩的研究而转向心理机制。

在认识论领域，心理主义的复兴是一种共识，但如何复兴却众说纷纭，有着不同的方案。

奎因主张用心理学替代认识论，这便是"替代论"的方案。阿尔温·戈德曼(Goldman，Alvin)提出了一个崭新的 epistemics 的概念。一方面，他唯恐人们指责其所从事的事业并非属于认识论的领域，另一方面，他又希望与传统认识论保持距离，因此，戈德曼在认识论(epistemology)概念之外另立门户，提出了 epistemics 的概念。除了在术语上有一定的连贯性之外，戈德曼的认识论思想与传统认识论也有着重大的连续性。

本书认为，认识论要吸收心理学和认知科学的观点与方法，与此同时，认识论不应该丧失其自主性。

核心概念之二：规范性

自然主义认识论兴起以来经历了种种的责难，其中最为激烈的莫过于对规范性问题的质疑。认识论的自然主义转向是否能够继续保留认识论的规范性，这历来是自然主义反对者质疑的焦点。

在传统认识论中，我们必须用可获得的认识论规则来为我们的信念的形成做出说明并为之辩护。而这些规则在本质上是先验的，并独立于这些需要说明和辩护的信念。这样它们才可能为论断提供基础。

而自然主义否定了传统认识论中关于规则的先验、绝对、普遍的观点。在自然主义者看来，对自然科学理论的辩护、评价等规范性问题不需要这些先验的、绝对的、普遍的规范或标准来进行衡量。在对信念进行辩护的时候，我们只能寻求其他信念和基本的认知实践，而没有更深层的东西可以寻求了。

但科学论断的描述性解释是如何获得规范性作用的呢？它又是如何解决大卫·休谟（Hume，David）难题的，即从"is"如何推导出"ought"？这些质疑使得自然主义认识论在规范性问题上陷入困境（休谟难题）之中。

本书的目的就是在自然主义认识论背景下为规范性寻找立身之地。本书分析自然主义认识论者解决该问题的几条途径，找到其中的不足和困境，做出修正，试图为规范性问题的解决寻找可能的出路。

本书对奎因的将认识论置于科学之下的观点做了分析。奎因认为在科学之外没有做出评判的基础，我们只有接受科学本身。奎因明确地表达了认识论具有描述性功能的观点。但当我们试图为描述性观点做出论证时，事实上这也就陷入了一项规范性活动中。在认识论中，我们是没法避开规范性问题的。

关于试图用工具理性来说明规范性的来源，这种观点认为，我们可能不具有一种绝对的理性观点。规范性只能被定义为，当结果确定后我们应该做什么的工具理性。但工具理性还是需要用一个绝对的理性的观点来定义本身。由于工具理性的有限规范性不能用工具性的术语来解释，因此这也是行不通的。此外，工具理性也没能解决休谟难题，反而深陷其中。

最后一种试图解决规范性的途径是用附生性概念来说明规范性和描述性的关系。附生性试图为规范性和描述性提供一种依赖关系，同时保持它们各自的自主性。但由于附生性本身的概念是有问题的，因此它也不能够为规范性问题的解决提供出路。

无论是消解主义、工具理性还是附生性，都试图将认识论的规范性与科学的描述性联系起来，规范性的基础完全来自科学本身。但它们都无法解决休谟难题。所以，我们还是需要有一个超越科学的视角来作为规范性的基础，至于这个外在的视角是什么，还是有很大争论的。

那么如何为规范性寻找到解决途径呢？本书提供了两个途径模型。作为一种可能的途径，我们引入温和的第一哲学视角，试图从中为规范性的来源提供出路。我们为这种温和的第一哲学设定了四条标准。前两条是说任何温和的第一哲学都是可错的和可修正的，第三条是说必须提供一条外在于科学的视角来评价科学，而最后一条则是科学必须能够为认识论提供启示，而同时认识论也必须为科学提供启示，而且不能循环。这样温和的第一哲学就能在自然主义认识论中为规范性提供一个外在于科学的基础，从而使规范性不至于完全来自描述性的科学。

而另外一种可能解决问题的出路是，引入规范性的建构主义。外在于科学的文化、社会和自然基础将一起建构起规范性。对一个共同体来说，共同体设定的关于科学理性的规范和其他规范的本质是一样的。共同体建构起了这个规范，并普遍接受了这种规范，那么对这个共同体来说这些规范就是客观的,具有规范性力量。这样就为规范性提供了一个外在的非绝对基础,在自然主义认识论中为规范性留下了发展空间。

当然,这两条途径只是两种可能。在分析这两条途径的过程中,我们也发现了一些有待于解决的问题。比如,温和自然主义是否还可能有其他的必要标准,如果有,又会是什么。在规范性的建构主义中,对规范发展的解释就涉及了规范性建构不是任意的。

核心概念之三:经验中的先验

近些年来,"先验能否与自然主义认识论和平共处"这一问题在认识论甚至分析哲学领域一直争论不休。本书以这一问题为出发点,探讨认识论自然化过程中的先验话题,意图澄清先验本质上是认识论概念并存在于经验范围内,进而探讨其在自然主义认识论中起到的不可或缺的作用。这种经验范围内的先验辩护概念能结合先验和经验各自优点,同时也让我们更好地理解先验是如何与经验科学保持和谐的。

本书的主要工作是分析并澄清自然主义认识论和先验这两大概念,摒弃它们传统的点缀和包装,展现其真实的面貌。自然主义认识论是以经验科学作为研究对象的认识论;先验作为一种认识论概念,在知识和科学理论获得的过程中具有不同于感觉经验的辩护意义,它的理性洞见为认识提供了不依赖于经验的相对可靠的和确定的地位。

不同于以往建立在科学之上或之外的先验真理性概念,我们阐明的先验是认识论意义上的先验辩护概念。先验辩护事实上存在于科学甚至在我们的日常生活之中,它与经验辩护最大的区别是认识来源的不同。这种以辩护为本质的先验概念,作为一种朴素的概念存在于科学活动的每个角落,尤其是存在于数学和逻辑之中。

作为一种认识论概念,先验在知识和科学理论获得的过程中具有不同于感觉经验的辩护意义。这与强调自然科学是认识的唯一有效方式不存在冲突,并使得科学实践具有规范的可说明性。它去除了形而上学特征和建构色彩,但本质上仍然是不依赖于经验而存在的,因此具有相对独立性和普遍有效性。但在原则上先验也是可错的。因为人是获得先验概念的主体。虽然先验概念不依赖于人而存在,但当从人的理性中寻找先验的根据时,其实就是在找一种可以以广义的人类经验来看待的纯理性,这种理性在原则上不依赖于经验,我们可以称其为先验。

先验概念始终存在于认识论中。纯经验的积累很难形成系统的科学知识,尤其是一些高度抽象的自然科学理论。我们必须结合逻辑和数学等先验原则并适当地对信念进行先验辩护才能将经验知识进行可靠的整合形成理论系统。这一过程是在经验范围中进行的。先验作为一种认识论概念以及知识的特定辩护方式,必须结合经验环境才能进行辩护。同时,它作为哲学的一个经典的基础性概念,也引发了我们对科学背景下的知识客观性和认知态度的思考。

本书研究的意义与价值。首先,澄清了自然主义认识论的本质。可对认知科学、科学哲学和哲学学科的发展起到推动作用。其次,自然主义的本质在于科学的方法与精神。以认识论为例,其强调了跨学科研究认识理论,可对促进学科交叉与融合起到示范的作用。最后,揭示了心理机制与逻辑机制、描述与规范、经验与先验之间相互作用的机制。

本书是国家社科基金项目"当代西方自然主义认识论研究"(05BZX022)的结题专著。当时参加课题研究的有程晓东、王漪、林杭明和任姣婕同学。本书结集出版是集体成果的呈现。第二章"实用主义承诺下的自然主义认识论"的初稿曾参加2005年8月在长沙举办的第十二届全国科学哲学学术会议,同年10月在《哲学研究》上发表,英文版在 *Frontiers of Philosophy in China* 上发表。美国马萨诸塞大学阿姆赫斯特分校哲学系希拉里·科恩布利斯(Kornblith，Hilary)教授对该文初稿的英文版提出了建设性意见。第三章"自然化认识论的心理主义进路"原为我所指导的林杭明的硕士论文，见2006年浙江大学硕士学位论文《自然化认识论的心理学进路》，收录时作了修改。第四章"规范性重建"原为我所指导的任姣婕的硕士论文，见2008年浙江大学硕士学位论文《自然主义认识论背景下的规范性重建》，收录时作了修改。第五章"经验中的先验"原为我所指导的王漪的博士论文和硕士论文中的一部分，见2007年浙江大学硕士学位论文《自然主义认识论背景下的先验性》和2010年浙江大学博士学位论文《经验中的先验》，收录时作了修改。

2021年春节假期，我所指导的研究生团队参与了著作的修订工作。参与该次修订工作的人员有周恩泽、李阳、茶秋思、李梓菲和徐亚运。2021年上半年，我们又对书稿进行了重新的编排和修订。参与第2次修订工作的人员有李京珂(第1章)、周恩泽(第2章)、李阳(第3章)、李梓菲(第4章)和魏丽娜(第5章)。在本书印刷前，王晓梅对清样进行第3次修订。在此一并致谢。

丛杭青

2022年8月

目　　录

第一章　认识论的自然化转向

一、传统认识论

　　整个近代西方哲学就是认识论哲学。这种认识论哲学力求对知识的客观性和普遍性进行辩护，它是一种基础主义的认识论。基础主义认识论是对认识的基础、本质等规范的研究，它分为唯理论和经验论。唯理论认为认识的最终基础是理性；经验论认为认识的最终基础是经验，经验是知识的最终来源。

　　唯理论是从拉丁术语 ratio（理性）引申过来的。唯理论认为，知识可以从理由与推导中获得，与感觉、体验等无关。它重视理性的认知结构对于认识的决定影响，而轻视人的感性认识证据。经验论是从希腊术语 empeiria（经验）引申过来的。经验论认为，任何知识都是从各种感觉、体验等感官经验中获得，认识是从研究人的感觉和知觉经验出发，人的认识能力是在经验中培养的。唯理论的最终基础是理性，例如，勒内·笛卡尔（Descartes，René）的基础主义，其最终基础就是理性中产生的"我思"。

经验论强调我们的一切知识都是建立在经验上的,而且最后是源自经验的。唯理论则声称真正的知识基础不在感官知觉而在理性思维中,在天赋观念中。它强调理性认识的可靠性,认为心灵中的天赋观念和天赋原则是获得确定性知识的前提和基础,它怀疑甚至否定感官经验的真实性。经验论反对天赋观念,但并不否认理性的力量,它崇尚经验但也不排斥理性的作用。不过,总的来说,经验论是轻理性而重感性,认为只有感觉所获得的经验才能为认识提供可靠的基础。即使是理智直观、理性推理,它们也只是感觉经验的一种形式。洛克在他的认识论中极大地保留了理性的独特地位和能动作用,但他却把理性限制在经验的范围之内。

传统经验论有一个很大的难题,即不能获得知识的普遍必然性。它重视的只是感觉和知觉的作用,而忽视逻辑的力量。休谟曾指出,一个由实际经验来检验有效性的一般命题在逻辑上是无法确定的。某个命题,无论在以往的多少次实践中验证为真,但仍然无法保证在将来某一个时刻此命题仍然为真,也就是说,存在着将来的某一时刻某一场合,此命题有被证伪的可能性。这也就说明,涉及事实的命题是无法被证明为具有必然性和普遍性的。由此,休谟就断定从感觉经验推不出任何实体,并且理性通达不了存在,认识论就沦为怀疑论。

20世纪直至21世纪的认识论在本质上属于经验论的传统。它以寻求科学的认识论基础为始,以走向某种怀疑论为终。如果我们只是将知识和科学理论的获得与纯粹的感觉经验活动相联系,抛弃认识的理性特征,那么我们将永远无法摆脱怀疑论的干扰。从感觉经验中所获得的知识只能提供偶然的、由归纳而来的知识。

经验论与唯理论相互缠绕。事实上,当我们根据知识的起源问题将近代西方哲学家简单地划分为经验论和唯理论这两派的时候,就有失合理性。这种定性不能完整地体现某个哲学家的整个思想历程。哲学家的思想不仅仅包括知识的起源问题,还包括知识的认识过程、认识结构和认识的本质问题。例如,虽然英国经验论者休谟,他曾断言人的思维无法超越经验的界限,却也强调只靠思想获得,"不依据于宇宙任何地方的东西",具有"直觉的确定性"①的先验可知的知识命题。唯理论的笛卡尔坚持认为,感觉和观察在实验科学理论中有重要作用。

虽然经验论反对天赋观念,却从未真正否认过理性的力量。他们在确定经验的地位时并没有放弃理性在经验中的作用。当然,不可否认,经验论者普遍将理性感性化,只有在感觉经验中才能获得可靠的认识基础,而理性直观、理性推理在经验范围内可以作为经验认识的一部分。

对传统认识论的批评

(1)对人的抽象预设的批评。传统认识论认为人天生就具有理性,这是人的本性。无论是笛卡尔的"我思故我在",还是康德所认为的人的本质在于为自然立法并具有先验的分析和综合的主观形式,都是对人本质的预设。理查德·罗蒂(Lottie, Richard)认为,人的本质是一种抽象的概念,非但没有实际意义,反而腐蚀了西方思想文化。当代科学哲学通过抛弃传统认识论对人的本质的抽象预设,试图抽掉传统认识论的理论基础。

(2)取消主客二分。传统认识论与传统的本体论哲学分享着同一个前提——主客二分。自笛卡尔对物质实体和精神实体进行了区分,主客二分模式就开始支配着近代以来的哲学,从而形成了认识论主体和客体区分的格局。当时的哲学家们认为,认识就是主体如何去认识客体的问题。海德格尔认为,从主客体对立关系中研究认识问题,并提出主体如何认识客体,这是传统哲学给自己制造出来的困

---

① 休谟. 人类理解研究[M]. 关文运,译. 北京:商务印书馆,1972:40.

境,是毫无意义的。他认为,存在是比主客体区分更为原始的东西,主客体的概念是派生出来的,认识总是指示人存在的一个方面而已。加达默尔则认为,康德对主客体的区分站不住脚,不存在主客体的区分对立关系,它们是一种属于关系,人无法摆脱历史,也就是说主体是客体的一部分。当代哲学家对主客二分的批判,其目的是消解传统认识论的思维模式。

二、知识的概念

知识的定义

传统的观点认为,认识论的主要任务是说明知识的概念。何为知识?这一问题往往会被当代英美分析哲学家们具体化为"哪些条件应当被视为知识之所以为知识的条件"。其实,在希腊时期,柏拉图(Plato)对这一问题早已经给出了经典的回答。

柏拉图在其后期对话《泰阿泰德篇》中借苏格拉底(Socrates)之口提出,知识是证明了的真的信念。起初,泰阿泰德(Theaetetus)建议将知识定义为"真的信念",但苏格拉底很快发现这一定义不妥。因为在生活中可能会出现这样的情况:我们相信关于某一事件的某一说法,而且这一说法确实是真的,但我们并不能因此就说我们有关于此事件的知识。例如,有一个有数次杀人前科的杀人犯甲被指控再一次杀人。他确确实实是杀人犯,但这一次指控他杀人,警察却找不到任何证据。但是为了定他的罪,检察官就编造了一些证据来使法官相信他是杀人犯。在这一事件中,甲确实是杀人犯,这一说法是真的。法官最后也相信他是杀人犯,因而也有"真的信念"。但是,我们却不能说法官具有"甲是杀人犯"这一事件的知识。因为在这种情况下,真信念必然不是知识,因为检察官所提供的证据都不是建立在事实的基础上的。换句话说,法官具有真信念,但获得此信念的证据是没有经过严格验证的,无法成为知识。因此,后来苏格拉底和泰阿泰德在知识的定义上加上了"必须经过证明"这一条件。

用当代分析哲学的标准形式来表示,就是:

某人 S 知道命题 P,当且仅当:

(1)P 是真的;

(2)S 相信 P 是真的;

(3)S 相信 P 是真的是经过证明的。

在标准形式中,"S"代表一个人,"P"代表一个命题,然后根据"S 知道 P"来研究其成立的必要条件和充分条件。换句话说,就是来完成公式:"S 知道 P,当且仅当……"

20 世纪 50 年代,英国分析哲学家艾耶尔(A. J. Ayer)在《知识问题》一书中,对知识所给出的定义与柏拉图的定义基本是一致的:

某人 S 知道命题 P,当且仅当:

(1)P 是真的;

(2)S 确信 P 是真的;

(3)S 有权(或有资格)相信 P 是真的。[①]

罗德里克·奇硕姆(Chisholm,Roderick)提出:

S 知道 P,当且仅当:

(1)P 是真的;

(2)S 接受 P;

(3)S 有 P 的充分证据。[②]

在以上条件中,第一个条件并不是虚设的。一个人可以认为他知道 P,即使 P 是假的。但他又不可能真正知道 P,除非 P 是真的,

---

① Ayer A J. *The Problem of Knowledge*[M]. Hamondsworth:Penguin Book,1956:34.

② Chisholm R M. *Perceiving*[M]. New York:Cornell University Press,1957:103.

这样他才真正知道 P,即掌握知识 P。艾耶尔和奇硕姆的分析都认为,获得知识 P 的充分条件就是对三个条件的全部满足。这种分析现在通常被称为知识的获得辩护的真信念(JTB,justified true belief)分析。

盖梯尔难题

然而,埃德蒙·盖梯尔(Gettier,Edmund)却认为,知识获得的过程并非如此简单。盖梯尔用了两个反例,质疑"知识就是获得辩护了的真信念"。①

第一个例子是这样的。假设有两个人,一个叫史密斯,一个叫琼斯。这两人同时申请同一份工作。现在史密斯有这样一个信念并且他确信这一个信念,即:

P1——琼斯就是那个会得到这份工作的人并且他的口袋里有十个硬币。

史密斯之所以会得出这样一个信念并确信它是真的,是因为这家公司的老板亲口对史密斯说琼斯会得到这份工作,并且史密斯十分钟前刚刚数过琼斯口袋里的硬币,刚好是十个。因此,我们完全可以认为史密斯有权相信 P1 是真的或史密斯所相信的 P1 是获得辩护了的。

命题 P1 逻辑地蕴含着命题 P2 即"那个口袋里有十个硬币的人会得到这份工作";且根据 P1 是真的,可以推出 P2 是真的;如果史密斯相信 P2 是真的,那么我们也完全可以认为史密斯有权相信 P2 是真的,或史密斯所相信的 P2 是获得辩护的。但是事实的结果却是琼斯由于某些谁也不清楚的原因而没有得到这份工作。因此这份工作

---

① Gettier E L . Is justified true belief knowledge? [J]. *Analysis*,1963,23(6):121-123.

就自然而然落到了史密斯身上。史密斯在得知喜讯后检查了自己的口袋,发现里面竟然也有十个硬币。

根据盖梯尔的说法,新的事实固然证明了 P1 为假,但却不能同时证明 P2 为假。虽然 P2 从 P1 中引申出来,但它却仍然为真,因为史密斯得到了这份工作且他的口袋里有十个硬币。我们可以看到 P2,即"那个口袋里有十个硬币的人会得到这份工作"是真的,并且史密斯也相信 P2 是真的,之后的事实也说明,史密斯相信 P2 为真是获得辩护的,也就是说,史密斯有权相信 P2 是真的。史密斯满足了"那个口袋里有十个硬币的人会得到这份工作" P2 命题的知识的三个经典条件,但事实上史密斯并没有关于 P2 的知识,而他只是纯属巧合地知道 P2 这一命题。这一个例子说明,一个人获得辩护地相信一个真实的命题,但却不知道这一知识。

盖梯尔的第二个反例是:假设史密斯有足够的证据相信琼斯拥有一辆福特牌轿车,因为他回忆自他认识琼斯以来就总看见琼斯开着这辆福特轿车,并且他不久前还坐过琼斯开的这辆车。因此,我们得到史密斯相信命题,即 P3——琼斯拥有一辆福特牌轿车——是真的。现在再假设史密斯还有一位朋友叫布朗。布朗先生的行踪总是飘忽不定。史密斯随机地从地图上挑出三个城市,比如说"波士顿""巴塞罗那"和"东京"。于是,根据这三个地名和 P3,就构成了三个新的命题:

P4:或者琼斯拥有一辆福特牌轿车,或者布朗在波士顿。

P5:或者琼斯拥有一辆福特牌轿车,或者布朗在巴塞罗那。

P6:或者琼斯拥有一辆福特牌轿车,或者布朗在东京。

如果 P3 为真,那么我们知道根据逻辑真值表,P4、P5 和 P6 也都逻辑地必然为真。这也就是说,不管布朗先生现在在哪里,即便在波士顿、巴塞罗那或是东京,或者在北京、纽约或伦敦,只要 P3 为真,P4、P5 和 P6 都逻辑为真。因为史密斯有权相信 P3 是真的,他也有权相信 P4、P5 和 P6。

然而真实情况却是,琼斯并没有真正拥有这辆福特车,史密斯之所以总看见琼斯开这辆福特车,那是因为有可能车是租来的或者是朋友借给琼斯的。而布朗先生这个时候确确实实是在巴塞罗那。显然,P3 是假的,并且史密斯并没有获得 P3 的知识。同时,P4 和 P6 也是假的,史密斯也没有获得 P4 和 P6 的知识。但是,盖梯尔认为,如果根据知识的经典定义,P5 是真的,并且史密斯也相信 P5 是正确的,同时史密斯也有权相信 P5 是正确的或史密斯的相信 P5 是获得辩护的,那么史密斯应当有关于 P5 的知识。但显然史密斯并没有关于 P5 的知识。这个例子说明了,一个人获得辩护地相信的东西是真的,这可能只是一个意外或巧合。

对盖梯尔难题的修正

根据盖梯尔的疑问和反驳,知识的 JTB 定义似乎失效了。人们之所以成功地获得知识,那只是由于意外或巧合。但是绝大多数认识论者仍然认为知识的获得并非偶然的,且信念为真也并非偶然的,他们对此提出了新的看法。

首先,有些学者认为 JTB 的三个条件是作为知识的必要条件,要使得知识成立,需要加上第四个条件来加强这个分析。弗莱德·德雷茨克(Dretske,Fred)认为 S 知道 P 的附加条件①是:

存在一个理由 R,使得:

(1)S 基于 R 获得 P 信念;

(2)非 P→非(S 有 R)。

这一公式说明当 P 为假时,S 不可能得到理由 R。例如,S 相信在花园里有茉莉花(P)的理由是 S 在花园中闻到了茉莉花的天然香

---

① Dretske F I. Conclusive reasons[J]. *Australasian Journal of Philosophy*,1971,49(1):1-22.

味(R)。如果花园里没有茉莉花,S 是不可能闻到茉莉花的天然香味的,或者说,除非花园里有茉莉花,否则 S 是不可能在花园里闻到茉莉花的香味。德雷茨克认为,只要上述条件满足,那么信念为真并非偶然,信念之所以为真是基于一些事实或证据,如果 P 不是真的,那么这些事实或证据就无法得到。

其次,对于盖梯尔难题的回答,戈德曼认为,经典的知识定义的疏忽是未能清楚地界定信念内容和信念之间的因果关系。在讨论盖梯尔的问题时,戈德曼是这样分析的:

> 使得命题 P(P5)为真的乃是"布朗在巴塞罗那"这一事实。但这一事实却与史密斯相信 P(P5)没有丝毫的联系。也就是说,"布朗在巴塞罗那"这一事实与史密斯相信 P(P5)之间没有因果联系。假如史密斯相信 P(P5)是因为他读到了一封布朗寄自巴塞罗那的信,我们也许可以说史密斯知道 P(P5)。另一种可能性是,假如琼斯的确拥有一辆福特牌轿车,并且史密斯相信琼斯是这辆福特车的主人是因为他不久前还坐过琼斯开的这辆车,而这又导致史密斯相信 P(P5),我们也会说史密斯知道 P(P5)。因为,在(盖梯尔的)例子中,在使得 P(P5)为真的事实与史密斯之相信 P(P5)之间似乎缺少了一种因果的链接。而关于这样一种因果的链接的要求正是我想要加进传统的分析之中去的。[①]

因此,戈德曼在 JTB 定义中加上了第四个条件,即我们关于知识命题的信念内容与信念之间的因果链接:

S 知道命题 P,当且仅当:

---

① Goldman A I. A casual theory of knowing[J]. *Journal of Philosophy*, 1967, 64 (12):358.

（1）P是真的；

（2）S相信P是真的；

（3）S相信P是真的是经过证明的；

（4）R是S相信P的原因。

戈德曼关于知识的第四个条件说明信念内容与信念事实之间需要建立因果联系，才能真正为信念内容辩护，如果不考虑产生信念的因果链条，就不能说明信念的辩护状态。因此条件四是对条件三的补充说明。

戈德曼坚持知识是从经验范围中获得的。他将从经验获得的知识分为三类：一类是从知觉获得的知识；一类是通过记忆而来的知识；一类则是通过推理而来的知识。

因果论指出，各种类型的因果链能够授予（confer）知识资格。这集中体现在"知觉"这一典型例子中。"……包含推理和推论的情形要复杂一些，但是这里也存在将外部世界事实与形成信念的精神活动联系起来的因果链条。当信念为真，并且是基于正确地重构了外部世界图景的正确推理时，它就有资格成为知识。"①

可以说，戈德曼的"因果知识说"成功地避免了盖梯尔难题。但我们不禁要问：所有的因果过程都能够提供辩护吗？显然不是。知觉和合理的推理通常能够产生真信念，但是幻觉、感情用事以及在选择上的草率通常会产生虚假的信念。那么什么样的因果过程才能提供辩护呢？这就导致了可靠论的产生：

　　一个信念是受到辩护的，当且仅当它是由一个通常可靠的信念形成过程产生的，或者由一系列这样的过程产生的。②

---

① 阿尔文·I.戈德曼.认识论[M]//欧阳康.当代英美哲学地图.北京：人民出版社，2005：194-195.

② Goldman A I. What is justified belief? [M]//Pappas George. *Justification and Knowledge*. Boston：D. Redel Pub. Co. Press，1979：48.

戈德曼的可靠论观点认为，不同的信念形成过程，在可靠性上存在着不同程度的区别，越是可靠的过程便越容易获得真理。当且仅当信念是可靠产生的，信念才获得辩护。科恩布利斯大致赞同戈德曼的观点，他认为知识是某种已经被证实了的真信念。这种真信念可以通过因果关系来解释，即相信知识是可以有根据地成为真信念的，一个信念是根据某种可靠的已经获得辩护了的信念推理得到的结果，或者是在知觉经验基础上由归纳推理所得到的结果。

三、信念的辩护

通过上文对知识定义的分析可以看出，信念的辩护过程是认识论最传统，也是最核心的话题。获得辩护的信念至少是知识的必要条件，那我们如何对信念进行辩护呢？关于获得辩护的信念的最引人注目的理论有三种：一是基础论；二是融贯论；三是可靠论。

基础论

基础论可以追溯到笛卡尔甚至到亚里士多德，其认为在获得辩护的信念中，有些信念是直接地、随即地获得辩护，而非由其他信念推导过来，这些信念称之为基础信念。基于基础信念的理论成为基础论。启蒙运动以来，基础论一直支配着西方传统认识论。

基础论认为，大多数命题是依靠其他命题提供理由的，其可靠性是建立在其他命题基础上的。但是这一推理的过程不应该陷入无穷倒退，可靠性的链条不可能无限延展。于是，必定有一些基本的命题是无需由其他命题为其提供理由而仅依靠自身便可获得有效性的，这类命题就是基础命题。基础命题就是通过基础信念获得的命题。我们提过，知识是获得辩护的真信念。因此，知识的获得离不开对信念的辩护过程，而基础命题的获得也离不开基础信念。

基础信念构成了整个辩护体系的基础，当然也是获得知识的基础。基础信念不依赖其他信念而存在，相反，其他信念则需要基础信念为其提供存在的基础，依赖基础信念之间的推导关系。戈德曼认为基础论的典型形式像一个向下展开的树枝[①]（图 1-1）：

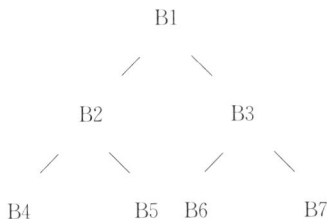

B1

B2　　　　　　B3

B4　　　　B5　B6　　　　B7

图 1-1　信念的结构

B1 是任何获得辩护的非基础信念，B4、B5、B6 和 B7 是基础信念，B1 的获得必须通过基础信念的推导。既然 B4－B7 是基础信念，那么辩护的链条就将终止于这些基础信念，不再无休止地往下延展，这就是基础论。

因此，基础论描述的是一种倒金字塔形的认知结构，少数的基础信念是认识的基础，为数众多的非基础信念基于其上。戈德曼提到，假设向下的路线"无限地走下去，那么就不会产生辩护。如果终止在一个自身没有受到辩护的终结点上的话，也不会产生辩护。最后，如果链条循环返回自身的话，也不会有辩护产生"[②]。因此，对于基础论来说，有两个核心观点：

（1）某些信念具有基础的正当性，就是说，在与其他信念的关系中，它们的正当性是独立地受到辩护的；

（2）其余所有受到辩护的信念，它们的辩护都与基础信念有着内

———

① 阿尔文·I. 戈德曼. 认识论［M］//欧阳康. 当代英美哲学地图. 北京：人民出版社，2005：200.

② 阿尔文·I. 戈德曼. 认识论［M］//欧阳康. 当代英美哲学地图. 北京：人民出版社，2005：201.

在的推理关系。①

什么样的信念是基础性的？信念的什么特性使得它成为基础信念？这些基础信念是如何获得直接辩护的呢？我们可以做这样的陈述：

（1）如果 S 在 t 时刻相信命题 P，且 P 对 S 来说是无可置疑的，那么 S 在 t 时刻的信念 P 就是获得辩护的；

（2）如果 S 在 t 时刻相信命题 P，而 P 是自明的，那么 S 在 t 时刻的信念 P 是获得辩护的；

（3）如果 P 是个自呈现命题，P 在 t 时刻对 S 为真，且 S 在 t 时刻相信 P 是真的，那么 S 在 t 时刻对 P 的信念是获得辩护的；

（4）如果 P 是无法更改的（incorrigible）命题，而 S 在 t 时刻相信 P，那么 S 在 t 时刻对 P 的信念是获得辩护的。

根据（1），命题 P 一般被认为是逻辑和数学的命题，也称之为先验知识，它们都是基础性的，且相对无可置疑的。关于（2），自明性地获得辩护的命题，就是通过直觉、内省和纯理性这些自明性方式而获得辩护的命题。其实（2）的表述已经部分地包含了（1）的内容，数学和逻辑也具有一定自明性特征，但并非所有的数学和逻辑都是自明的，只有基本的数学原理和逻辑原则是内在清楚明白的，即自明的。（3）是基础的纯经验命题，它通过直接的感觉和知觉而获得。日常生活中，知觉可以被认为是信念的基础，因为它有认识的稳定性，且可错性很低。但在稍微复杂一些的知觉活动或者科学探索中，知觉是否可以作为稳固的基础信念受到质疑。（4）更多地说明一种精神状态的命题。

那么基础信念是不可错的吗？如果答案是肯定的，那么很多关

① 阿尔文·I.戈德曼.认识论[M]//欧阳康.当代英美哲学地图.北京：人民出版社，2005：201.

于物质现象的信念就会从基础信念中被排斥出去①,剩下的可能只有最基础的逻辑和数学等分析命题了。很多学者认为不可错性并非辩护的必要条件,这也说明获得辩护的信念是可错的,而事实上,这种可能性的存在是很普遍的。

事实证明,在科学上开始认为已经是获得充分辩护的信念,后来被证实不完善或不正确,导致进一步修正的案例不胜枚举。如果将知觉作为信念的基础,虽然我们可以很容易地解释类似"桌子上有一个花瓶"这样一类简单的信念,但是却无法解释稍微复杂的信念。

在科学探索中,以知觉信念作为基础信念而又出现错误的实案是很常见的。1930 年美国天文学家汤博发现冥王星,当时他错估了冥王星的质量,以为冥王星比地球还大。所以科学界将其称为大行星,这样太阳系就有了九大行星。然而,经过近 30 年的观测与分析,科学家们发现它的直径只有 2300 公里,比月球还要小。随着一颗比冥王星更大、更远的天体的发现,冥王星大行星地位的争论愈演愈烈。2006 年,国际天文学联合会大会重新确定太阳系只有八大行星,而冥王星被降级为"矮行星"。判断冥王星是否属于大行星行列,需要借助更基础的数学和逻辑分析,而知觉信念就很难再被认为是基础信念。

即使不列举如此复杂的天文现象而回到对事实的考察,我们仍然发现知觉在认识中的基础性地位很难被认同。当我们眼前有一个多边形的图像,可能是二十四边形也可能是二十六边形。在我们没有认真地去数之前,通过知觉能够判断这个图像就是二十四边形吗?如果我们加入数数的过程,那这还是纯粹的知觉现象吗?这显然是很有争议的。戈德曼对知觉的基础信念的条件表达了自己的一种简

---

① 某知觉的信念在某时刻被经验证实是正确的,但这并不排除其可错性。因为经验只能通过归纳证明以往到此刻的信念是正确的,但不可能保证在未来的某个时刻,此信念仍然是不可错的。

单的限定方法：

> 一个人相信在其周围有一个 F，他的这个信念受到了直接的（基础性）辩护，仅当 F 状的东西出现在他面前并且他有可靠的办法辨别 F 物或 F 现象。[①]

这一可靠的办法就是通过观察和感觉证据。对于戈德曼来说，知觉是能够产生可靠性的，这也是自然主义认识论的普遍观点：感觉证据可以提供事实，是我们达到对世界描述这一目的的证据。事实上很多时候，我们认识事物的知觉活动仍然需要配合基础的数学和逻辑分析来对现象进行更为准确的评估和确定。但同时我们也不能否定知觉本身的基础作用。

除了基础的知觉信念，基础的数学和逻辑信念，如 $1+1=2$ 和 $A=A$，显然是自明的信念、不可置疑的，它们提供了不依赖于经验内容的基础。基础信念包括自明的、先验辩护获得的信念（包括数学和逻辑等先验知识）、直接知觉经验和不可更改的信念。当我们通过直接辩护获得了基础信念，则可以根据推理等推导方式获得其他信念。

融贯论

融贯论（coherence theory）反对基础信念的主张，认为真理不在于真值承受者与非承受者之间的关系，而是在于真值承受者之间的相互关系。一个人或一个共同体的信念之间是相互支撑的关系，所以辩护并没有什么非信念的来源，所有的辩护都是来自其他辩护。

严格的融贯论者反对信念辩护的传递性，而宽泛的融贯论者则

---

① 阿尔文·I. 戈德曼. 认识论[M]//欧阳康. 当代英美哲学地图. 北京：人民出版社，2005：202.

认为辩护可以在一致的命题之间传递。而基础论认为信念不能由相互支持开始获得辩护,论证必须立足于那些直接辩护的信念或命题——基础信念或命题开始。

融贯论普遍存在一个严格的标准——只有融贯才是辩护的唯一源泉。反对融贯论的学者认为,融贯论会导致真理相对主义,也会导致(恶性的)循环论①。融贯论把一个比较可信的真理标准当成了真理的定义:"真理的标准是用于评价信念的真假的证据规则,而真理的定义旨在陈述信念(或其他的真值承受者)的真理性在于什么。"②

当然,融贯论者也试图解决真理的相对主义问题。融贯论者指出,真理概念是一个调节性的理想(a regulative idea),只有在一个统一的和完全的科学中才能实现,而实际存在或可能存在的信念系统离这个理想还很遥远。当理想很遥远的时候,真理的标准就起到了一定的作用。这个时候,真理就与有用相联系。真理与有用相联系的观点遭到了不少学者的抨击,他们认为"这种把真理与效用混为一体的做法是有害的,因为信念伦理要求我们以纯正的心态去追求真理,即使其结果有损于我们的物质利益"③。

融贯论还面临着另一个问题:既然信念获得辩护是由整个系统的融贯程度决定的,那么在这一个系统内,要么所有信念都能够获得辩护,要么所有信念都未获得辩护。这个推断跟我们的常识不符,在日常生活中,一些信念获得辩护的同时,另有一些信念是未获得辩护的。获得辩护的信念和未获得辩护的信念都是建立在经验的基础之上,融贯论是需要以经验为基础的。有的学者认为,融贯论与经验不

---

① 有些融贯论者关于循环论的回答是,当一个循环足够大时,它就不是恶性循环。换句话说,如果循环的圈子足够大,融贯论者并不反对循环论证,并认为正是在循环中相关命题的互相支持使得每一个命题都获得保证。

② 乔纳森·科恩. 科学哲学[M]//欧阳康.当代英美哲学地图. 北京:人民出版社,2005:496.

③ 乔纳森·科恩. 科学哲学[M]//欧阳康.当代英美哲学地图. 北京:人民出版社,2005:496.

相关,它只是强调理论内部的逻辑一致性。克里斯托夫·彻尼亚克(Cherniak,Christopher)在《最低限度的合理性》[①]中通过计算说明,假如一个信念系统中逻辑上独立的原子命题的数目只有 138 个(一个相对较小的数目),那么要计算这样的一个信念系统是否一致,一台理想的计算机以"最高速度"计算,也需要 200 亿年。如果一个融贯系统只考虑主体所支持的逻辑一致性,那么它就很难达到真正意义上的理论融贯。因此经验不可能被排除在辩护系统之外,信念系统也不可能从现实中被孤立或剥离出来。所以说融贯论也是需要经验的基础。

虽然融贯论的理论核心与基础论截然不同,但是将融贯作为辩护的唯一源泉的主张实际上是一种基础论的认知表达,即只有融贯才是唯一的基础信念,其他信念只有以此为基础并获得辩护。同时,基础论所认同的有效推理方式,如演绎推理和归纳推理都包含着融贯的要求。所以,融贯论跟基础论并不是截然分离的。

可靠论

可靠论是由戈德曼正式提出的一个重要概念。可靠论涉及两个方面:一个是作为知识的理论,指 S 知道命题 P 当且仅当 S 相信 P 是真的,并且这一信念是通过某种可靠的过程实现的;另一个是获得辩护的信念的理论,即 S 得到一个获得辩护的信念 P,当且仅当该信念是一个可靠过程的结果。

戈德曼在文章《什么是获得辩护的信念?》("What is justified belief?")和著作《认识论与认知》(*Epistemology and Cognition*)中阐述了两种不同的可靠论,这是容易理解的。可靠论从出现到发展至今,其讨论的核心内容和主张也发生了转变。可靠论最初出现是为

---

① Cherniak C. *Minimal Rationality*[M]. Cambridge,MA:MIT Press,1986.

了应对盖梯尔问题,也是为了对抗内在论的知识观而提出的作为外在论的理论。但随着可靠论的发展,它已经逐渐偏离了外在论的理论进路,转而着眼于将内在论和外在论进行调和的工作。

在前文中,戈德曼首次明确地提出过程可靠论。对可靠论他给出这样的表述:

> 我们所具有的信念辩护理论是这样的:一个信念是获得辩护的,当且仅当它是完好形成的,即存在一系列可靠的,或者有条件的可靠的认识运作程序,该信念是这一过程系列的最终结果。①
>
> 如果 S 对 P 的相信是由一个可靠的认知过程产生,并且该过程不会导致 S 在 t 时刻不相信 P,那么在 t 时刻 S 对 P 的相信就是获得辩护的。②

戈德曼将辩护区分为独立于信念的和依赖于信念的。前者作为知觉过程,不需要其他信念作辩护依据;后者是作为一个推论过程,依赖于信念的输入。戈德曼在《区别与知觉知识》(*Discrimination and Perceptual Knowledge*)中进一步阐述了因果认知论需借助于知识的可靠论,虽然一个信念成为知识产生于一定的可靠的因果过程或认知机制,但这种可靠性不仅能在事实情境中产生真信念,而且在相关的反事实或虚拟情境中,禁止或抑制假信念。

戈德曼早期的可靠论是传统形式的,它遇到了普遍性问题的质疑。假设在一个晴朗的下午,你在路上行走时看到对面过来一位朋友 F。这样你就会形成一个信念 P——朋友 F 正在走过来。这个信

---

① Goldman A I. What is justified belief?[M]//Pappas George. *Justification and Knowledge*. Boston: D. Reidel Pub. Co. Press,1979: 12.

② 转引自 Plantinga A. *Warrant*: *The Current Debate*[M]. New York & Oxford: Oxford University Press,1993:198.

念是获得辩护的,因为你获得辩护地知道信念 P 的内容,并且 P 是事实。但是根据过程可靠理论,我们很难具体分析所谓的可靠的过程是什么。是周围环境的光线反射吗？还是朋友 F 以及各类对象的反射？或者反射在视神经中的作用？或者又是大脑所接受的视神经的作用？还是感觉神经接受大脑信念的过程？事实上,一个信念产生于一个事件,但这个事件结合了很多不同的过程,不同的过程类型又有不同的可靠程度,哪种类型真正提供信念的辩护呢？哪个过程是充分可靠呢？过程可靠论需要解决这一普遍性问题。而戈德曼本人承认"关于过程类型的一般想法是宽泛的主张,无法提供一个准确的解释"①。

此外,过程可靠论也遇到两个难题。第一个难题是,当一个人通过可靠的过程得到一个信念时,虽然这个信念本身是真的,但这个人却没有理由相信获得信念的过程是可靠的;甚至,他认为这一获得信念的过程是不可靠的。那如何来确定过程的可靠性呢？这一问题不是靠外在论所能解决的。

第二个难题是,假设在一个可能的世界中,一个魔鬼欺骗了认知者,使得认知者通过臆想过程形成的信念都变成真的,那么通过此过程获得的信念是真的吗？显然不是。因为信念获得的过程是不可靠的,但事实上,这些信念都是真的。这一个反例试图说明可靠性对信念辩护来说并不是必要的。戈德曼辩解道,在这个例子中,"重要的不是臆想的真假,而是我们认为臆想是不可靠的"②。当戈德曼做这样的解释时,某种意义上他是把信念过程的可靠性理解为人们所相信的可靠的过程,这里他已经开始转向内在论了。

戈德曼在 20 世纪八九十年代提出的辩护理论对传统的可靠论

---

① Goldman A I. What is justified belief? [M]//Pappas George. *Justification and Knowledge*. Boston: D. Reidel Pub. Co. Press, 1979: 12.

② Goldman A I. What is justified belief? [M]//Pappas George. *Justification and Knowledge*. Boston: D. Reidel Pub. Co. Press, 1979: 12.

进行修正和改良,可视为对内在论和外在论的调和。在《认识论与认知》中,戈德曼这样描述自己改进的可靠论观点:

> (P1)S 在 t 时刻相信 P 是获得辩护的,当且仅当:
>
> (A)S 在 t 时刻对 P 的信念为辩护的规则系统所允许,并且;
>
> (B)这种允许不被 S 在 t 时刻的认识状态所破坏。[①]

那么什么样的辩护规则系统是正确的呢? 当且仅当一个辩护规则系统允许特定的心理过程,并且这些过程的产物将导致信念为真的比率达到特定高的界限(大于 0.5),那么这个系统就是正确的辩护规则系统。

戈德曼不仅将修正的可靠论与心理主义相结合,同时也给出心理过程中的"德性或恶性列表"(virtue or vice list)。列入德性范围的是知觉、记忆和合理推理;而一厢情愿、感情用事以及草率做出的决定通常会产生虚假信念,被视为是恶性的。当信念所依赖的产生过程刚好处于德性过程的列表中时,信念是获得辩护的;如果刚好处于恶性过程的列表中时,则不能作为获得辩护的保证。他举了这样一个例子:

> 假设邓斯探长在调查一个包括各种证据的复杂案子。邓斯所收集和审查到的证据都牵连到嫌疑人琼斯。任何一位聪明的侦探,如夏洛克·福尔摩斯,都可能会注意到琼斯涉案。但是,邓斯并未领会牵连到琼斯的证据的实质,他看不到这种证据的关联。虽然邓斯的确相信琼斯犯了罪,但仅仅是因为琼斯的长

---

① 转引自 Plantinga A. *Warrant*: *The Current Debate*[M]. New York & Oxford: Oxford University Press, 1993:200.

相与邓斯非常讨厌的一个叔叔非常像。在这种情况下,邓斯认为琼斯犯罪的信念是受到辩护的吗?当然不是。尽管他拥有足够的支持证据,但是他形成信念的机制或者过程,对于辩护来说是不恰当的。[①]

这一例子说明一厢情愿和感情用事以及草率做出的决定都不能为辩护提供可靠性。戈德曼引入德性观的心理内容表明了在辩护的过程中,内在的因素是不可忽视的。因为心理内容是直接与主体关联的。从而戈德曼的可靠论已经逐渐由外在论转向内在论。他是这样解释自己新的可靠理论:

可靠论的成功变形,能够解决大部分(倘若不是全部)早期可靠主义的衍生形式所面临的主要反例。[②]

戈德曼不仅将知觉基础与可靠论相联系,同时也引入了内省基础。对他而言,内在论与外在论已经没有明显的界线,或者已经不可区分了。但他认为内在论对信念的辩护要求过于严格,甚至基础论和融贯论都不能成为一种内在论理论[③]。

邦乔维(Laurence BonJour)是这样解释内在论和外在论的:一个获得辩护的理论是内在论的,当且仅当这个理论要求信念 P 的所有认识意义上辩护所需要的因素对 S 来说在认知上是可以把握的,并且内在于 S 的认知视角。一个获得辩护的理论是外在论的,当且仅当它允许至少某些获得辩护所需要的因素无须如此可把握,它们可

① 阿尔文·I.戈德曼.认识论[M]//欧阳康.当代英美哲学地图.北京:人民出版社,2005:208-209.

② Goldman A. *Liaisons*:*Philosophy Meets the Cognitive and Social Sicences*[M].Cambridge,MA:MIT Press,1992:163.

③ 阿尔文·I.戈德曼.认识论[M]//欧阳康.当代英美哲学地图.北京:人民出版社,2005:213-215.

能是外在于信念者的认知视角,也可能在 S 的认知视野之外。① 我们也可以这样理解内在论的主张,一个信念 P 是获得辩护的,当且仅当所有信念 P 的辩护因素必须是在认知主体 S 的视角下或是认知主体 S 可以内在把握的。外在论反对单纯从内在意识中寻求辩护的根据,并非 S 的信念 P 的所有辩护因素都内在于 S 的认知视角。虽然戈德曼不否认内在因素对可靠论的作用,但是根据内在论的定义,严格地说,可靠论并不属于内在论。他列了三个内在论很难达到真正意义上的辩护的理由。

首先,他认为信念状态并不是直接被意愿所控制的。比如,我们前面有一杯水,这已经是一个事实。当我们问前面是否有一杯水时,它已经不是一个选择性的问题。因为答案是很明显的,前面确实存在一杯水。

其次,戈德曼认为,根据内在论所说,理论都是通过人的内在信念进行辩护的。但事实上,人们贮存的几乎所有信念都是未获得辩护的。这种状况就很容易导致怀疑论,因为本以为获得辩护的信念其实很大一部分是未获得辩护的。他进行了如下分析:

> 贮存的信念并不是一个人当下正想到的信念,而是保留在长期记忆中的、只有在有时候才被重新记起来的事实信念的点滴。由于这样的信息是由记忆贮存下来的,对于当下来说,没有什么自觉意识或活动状态可以为它们提供证据或辩护。那么按照严格的内在论,它们就不可能受到辩护。因为内在论严格地把辩护决定因子(justification determining factors)限定为有意识的状态。这也就是说,在严格的内在论看来,在通常被认为是受到辩护的信念

---

① BonJour L. Externalism/internalism[M]//Jonathan Dancy, Ernest Sosa eds. *A Companion to Epistemology*. Oxford: Blackwell, 1992: 132-136.

中,有一大部分是未受到辩护的,这真是怀疑论的极大
胜利。①

最后,戈德曼认为,即使不要求将辩护决定因子作为有意识的状
态,基础论和融贯论也很难被称为内在论理论。他这样解释道:

> 我将用融贯论来阐明这一点,不过,在细节上做了必要
> 的修正后,它也适用于基础论。按照标准的融贯论,一个信
> 念是受到辩护的,当且仅当它与认识主体的整个信念系统
> 保持一致。……但没有人能够同时恢复或激活他记忆中贮
> 存的所有信念。因此,某个命题与他全部的背景信念系统
> 是否融贯,这个事实就不是直接可及的,因而也不符合内在
> 论的要求。②

虽然戈德曼认为内在论的要求很苛刻,但是实际上内在论的核
心主张是:认识是在主体第一人称的视角内部发生。不管是任何信
念,我们都必须找到合适的理由来为其辩护从而使其成为知识。这
种辩护的过程取决于正在发生的心理因素。当然,我们也不能忽视
外在环境因素的影响。知识的获得必然要综合内在因素和外在因
素,需要对内在因素和外在因素进行整合。

其实,辩护是一个通用的概念,它中立于内在论与外在论之争。
对实在的东西进行辩护进而能够获得信念或知识。至少在可靠论
中,辩护理论是处于这一状态。事实上,在认识过程中,外在论与内
在论有着共同的辩护信念。外在论除了强调一些信念直接从经验中

---

① 阿尔文·I.戈德曼.认识论[M]//欧阳康.当代英美哲学地图.北京:人民出版
社,2005:214.
② 阿尔文·I.戈德曼.认识论[M]//欧阳康.当代英美哲学地图.北京:人民出版
社,2005:214.

获得之外,也承认推理在信念产生过程中的作用,这与内在论的看法基本是一致的。温和的内在论并不否认经验在认识中的作用。认识是内在论与外在论共同作用的结果,内在论为外在论提供了根基性条件,它们俩是相容的。内在论和外在论的对立并非辩护视角的内与外之争,而是争论在什么样的条件下信念是获得辩护的。可靠论对这一问题做出了协调两者的回答。我们认为,应当回避内在论与外在论之争,聚焦于分析何种辩护能够可靠地获得真信念或知识。事实上,感官经验事实,或者是内省直观的先验理由从两个不同的方面为信念的获得辩护提供相对可靠的基础。

四、形而上学的困惑

形而上学的含义

根据《剑桥哲学辞典》,对"形而上学"的界定是:

> 最一般地讲,形而上学就是关于实在之本质、构成及结构的哲学研究。[1]

形而上学有两种含义:一种是对关于实在之本质、构成及结构的哲学研究;另一种是对有关超验的对象的陈述。形而上学与宗教有着很深的历史渊源,形而上学起源于一种不能进一步合理地证明其正确性的信仰,这与宗教有异曲同工之妙。同时,形而上学有时也会借用宗教的名义和思想为自己正名。因此,随着传统宗教理念的逐

---

[1] Robert A. *The Cambridge Dictionary of Philosophy* [M]. Cambridge: Cambridge University Press, 1995: 489.

步解构，对形而上学的怀疑态度逐渐增强，无论是探讨形而上学的兴趣，还是对有效地解决形而上学所提出的问题的信心都开始逐渐降低了。

康德的"科学的形而上学"

以笛卡尔的"我思故我在"为开端，哲学发生了认识论转向。哲学的任务已不是发现科学知识，而是为被发现的科学知识提供辩护，也就是对科学过程进行形而上学的描述。康德认识到人认识能力的局限性，理性在经验范围内的有效性和超越经验的科学认识的不可能性。他试图通过建立"科学的形而上学"来解决认识如何可能的问题，为科学建立一个可靠的基础。他认为，一切经验知识都是以关于实在的先验知识为基础的。先验知识存在的价值在于为认识的合法性提供自明性基础。因此，在康德看来，知识的起点就是先验知识。康德的这种为科学寻求形而上学基础的思路，总体而言，应该说是一条失败的道路。

对待形而上学的第二种思路是用语言哲学取而代之，这也就是逻辑实证主义所做的工作。分析哲学可以广义地理解为"从苏格拉底、柏拉图到亚里士多德经由笛卡尔、英国经验论和康德，直到当代分析运动这一整个作为西方主流哲学之一的分析传统"①。在这一传统中，哲学家们在开始致力于语言批判这一宏伟事业的同时，通过对形而上学的批判来解决形而上学问题。也就是说，哲学家谈论语言的目的是取代形而上学，正如阿尔斯顿在《语言哲学》中所说的：

> 形而上学是哲学中的这样一部分内容，它可被大致表

① 唐纳德·戴维森. 真理、意义与方法：戴维森哲学文选［M］. 北京：商务印书馆，2008：590.

征为要系统阐明有关世界的最一般和最普遍的事实的一种企图，它包括列举实体所属的那些最基本范畴以及对它们之间的相互关系做出某种描述。始终有这样一些哲学家，他们试图通过考虑我们用以谈论世界的语言之基本特征来把握上述的某些基本事实。①

确实，分析哲学一直在努力摆脱形而上学的"纠缠"，维也纳学派提出了"拒斥形而上学"的口号。20世纪以来，分析哲学通常抛弃传统的哲学体系，摒弃传统形而上学命题，试图将哲学建立在精确的科学描述的基础之上。这种思想和方法不仅成为英美哲学研究的主流，也直接影响到其他学科的发展。

对待形而上学的第三种态度是，取消形而上学与科学之间的区分。科学在人类认识领域不断突破和前进，知识逐渐细化和专业化。以往哲学的相关领域划分给了科学，而哲学所存的地盘越来越窄，以至于奎因宣称：

我把哲学不是看作科学的先验的基础，而是看作科学的连续……并没有任何外在的优越的立足点，并没有第一哲学，所以一切科学发现，一切现在认为合理的科学猜测，依我看在哲学中正如别的地方一样，都是值得利用的。②

20世纪50年代奎因在其《经验主义的两个教条》的论文中，直接否定了经验论的两个教条。他批评分析/综合区分以及形而上学论述，促使逻辑实证主义走向衰落。奎因对作为先验基础的分析命题

---

① W.阿尔斯顿.语言哲学[M].牟博,刘鸿辉,译.北京:生活·读书·新知三联书店,1988:1-2.

② Qiune W V. *Ontological Relativity and Other Essays*[M]. New York: Columbia University Press, 1969:9.

和经验所获得的综合命题的区分进行批判,其目的是取消形而上学与自然科学的区别,证明形而上学与科学的区分是毫无意义的。

虽然奎因批判形而上学论述,但他同时也提出了本体论承诺的思想。不过,他主张,不去讨论何物存在,而去问哪种陈述或理论假定了何物存在。奎因只探讨本体论承诺问题而不涉及何为存在的本体论问题,这么做的目的是避免陷入形而上学难题而无法自拔。对于本体论承诺的探讨,他认为:"被假定为一个存在物,纯粹只是被看作一个变项的值。……我们的整个本体论,无论它可能是什么样的本体论,都在'有个东西''无一东西''一切东西'这些量化变项所涉及的范围之内;当且仅当为了使我们的一个断定是真的,我们必须把所谓被假定的东西看作是在我们的变项所涉及的东西范围之内,才能确信一个特殊的本体论的假设。"①奎因对待本体论的态度是晦涩的。总体来说,他对形而上学的态度是避而不谈。

修正的和描述的形而上学

英国分析哲学家斯特劳森(P. F. Strawson)的《个体:论描述的形而上学》中将形而上学分为描述的和修正的:

> 形而上学往往是修正的,而很少有描述的。描述的形而上学满足于描述我们关于世界的思想结构,修正的形而上学则关心产生一种更好的结构。②

在他看来,传统的形而上学是修正的,而他所提倡的形而上学是

---

① 奎因. 从逻辑的观点看[M]. 江天骥,等译. 上海:上海译文出版社,1987:12.
② 斯特劳森. 个体:论描述的形而上学[M]. 江怡,译. 北京:中国人民大学出版社,2004:1.

描述的：

> 形而上学有着漫长的辉煌历史，因而不大可能在描述
> 的形而上学中发现任何新的真理。但这并不意味着描述的
> 形而上学的任务始终是或可能是一劳永逸的。它仍然是需
> 要反复进行的。如果没有新的真理被发现，也会有古老的
> 真理被重新发现。因为，虽然描述的形而上学的核心主题
> 没有改变，哲学的批判性和分析性用法却是恒常变化的。
> 永恒的关系是用非永恒的术语来描述的，这既反映了思想
> 的时代特征，也反映了哲学家个人的思想风格。任何哲学
> 家只有在用他自己时代的术语来重新思考前人的思想时，
> 他才能真正理解他的前人；最伟大的哲学家（例如康德和亚
> 里士多德）的明显特征就在于，他们在重新思考的努力上比
> 其他人付出得更多。①

在斯特劳森眼里，形而上学已经不再是关于揭示事物之本质的
研究，而是对世界实际图式的描述。对于分析哲学与形而上学的关
系问题，普特南是这样认为的：

> 人们终于坦然地将自己说成是"形而上学家"，而在数
> 年前，这也许与作为"分析哲学家"这一点很不协调；而且，
> 也开始听到"分析的形而上学"这一用语。美国的分析哲
> 学，随后是英国的分析哲学，开始拥有一种"本体论的风
> 格"。这里，发生了奇怪的角色颠倒现象。英美分析哲学，
> 在其实证主义时期，将自己描绘成反形而上学的，却逐渐演

---

① 斯特劳森. 个体：论描述的形而上学[M]. 江怡译. 北京：中国人民大学出版社，
2004：2-3.

变为世界哲学舞台上最显眼的形而上学运动。[①]

如此可见，分析哲学与形而上学在本质上并非对立，而是在一定程度上相互依存。当然，此时的形而上学更多的是以描述的方式而存在的。

形而上学重建的意义。科学确实是研究我们所认识的世界的，客观世界中存在的任何现象都是科学的研究对象。而哲学则不像科学那样研究具体的知识，它是研究我们的知识是如何成立、如何可能的。事实上，从经验的认识出发，科学和哲学并没有不可破除的隔阂。一切概念从起源上说都是经验的，哲学也无法脱离经验生活进行空中楼阁式的建构活动。

形而上学为人的认识提供了基础。分析哲学家们逐渐意识到可以从经验出发，寻找形而上学陈述和专门科学陈述之间所存在的密切联系。形而上学的存在可为分析哲学（包括自然主义认识论）展现新的视角并开辟出一条新的道路，为形而上学概念与当代认识论理论的融合扫平了本体论障碍。

当代认识论者们谈形而上学重在探讨它关于实在的构成及结构的哲学研究，这种形而上学主要指的是那种要求用科学性的陈述表达出来的对整个世界的思想结构进行描述的形而上学，而并非揭示事物之本质以及关于世界意义和人类存在意义问题的形而上学问题。

---

① 普特南. 从内部看哲学的半个世纪[M]//陈波. 分析哲学：回顾与反省. 成都：四川教育出版社，2001：99.

五、自然化的认识论

自然主义

人们习惯于将自然主义认识论的开端与奎因的论文《自然化的认识论》联系起来,其实,自然主义概念早在这之前已经非常流行了。尼古拉斯·布宁(Bunin,Nicholas)和余纪元编著的《西方哲学英汉对照辞典》是这样解释"自然主义"的:

> (自然主义)认为每一事物都是自然世界的一部分,都可以用自然科学的方法加以解释。自然主义承认解释上的一元论,不承认解释上的二元论。它赞成科学,反对神秘主义。在不同的领域,自然主义有不同的形式。从形而上学方面看,它反对假设任何非自然的从理论上推出的实体、官能或原因,反对科学探究无法接近的超自然的存在物和过程,它还批驳了第一哲学优于自然科学的主张。从认识论方面来看,自然主义认为认识论上的证明和解释是与自然科学相伴随的持续过程,并论证说科学的方法是我们获得知识的唯一方法。按照 19 世纪心理学和 20 世纪自然科学化的认识论,认识论应比作经验心理学。[①]

在哲学层面的自然主义可大致分为认识论的自然主义和形而上学的自然主义。形而上学的自然主义又被称为哲学自然主义或存在

---

① 尼古拉斯·布宁,余纪元. 西方哲学英汉对照辞典[Z]. 北京:人民出版社,2001:659-660.

论自然主义,主要思想是自然界(包括整个宇宙)就是存在的全部,而超自然事物是不存在的。认识论的自然主义又被称为方法论自然主义或科学自然主义,它认为一切现象只能由自然原因来解释,拒绝超自然的解释。它拒绝依赖任何形而上学的终极真理而崇尚科学的力量。

自然主义认识论

自然主义认识论概念本身是含糊不清的,而且并非一个真正具有连贯性的理论:

> 这一术语来自奎因的论文《自然化的认识论》,尽管奎因本人并没有提供它的清晰定义。奎因把这作为一种认识论方案,即提出为了发现构成知识及其获得的基础,我们必须诉诸行为主义心理学以及对科学的历史探究。关于如何解释知识的形成问题,我们需要重建"证据"的概念,使它指涉那些感官刺激,正是它们导致我们具有我们所拥有的科学信念。认识论所问的主要问题是,人们的超越"证据"(输入)的自然理论(输出)是如何在人类主体中产生的。自然化的认识论的确立,部分地通过批判始于笛卡尔的传统认识论,后者认为认识论问的是在任何科学推理之前,我们应如何得出我们的信念。奎因认为,认识论应当是自然科学的一个分支,尤其是心理学的一章。认识论包含在自然科学中,而且自然科学也包含在认识论中。奎因相信,自然化认识论的方法可以消除怀疑论,把认识论从反驳怀疑论的努力中解脱出来。奎因的这一有争议的方案,为其他许多明确认为自己做的是规范认识论的哲学家所追随。他们认为,人类及他们的认知官能是自然中的实体,并主张自然科

学,尤其是生物学和经验心理学的成果对认识论是至关重要的。①

自然主义认识论者认为,认识论应该是以经验科学的方法描述科学活动的过程。在他们看来,唯一存在的客观对象就是"自然",也就是认识的对象。自然主义认识论者强调科学方法。他们认为,科学方法是获取包括哲学在内所有领域的知识和可靠信息的唯一方法。科学的方法可以作为自然的方法,并且科学的方法是唯一有效或恰当地获得知识的方法。

科学方法的含混性。虽然自然主义认识论者大多赞同"科学方法"并将其作为认识论的唯一方法,但他们所想表达的意义未必一样,他们对科学方法的定义有相当大的区别。通常所说的自然科学的方法就是观察和实验,那么一些描述性或评价性的做法,以及意义分析和批判性的论证,属于对概念结构的诠释,它们不需要实验操作,那它们算不算是运用自然科学的方法呢? 所以,自然主义认识论并非一个严密的概念。

自然主义认识论的分类

戈德曼将自然主义认识论大致分为三种:第一种自然主义认识论是"科学自然主义",代表人物是奎因,也可称之为激进的自然主义认识论。它认为"认识论是科学的一个分支。认识论的陈述是科学陈述的一个子集,并且从事认识论的正确方法就是科学的经验方法"②。第二种是"经验论自然主义"。它认为"所有的辩护都产生于

---

① 尼古拉斯·布宁,余纪元. 西方哲学英汉对照辞典[Z]. 北京:人民出版社,2001:660.

② Goldman A I. A priori warrant and naturalistic epistemology:The seventh philosophical perspectives lecture[J]. *Noûs*,1999,33(s13):2.

经验的方法。认识论的任务就是为以后的工作阐明和捍卫这些方法"①。第三种是"温和自然主义"。它认为(A)所有的认识论证明或辩护是心理学(或计算)的过程的作用,这一过程产生或保存信念;(B)认识论事业需要来自科学的适当帮助,特别是心智科学的帮助。

　　第一种是奎因所主张的理论。科学自然主义者认为,认识论研究必须完全依据经验。在他们看来,认识论就成为"心理学的一章和自然科学的产物"②。奎因忽视了包括心理学在内的经验科学并不具有为辩护或知识规定批判准则、条件或标准的规范任务。也就是说,这种认识论不能承担起明确辩护和知识标准的任务,也无法提供任何条件或规范的工作。认识论部分使命是承担起明确知识辩护、明确辩护标准、明确条件和规范的工作。我们对科学的描述性工作无法为其理论建立起可靠的保障。

　　第二种是经验论自然主义。科学自然主义已经回避了知识获得辩护的问题,而经验论自然主义却为辩护的种类提供选择的余地。经验论自然主义使认识论承担起适当的方法论作用和规范功能。但是,随着对经验的不同理解,经验论自然主义会产生很多模棱两可的理论。

　　第三种是温和自然主义(moderate naturalism),这是戈德曼自己所提倡的自然主义认识论类型:

　　　　(A)所有的认识论证明或辩护是心理学(或许是计算
　　的)的过程,这一过程产生或保存了信念。
　　　　(B)认识论事业需要来自科学的适当帮助,特别是心智
　　科学的帮助。③

　　①　Goldman A I. A priori warrant and naturalistic epistemology: The seventh philosophical perspectives lecture[J]. *Noûs*, 1999, 33(s13): 2.
　　②　Quine W V. *Ontological Relativity and Other Essays*[M]. New York: Columbia University Press, 1969: 82.
　　③　Goldman A I. A priori warrant and naturalistic epistemology: The seventh philosophical perspectives lecture[J]. *Noûs*, 1999, 33(s13): 4.

在论断(A)中,温和自然主义认为,心理主义与传统认识论有着密切联系。在近代认识论中,心理主义已具有很重要的位置。但自19世纪以来,心理主义一直占据着各种批判浪潮的中心位置,受到批判。直到20世纪中期,心理主义以一种直觉逻辑和数学的形式重新出现,受到关注。心理主义主要持这样一种观点:它主张从个体的心理经验出发,来解释哲学上的不同概念以及相关问题,或者根据奎因的理解,取代认识论事业,将所有的认识论问题都视为心理学问题。

在论断(B)中,温和自然主义认为,认识论事业需要得到科学的帮助。它并没有像奎因的科学自然主义那样将认识论作为科学的一个分支。

经验论自然主义和温和自然主义都赞同经验在认识论中的重要作用。区别在于,温和自然主义并没有像经验论自然主义那样承诺任何彻底的经验主义,容许理性洞见在认识的辩护过程中承担一定的角色。

温和自然主义倾向于与传统认识论产生交集。它最显著的特征在于,它没有做出任何极端的承诺,比如,纯粹的知觉经验是获得知识的唯一来源。任何与理性相关的概念都可以在心理过程中产生、融合、维持并保存。这样就为理性洞见和直觉内省在认识的过程中保留了位置。温和自然主义是一种保留了理性色彩并倾向于自然科学方法的经验主义认识论。

综上所述,要为自然主义认识论做一个详细的定义是很困难的。即使是同一理论其内部也有很多冲突和矛盾,它并非一个连贯的理论。总体而言,自然主义认识论强调科学和经验的方法,并且视经验和科学的方法为自然的方法,是获得任何知识唯一有效并且恰当的方法。

第二章　实用主义承诺下的自然主义认识论①

一、纷乱中寻头绪

自然主义认识论的论题根植于哲学的论战背景当中。哲学向来是个是非之地。古往今来，各种意见、观点、学说、理论在哲学的舞台上竞相登场，其混乱之局面不啻一个没有硝烟的战场。更可悲的是，这样的"战争"似乎没有最后的胜者。难怪黑格尔（Georg Wilhelm Friedrich Hegel）把整个哲学形容为"死人的王国"。然而，万物此消彼长，生生不息，有死去也就有新生。当哲学的争论变成远离现实的清谈，在壁垒分明的体系里充斥着模棱两可、艰深晦涩的概念术语

---

①　本章的初稿曾参加 2005 年 8 月在长沙举办的第十二届全国科学哲学学术会议，同年 10 月在《哲学研究》杂志上发表，英文版在 *Frontiers of Philosophy in China* 杂志上发表。参阅丛杭青，程晓东.自然主义认识论的实用主义承诺[J].哲学研究,2005(10):51-57;Cong hangqing, Chen xiaodong. Pragmatic commitments to naturalized epistemology [J]. *Frontiers of Philosophy in China — Selected Publications from Chinese Universities*, 2006，Vol. 3.

时,"如何使我们的观念清晰?"①实用主义的创始人皮尔士代我们发出了掷地有声的质问。当哲学这个以高雅的形而上学而闻名的贵妇人被抛弃后,自然主义认识论以迅雷不及掩耳之势开创出探究的新天地,以期紧握时代发展的脉搏。

自然主义是一个历久而弥新的话题。自从在当代复兴以来,自然主义已经成为一股重要的学术思潮,影响范围涉及哲学、伦理学、社会学、美学、语言学、政治学、宗教学等诸多领域。在哲学上,不仅出现自然化认识论,还出现"自然化信念""自然化意向",甚至"自然化心智"等方案。②

在众多学者标榜自然主义或自然主义认识论的现象背后,存在着基本概念的相对模糊和对认识论基本问题的广泛争论。近来的发展更使得人们对自然主义认识论感到无所适从:即使是阐述同一主题,不同的自然主义者的所指也不一定相同。③ 奎因原本试图以自然化认识论取代传统哲学的无谓纷争,未想自然化认识论本身如今亦陷入纷繁芜杂的局面。

面对这样的纷乱,人们开始探寻头绪。一些学者正试图从历史渊源和形态演变的角度来澄清基本概念,以避免自然主义认识论的过度泛化和解决由此导致的归位问题。能否找到一个较好的切入点,以更好地把握自然主义认识论,这是我们需要思考的问题。

当我们把目光投向自然化认识论的诞生地和大本营——美国时,这一问题似乎有了眉目。自然主义认识论为何在当代美国实现复兴?为何这一过程是由实用主义者来完成的?这难道仅仅是巧合吗?笔者认为不是。实用主义是美国思想大舞台上最著名的和最具

---

① Peirce C S. How to make our idea clear? [J]. *Popular Science Monthly*,1878,12(Jan.):286-302.

② Stroud B. The charm of naturalism [C]//Proceedings and addresses of the American Philosophical Association. American Philosophical Association,1996:43.

③ Stroud B. The charm of naturalism [C]//Proceedings and addresses of the American Philosophical Association. American Philosophical Association,1996:43.

影响力的哲学流派。当代自然主义认识论由奎因发起，兴盛于美国并传播于世界。可以说，实用主义的传统与当代自然主义认识论有着天然的联系。

实用主义是美国哲学的标志，有学者就曾指出"美国哲学家随着年龄的增长都会转向实用主义，这是一个极其普遍的现象"[①]。探讨自然主义认识论如何在实用主义的哲学土壤上得以产生、形成和发展，探寻其内在关系及其互动过程，这是值得我们关注的问题，也是厘清自然主义认识论的重要线索之一。

故此，本章撇开自然主义的悠久历史和概念纷争，以实用主义为切入点，对当代自然主义认识论作片断式而非全景式的剖析，试图揭示其产生、形成的理论背景和直接的理论来源，厘清其理论特质和发展脉络。

实用主义的传统与当代自然主义认识论的紧密联系可作两个方面的理解：一是它们之间内在的（或固有的）联系，即实用主义本身的特征与自然主义认识论具有某些相通之处。这是自然主义认识论直接产生于实用主义的前提条件。二是从实用主义到自然主义认识论经历了一个内在的发展过程。这是自然主义认识论在当代复兴的历史条件和契机。

本章从这两方面分析实用主义的传统与自然主义认识论的复兴之间的紧密关联性，从而澄清自然主义认识论的思想方法和本质内容。在此基础上，本章对当前围绕自然主义认识论的争论进行概括和评价，预测其发展趋势和走向，对认识论的未来提出建设性意见。

以上就是本章在面对自然主义认识论的纷乱局面时寻出的头绪。当然，这里仍有很多问题存在。如果自然主义认识论还是一个

[①]　约翰·巴斯摩尔.哲学百年·新近哲学家[M].洪汉鼎，等译.北京：商务印书馆，1996：741.

见仁见智的事业,那么实用主义则更是一种远未达成一致意见的学说。[①] 本章论题把"实用主义""自然主义""认识论"三个概念放在一起加以探讨,似乎是乱中添乱的举动。然而,探究实用主义与自然主义认识论的相关性是必要的,一些研究美国思想史的学者甚至把整个美国哲学归为"实用的自然主义"[②]。如果这一头绪有助于我们更好地梳理和把握自然主义认识论,那么即使冒着"越抹越黑"的风险也是值得的。

自然主义认识论在蓬勃发展的同时也面临危机。对于 20 世纪 70 年代在美国兴起的自然主义认识论,我们既可以将其看作认识论中长期存在的自然化趋势的决定性转向,也可以将其认作近代自然主义思潮在后分析哲学时代的认识论进路的复归。当代自然主义认识论仍处于蓬勃发展中,但过度繁荣的背后也蕴藏着危机或隐患:形态各异的自然主义认识论之间充满纷争甚至对立。虽然自然主义认识论表现形式的多样化在一定程度上扩展了理论视域,但也预示着自然主义认识论理论内核的分化及离心力的加剧,从而使整个自然主义认识论的内涵和外延面临宽泛化、模糊化、空洞化的危险。

正是在这样的危机感下,本章试图对不同形态的自然主义认识论作一番梳理和廓清,以揭示它们的基本分歧和相互关系,进而探讨其未来的发展趋势。为了实现这一初衷,本章选取实用主义作为探讨自然主义认识论的切入点和理论维度。作为美国本土哲学的实用主义与复兴于美国的自然主义认识论有着天然的联系,自然主义认识论在当代美国的形成和发展不可避免地受到实用主义的影响。本章将实用主义作为自然主义认识论的理论背景,而不同形式的自然主义认识论则有不同的实用主义承诺,也就是说,自然主义认识论的

---

① Armstrong A C. The evolution of pragmatism[J]. *The Journal of Philosophy, Psychology and Scientific Methods*, 1908, 5(24): 645.

② Eames S M. *Pragmatic Naturalism*[M]. Carbondale and Edwardsville: SIU Press, 1977.

纷争可以追溯到实用主义的内在差异。

本章首先探讨实用主义的基本特征是否与自然主义认识论相符,进而分析实用主义在认识论上的表现。然后,结合实用主义,简要回顾认识论自然化的进程。在这一进程中,实用主义对自然主义认识论的影响显露无遗。因此,接着具体分析实用主义为自然主义认识论所提供的具体承诺,以揭示不同的自然主义认识论与不同的实用主义的对应关系。最后,对自然主义认识论的趋势给予预测性回答并对认识论的未来出路进行反思。

根据这样的思路,本章第二节从三个方面着重论述了实用主义的自然化特征。首先,对实用主义特征进行述评。从中我们可以看到它本身具有的自然化特征或倾向,正是这些基本特征决定了实用主义可以作为自然主义认识论的背景承诺。其次,对实用主义的三种认识论进路进行划分。这既是实用主义的认识论表现,也为自然主义认识论的三种纲领埋下伏笔。第三,结合实用主义回顾认识论自然化的历史进程。这不仅是实用主义的认识论表现的具体化,也为把实用主义作为自然主义认识论的承诺提供了历史证据。

第三节是本章着力论述的部分,探讨自然主义认识论的三种纲领及其背后的实用主义承诺。首先,综合各种划分法,梳理出当代自然主义认识论的三种主要形式,即所谓的三种纲领,并与第二节中的三种认识论纲领形成照应。然后,对三种纲领的基本立场及其依赖的实用主义承诺进行了具体分析,将强、中、弱三种纲领分别对应于奎因、杜威、皮尔士的实用主义。我们看到,三种实用主义的承诺不仅决定了各自对应的自然主义认识论纲领的基本态度和立场,也体现出不同纲领的错综复杂的相互关系,这就为我们进一步分析自然主义认识论的发展趋势提供了可靠的依据。

这样,在第四节中,根据不同的实用主义承诺所表现出的相互依存关系推断自然主义认识论三种纲领之间的相互关联,从而预测自然主义认识论在纷争中的发展方向。由于依赖各自的实用主义承诺，在自然主义认识论三种纲领之间存在着相互转化的关系，因而，我们认为未来的自然主义认识论将向中纲领——即以杜威的实用主义为背景承诺的纲领——汇集。最后，又跳出纯粹的自然主义认识论的范围，在更一般的意义上探讨认识论的出路问题。从其他的认识论表达中，我们也看到它们与自然主义认识论纲领的某些契合之处，这对认识论的未来出路是有启发意义的。可以肯定的是，未来的认识论将经历自然化方案与其他方案相互合作、融合的过程，至于这一过程如何展开，我们拭目以待。

二、实用主义的自然化特征

实用主义诞生于 19 世纪末的美国，并以道地的美国哲学身份跻身于世界思想舞台。实用主义的基本原则最初由皮尔士提出，但当时的人们并未注意到这位实用主义的"苏格拉底"。直到 19 世纪末 20 世纪初，经由马菲（Maffie，James）和杜威的大力提倡和发挥，实用主义才引起人们的广泛注意和极大兴趣。一时间，实用主义成为美国思想界的宠儿和美国精神的代表，其全盛时期几乎长达半个世纪。五六十年代，随着杜威和刘易斯的相继逝世和分析哲学的兴起，实用主义衰落了。90 年代以来，实用主义呈复兴趋势，一大批新实用主义者进入美国哲学的话语中心，体现出实用主义的强大生命力。

实用主义的特征

实用主义使美国第一次有了真正意义上的本土哲学，它对美国哲学乃至政治、经济、文化和社会等诸多领域的持续和深刻影响自不待言，难怪罗蒂称其为"我们国家智力传统的主要荣耀"①。作为智力成就，实用主义不仅是美国对人类思想宝库的贡献，而且也是美国精神和时代的产物。实用主义既是美国的，也是时代的。黑格尔说过，"每个人都是他那时代的产儿，哲学也是这样，它是被把握在思想中的它的时代。"②

实用主义在美国的诞生与当时的诸多因素相关。实用主义诞生的年代，是自然科学飞速发展的时期。以观察和实验为基础的近代科学获得了相当深厚的积累，并产生了一些理论上的突破。其中，达尔文的进化论的出现，使人耳目一新，对人们的思想和行为造成了巨大的影响和冲击。同时，美国作为一个新兴的殖民地国家，素有注重行动和讲求实效的思想文化传统。美国几百年从无到有的历史，是新教徒反传统束缚、开拓进取的历史，形成了美国人特有的讲究实际和反权威教条的精神，这与进化论所倡导的"物竞天择、适者生存"的自然法则是不谋而合的。于是，欧洲哲学的遗产、达尔文主义和新教伦理等因素综合在一起，为实用主义在美国的诞生提供了得天独厚的土壤。

它的诞生本质上是对新时代挑战加以回应的哲学尝试。自然科学的发展对传统哲学提出了挑战。当时的哲学界，无论何种派别，都是从概念到概念进行研究。哲学家们热衷于抽象地争辩唯物主义与唯心主义、经验论与唯理论，热衷于建立自己的理论体系，使现实来适应他们自己的体系。这样，哲学越来越脱离现实、脱离普通民众。同时，与自然科学相比，传统的哲学研究方法也显得落后与陈旧。对此，一些学者感到十分不满，他们迫切需要纠正哲学的研究内容和方向，以适应科学时代发展的新需要。所以，"经典的实用主义者认为

---

① Kloppenberg J T. Pragmatism: An old name for some new ways of thinking? [J]. *The Journal of American History*，1996，83(1)：110.

② 黑格尔. 法哲学原理[M]. 张企泰，译. 北京：商务印书馆，1961：12.

自己对达尔文作出的回应与17、18世纪伟大哲学家对伽利略和牛顿作出的回应一样"①。笛卡尔、洛克和康德这些哲学家试图把宝贵的精神遗产同新的科学发展协调起来,实用主义者则以新的时代精神对哲学做出新的尝试。这一尝试是革命性的,很多学者甚至把它称为一场运动。

作为其开端,"皮尔士原理"的提出成为实用主义诞生的标志。不可否认,由皮尔士等人发动的这场"实用主义运动"是以反传统哲学(尤其是反形而上学)入手的。尽管皮尔士发起成立了"形而上学俱乐部",但他对传统形而上学的批判态度是明确的。他认为,在哲学工作中,人们之所以对形而上学问题长期争论不休,是因为形而上学使用了许多模糊不清的概念,即使用了那些无法用效果来确定其意义的纯抽象的观念。因此,作为新哲学的实用主义首先应澄清我们所使用的观念。于是皮尔士发表了《如何使我们的观念清晰》一文,宣告了实用主义的诞生。在该文中,皮尔士提出了著名的"皮尔士原理"(Principle of Peirce,P P):"要达到的最清晰地理解的准则似乎是,考虑我们概念的对象在实际意义上可能有什么样的效果,这样,我们关于这些效果的概念也就是我们关于这个对象的概念的全部。"②通过这一命题,皮尔士将许多形而上学命题拒之门外。

马菲进一步阐发了皮尔士原理。他认为,如果两个陈述有一方为真,那么采用一方的陈述应能产生实际的差别。以往哲学争论在实际结果上并没有任何差别,因而是毫无意义的。他给哲学规定的任务是找出,"如果这个世界公式或那个世界公式是真实的,它会在我们的一定时刻对你我产生什么一定的差别"③。因此,就注重效用和行动而言,实用主义者偏爱具体和事实,厌恶抽象和原则,他们往

---

① R. 罗蒂. 实用主义:过去与现在[J]. 张金言,译. 国外社会科学,2004(4):23.

② Peirce C S. How to make our idea clear? [J]. *Popular Science Monthly*,1878,12(Jan.):293.

③ 詹姆斯. 实用主义[M]. 陈羽纶,孙瑞禾,译. 北京:商务印书馆,1979:28.

往将效果看得重于理论。

这也就是实用主义的第一个显著特征,即偏重方法论和真理观。

出于对形而上学理论体系的本能的厌恶,实用主义强调,哲学的用处体现在方法论和真理观上。皮尔士最早提出,实用主义的功能之一就是提供一种方法,使那些模棱两可的观念得到澄清,所以,"实用主义不是一种形而上学,而是一种方法"①。马菲和杜威则把自己的学说作为行动的先导或工具,因而认为"实用主义不代表任何特定的结果,它不过是一种方法"②。这是作为一场运动的实用主义区别于传统形而上学的特别明显的地方。传统形而上学囿于概念、范畴、原则的樊篱不能自拔,忽视具体事实和现实生活,而实用主义则力图改变这一状况,使哲学重新和人生结合起来,为人类服务。因此,作为方法论出现的实用主义就代表了一种态度,"这个态度不是去看最先的事物、原则、'范畴'和假定必需的东西,而是去看最后的事物、收获、效果和事实"③。

马菲还以"走廊说"(corridor theory)形象地说明实用主义是一种方法,意思是,"整个思想界好比一家旅馆,各种哲学犹如客房,而实用主义恰似连接各个客房的走廊"④。各门科学和学说,都要利用实用主义这条"走廊"和"通道",才能走出大门,实用主义乃是各种学说和科学的共同方法。

同时,实用主义也是一种真理观。实用主义的真理观本身也是一种方法论。"实用主义哲学开始于对形而上学的批判,最终落脚于实用主义的真理观。"⑤实用主义提供了一种判断真理的标准,即真观

---

①　Peirce C. S. *Collected Papers of Charles Sanders Peirce*[M]. Cambridge, MA: Harvard University Press, 1960:Vol. 5, Sec. 13.

②　詹姆斯. 实用主义[M]. 陈羽纶,孙瑞禾,译. 北京:商务印书馆,1979:29.

③　詹姆斯. 实用主义[M]. 陈羽纶,孙瑞禾,译. 北京:商务印书馆,1979:31.

④　Lawn B. From temple to street: The style of pragmatism[J]. *New England Quarterly*,1972,45(4):529.

⑤　王成兵. 析实用主义哲学[J]. 北京师范大学学报(社会科学版),1992(2):34.

念是能产生实际效果或付诸行动的,真理不是固定不变的教条,而是关于我们思想的一种方便方法,它引起实际的差别,带来客观的效果。因此,"实用主义的范围是这样的——首先是一种方法,其次是关于真理是什么的发生论"①。

　　实用主义这种偏重方法论和真理观的趣旨与当代自然主义认识论是不谋而合的。为了杜绝传统哲学自然主义的独断作风,自然主义认识论主要表现为一种态度和方法,鲜明地包含着为科学探究和知识理论提供一种有效工具和方法论的取向。此外,作为一种渗入多门学科和领域的元理论,自然主义认识论也可看作是一种真理观。自然主义认识论为如何进行认识并获得真理提供了一种态度,尽管在具体的认识问题上存在诸多分歧,但自然主义认识论就像一面"世界和平"的大旗,在这杆旗帜下,人们达成了广泛的共识。② 可以说,实用主义偏重方法论和真理观的显著特点在自然主义认识论中得到了延续。从另一方面来说,也正是因为美国有着传统的实用主义趣旨,所以自然主义认识论才得以在当代美国实现复兴。自然主义认识论与实用主义的这一显著特征是分不开的。

　　其次,实用主义遵循经验论的传统,这是其表现出的又一重要特征。

　　一般认为,实用主义的两个主要理论来源是英国经验论和达尔文的进化论。在强调实用主义只不过是一种方法时,马菲就曾指出,实用主义方法没有什么新鲜之处,"苏格拉底是用这方法的老手,亚里士多德系统地运用了这种方法。洛克、贝克莱、休谟用这个方法对真理作出了巨大的贡献"③。可以看出,实用主义是遵循经验论传统的。尽管实用主义者对传统的经验论和唯理论都不满意,对由此导

---

① 詹姆斯. 实用主义[M]. 陈羽纶,孙瑞禾,译. 北京:商务印书馆,1979:36-37.

② Stroud B. The charm of naturalism[C]//Proceedings and addresses of the American Philosophical Association. American Philosophical Association,1996:43.

③ 詹姆斯. 实用主义[M]. 陈羽纶,孙瑞禾,译. 北京:商务印书馆,1979:28-29.

致的割裂主体与客体、物质与精神的二分法更是深恶痛绝；但在批判形而上学和论述新思维的过程中，实用主义者总是站在经验论一边。相比之下，他们认为唯理论的非现实性远大于经验论，唯理论的先验（先天）原则和范畴应该是首要批判的对象，尽管经验论也有机械决定论、怀疑论等声名狼藉的称谓。虽然实用主义者自诩为"唯理论和经验论的调停人"，但实际上他们更主要地是作为传统经验论的改造者。

通过对经验概念以及对经验与自然、实在、思维等关系进行重新解释，实用主义者阐发他们的实用主义主张，取消唯理论和经验论的二元之争，从而实现改造旧哲学的目标。在此意义上，我们可以说，杜威提出的哲学的改造，实际上是对经验论的改造。杜威把自己的学说称为"经验的自然主义"或"自然主义的经验主义"，马菲更把自己的学说称为"彻底的经验主义"，这些都表明他们在遵循经验论传统的前提下又试图超越经验论。为了贯彻实用主义的方法论和真理观，实用主义者都把自己的研究限于经验的范围，任何超验的尝试对他们来说都是无效的，也是无意义的。

实用主义的这一特征也为自然主义认识论所继承。自然主义认识论"是从经验论传统中生长出来的，其主要目标是通过给经验论重新定向来拯救经验论"①。正如实用主义以经验的可靠性来反对传统形而上学的无谓纷争一样，自然主义认识论在经验的范围内对传统认识论进行改造，试图将自然科学的研究模式引入哲学社会科学，对认识现象和过程作合理的经验研究。自然主义认识论之所以产生、形成和发展，一个重要的前提在于，自然主义认识论认为诸如心理学、物理学、生物学、神经科学和认知科学的经验科学研究的成果是与认识论相关的。

第三，实用主义是一种进化的认识论。这也是其自然化特征的

---

① 何静. 自然主义认识论的困境与出路[J]. 自然辩证法研究, 2005(3):41.

一个重要表现。

由于深受达尔文主义的影响和出于对传统哲学的不满,实用主义在认识论上持明显的进化观点。皮尔士认为,真理不是一成不变的,而是在不断的探究过程中形成的科学信念,知识是不断自我纠正的。马菲认为没有一种理论是"实在"的绝对摹本,"认知只是与'实在'相互作用并增加其效果的一种方式而已"①。既然宇宙尚在时时成长,我们的认识也是如此。杜威则更明确地表达了知识进化的观点:"认识论所关心的不是'知识',而是认知,是对有问题的情境所做出的改变行动,是一种'探究'的过程。"②

对实用主义反对形而上学和开创新学说的努力而言,认识论是至关重要的。"实用主义的优点之一就是,它纯粹是认识论的。"③正因为持有进化的认识论,所以实用主义者们反对一切形式的绝对主义、基础主义(或本质主义),反对决定论④,从而把知识看作是不断进化的过程,承认知识的可错性和可修正性。

知识的可错论和可修正论也是自然主义认识论者的共同承诺。传统的唯理论和经验论都试图为知识提供一个可靠的基础,并由此出发构建自己的认识论体系。与实用主义一样,自然主义认识论否认存在这样的"阿基米德点"。奎因以纽拉特(O. Neurath)的"水手比喻"说明,在经验的范围内,任何知识都不能免于修正和调整。这种动态的知识观也使实用主义者本能地疏远理论体系而偏重方法论和真理观,也正是在此意义上,杜威"否认哲学是任何意义的知识体

---

① 詹姆斯. 实用主义[M]. 陈羽纶,孙瑞禾,译. 北京:商务印书馆,1979:210.
② 罗伯特·B. 塔利斯. 杜威[M]. 彭国华,译. 北京:中华书局,2002:71.
③ 万俊人,陈亚军. 詹姆斯集[M]. 上海:上海远东出版社,2004:55-56.
④ 无论黑格尔、康德的决定论,还是斯宾塞的决定论,都是实用主义所反对的。参见 John P. E. Pragmatism and behavioralism[J]. *The Western Political Quarterly*,1968(21):598.

系"①。应该说,实用主义者对知识的看法和态度是动态的、开放的和民主的。这既是杜威倡导的把民主落到实处的体现②,也是自然主义认识论经久不衰的魅力所在。

最后,实用主义还特别强调人的主体地位。

实用主义对人的主体地位的强调也是从批判形而上学开始的。传统哲学,不论唯理论还是经验论,实际上都是理性主义的杰作。在崇尚理性的近代,理性成了判定一切合法知识的标准和依据。理性已然取代了上帝成为决定我们认知的新权威。于是,随着理性的地位上升,人的主体地位却被作为纯主观而受到忽视,导致人在理性面前抬不起头来。尽管康德也认识到人的主体地位,主张"人为自然立法",但他发起的这一"哥白尼革命"并未超越理性主义的窠臼。实用主义关心人作为生物体的活动,主张将哲学与人类行为和生活经验结合起来,把哲学从哲学家的问题变为人的问题。他们把人作为哲学的中心,认为哲学不只是如何认识世界的问题,而是要对人有实用价值,给人以智慧,帮助人学会如何应付环境、改造环境、取得成功。马菲说,必须改变哲学重心的位置,恢复人间事物的权利。杜威一再强调人在认识世界和改造世界中的主动性和创造性。席勒(F. Schiller)则干脆把自己的实用主义称作"人本主义"。

同样,实用主义的这一特征与当代自然主义认识论的复兴是有紧密联系的。自然主义认识论的特征"首先是对认识主体地位的突出,认为非此不能对认识论问题作出适当的说明"③。而实用主义对

---

① 杜威. 新旧个人主义——杜威文选[M]. 孙中有,等译. 上海:上海社会科学院出版社,1997:11.

② 杜威认为民主不仅是政府形式或法律安排,也应是个人生活的方式。杜威路线的开放性表明,他关注科学只是为了使民主(伦理)承诺落到实处,或者说,关注科学是道德考虑,而不是技术考虑。这既是他的实用主义以"善"代替"真"的体现,也是其自然主义认识论包容多元的研究进路和方法论的体现。参见 Kloppenberg J T. Pragmatism: An old name for some new ways of thinking? [J]. *The Journal of American History*, 1996, 83 (1):119.

③ 李为. 自然主义认识论的当代复兴[J]. 自然辩证法研究, 2003(12):70.

人的主体地位的强调,在很大程度上也是出于对近代自然主义和唯物主义的不满。19世纪科学的突飞猛进的发展使人们对自然科学的方法深信不疑,也使依照科学模式进行哲学探究的做法获得了广泛的社会认同,从而,自然主义作为一种哲学思潮开始形成。但近代自然主义存在着严重的缺陷,尤其是在忽视人的主体地位上,它几乎与庸俗唯物主义和机械决定论无异。难怪马菲感叹道:"150年科学的进步似乎意味着把物质的宇宙扩大了,把人的重要性缩小了。结果是人们所谓的自然主义或实证主义的感觉的发达。"①一向强调人的主体地位的杜威"不愿陷入一种附属人于物质界,附属心于物的唯物主义"②,虽然他对于这种与机械唯物主义纠缠不清的近代自然主义深感不满,但对自然主义在经验的范围内进行探究的进路还是表示赞同的,于是,他把自己的学说定位为"自然主义的人道主义"。杜威一方面把理性和理论作为假设和工具,另一方面,却抬高人的主体地位,突显人的价值。

可以看出,强调人的主体地位既是实用主义固有的重要特征,也是自然主义认识论克服19世纪(近代)自然主义之偏失,实现当代复兴的重要一课。正是在强调人的主体地位这一点上,实用主义与自然主义认识论实现了真正的合流。

实用主义者的三种认识论

以上是不同的实用主义者所表现出的一些共同特征,但不可否认的是,实用主义从来不是一个内涵和外延很明确的概念,或许作为一场哲学运动,它本身就无意构建统一的组织和规范。在实用主义的口号下,不同学者在具体观点和方法上千差万别;而且,有些学者

---

① 詹姆斯. 实用主义[M]. 陈羽纶,孙瑞禾,译. 北京:商务印书馆,1979:12.
② 杜威. 哲学的改造[M]. 胡适,唐擘黄,译. 合肥:安徽教育出版社,1999:31.

也不一定承认自己是实用主义者。他们给自己的学说起的名字五花八门,如"实效主义"(皮尔士)、"彻底经验主义"(马菲)、"实验主义"(杜威)、"人本主义"(席勒)、"概念论实用主义"(刘易斯,C. I. Lewis)、"批判的常识主义"(胡克,S. Hook)、"科学的自然主义"(内格尔,E. Negal)以及"本体论的经验主义"(费布尔曼,J. K. Feibleman)等等。

不管怎么说,既然这些形形色色的学说都被归入实用主义,它们彼此肯定是有一定联系的。这种联系可作纵向和横向两方面的理解。从纵向看,实用主义的产生、形成和发展不是由某一人单独完成的,而是众多学者共同努力的结果,这里就存在不同的实用主义者在理论上的前后承续关系,即存在一种历史的联系。从横向看,不同的学者,无论其是否承认自己是实用主义者,只要被认为属于实用主义阵营,只要他遵循着实用主义的传统,就或多或少地受到其他实用主义者的影响,他的思想必定与其他实用主义者存在着内在的相关性,即存在着类似性。

为了厘清不同形态的实用主义的历史联系,我们先简要回顾一下实用主义发展的历史过程。一般认为,到目前为止,实用主义的发展经历了三个阶段。

第一个阶段被称为"古典实用主义"时期。皮尔士、马菲和杜威通常被称为三位"古典实用主义者"。他们共同创立并推动了作为一场运动的实用主义,形成了别具一格的实用主义真理观和方法论,开创了美国本土哲学的新历史。这一阶段"是实用主义从奠基到形成声势,并作为主流发挥影响的阶段,也被认为是实用主义的黄金时代,甚至是美国哲学的黄金时代"[①]。其他代表人物还有席勒、桑坦亚那(Santayana,G.)等。

第二个阶段是实用主义的衰落时期。自 20 世纪 30 年代开始,

---

① 钱满素. 作为美国民族精神的实用主义[J]. 社会科学论坛,1999(Z3):37.

逻辑实证主义等分析哲学进入美国,逐渐取代了实用主义运动的主流地位。一些实用主义者试图把实用主义传统与其他哲学流派调和起来,使实用主义在新的历史条件和理论背景下继续发挥重要作用。刘易斯和胡克即是其中的重要代表。刘易斯受皮尔士的影响,侧重符号逻辑的研究,创立了"概念论实用主义"。胡克继承杜威的衣钵,进一步阐发了自然主义的思想。但随着分析哲学鼎盛时期的来临,实用主义还是逐渐走向式微。

第三个阶段被为实用主义的"回归"时期或新实用主义时期。开始于奎因和罗蒂等原本属于分析哲学阵营的著名学者对分析哲学的批判和反叛。20世纪自90年代以来,实用主义重新引起人们的重视,呈复兴趋势。代表人物还有伯恩斯坦(R. J. Bernstein)、戴维森(D. Davidson)等,而普特南(Putnam,H.)虽然"从来没有放弃过分析哲学,但他对实用主义的皈依也使他被放到了'新实用主义'的阵营"①。

这是纵向上的回顾,从横向看,我们可把实用主义分为两条认识论路径。也就是罗宾(Robin,R.)和毛瑟(Mause,H. O.)所谓的"两种实用主义":一种源自皮尔士,另一种源自马菲和杜威。在他们看来,不同的实用主义者的分歧都可归入这两种认识论路径的差异。罗宾近来指出:"注意到两种实用主义已是'普通常识'。"②还有一些学者通过对皮尔士和马菲的不同解读,区分出两种清晰可辨的实用主义,并把不同实用主义者的分歧归为对这两种实用主义不同解读的结果。

综合以上两方面的分析,我们可把实用主义划分为三条认识论路径。其一是皮尔士的路径。皮尔士最早树立了实用主义的方法论和真理观,开创符号理论研究的先河,他的符号学认识论独具一格。

---

① 江怡. 美国实用主义哲学的现状及其分析[J]. 哲学动态,2004(1):31.
② 南森·豪塞尔. 皮尔士实用主义之回归[J]. 徐鹏,译. 江海学刊,2004(4):26.

其二是杜威的路径。杜威把实用主义精神贯彻到政治、道德、教育等各领域,被罗蒂赞为"最有思辨胆识的实用主义者",他从经验常识出发,致力于建立一种解决问题情境的探究逻辑,在认识论上与皮尔士存在较大分歧。马菲虽然大力提倡和落实实用主义的"皮尔士原理",但他在真理观和具体方法上更接近于杜威。① 第三条路径的代表是奎因。奎因虽然看重皮尔士的作用,但其很多重要观点与马菲和杜威关联甚紧。此外,奎因的哲学还带有明显的分析哲学的烙印。奎因的认识论表现出与前两者不同的路径,代表了后分析哲学的实用主义特点。②

皮尔士的路径

皮尔士的学说经历了两个阶段。他的早期思想主要是阐发"皮尔士原理",主张以观念的实际效果来澄清观念,从而完成批判自笛卡尔以来的认识论的初衷。皮尔士对实用标准的应用主要停留在观念③上,他对马菲和杜威把实用标准扩展到具体行动中是反感的,认为这是对他学说的庸俗化处理。皮尔士坚信,只有在概念或语言的范围内才能对传统哲学做出有效的批判和改进。皮尔士的后期学说(也是他的成熟学说)正是这一想法的贯彻。他把关注点集中在符号④上,"是最早强调符号的重要性的哲学家之一"⑤。现在,人们也

---

① 由于与詹姆斯的分歧扩大,皮尔士最终把自己的实用主义改称"实效主义"。此外,詹姆斯和杜威在认识论上的接近,从詹姆斯把自己学说称为"彻底经验主义",杜威思想也被称作"激进经验论"可见一斑。

② 当然,在处于后分析哲学时代的新实用主义者之间也是存在诸多分歧的,但由于他们大多明确地宣称自己思想与皮尔士、杜威或詹姆斯的渊源关系,以及对一些新实用主义的评价当前尚无定论等原因,我们大致可把他们思想归入或部分地归入这三条路径。

③ 皮尔士在著作中经常涉及 idea,conception,notion,opinion 等词语,我们通称为"观念"。

④ 皮尔士的符号学涉及 symbol,sign 和 semiotic 等词语,我们通称为"符号"。

⑤ R. 罗蒂. 实用主义:过去与现在[J]. 张金言,译. 国外社会科学,2004(4):20.

把皮尔士看作符号理论的先驱。

皮尔士的符号学实用主义对后世的影响是多方面的。莫里斯（Morris,Charles W.）受其影响发展出系统的指号学（亦称符号学）理论,进而使语用学成为当代哲学社会科学研究的重要维度。皮尔士对符号和逻辑的注重也经由刘易斯影响到奎因,尽管奎因对皮尔士的命题指称和语义理论多有批评。

此外,皮尔士的学说与康德也有紧密联系。"皮尔士说,他是通过康德进入哲学之门的。"①他承认自己的符号学认识论所提出的"第一性"（firstness）、"第二性"（secondness）、"第三性"（thirdness）等范畴"出自最初对康德的范畴表的研究"②。可以认为,皮尔士的符号学认识论是对康德的范畴学说和逻辑观的改造。

杜威的路径

杜威的早期思想受黑格尔的影响更多一些。黑格尔哲学反二元论的思想直接为杜威所继承,黑格尔哲学体系的综合性和连续性更满足了杜威对连续性之哲学表达的追求。杜威后来转入实用主义,他以进化论的观点把知识看作一个过程。他认为我们的任务就在于"从动荡不安的情境转变而成为陈述问题与解决问题的情况"③,并建立一种应付环境的探究逻辑,这种逻辑将客观的、可观察的和可证实的因素运用于思维过程,把知和行统一起来。这种探究逻辑不同于皮尔士的符号学逻辑,也不同于奎因的逻辑实用主义,它实际上是以常识经验为基础的一种工具（或操作）学说。在常识经验中,一切符

---

① 王守昌,苏玉昆. 现代美国哲学[M]. 北京:人民出版社,1990:39.
② Charles Peirce. *Collected Papers of Charles Sanders Peirce*[M]. Cambridge, MA: Harvard University Press, 1960: CP1.300.
③ 杜威. 确定性的追求[M]. 傅统先,译//《哲学研究》编辑部. 资产阶级哲学资料选辑:第九辑. 上海:上海人民出版社,1966:171.

号、语言、逻辑、理论等都化为我们的行动，它们是否为真都不重要了，重要的是能否使我们在行动中取得进步和成功。在这里，自然的也是经验的，科学的也是道德的。

我们可用"行为者"（practitioner）一词来概括杜威的认识论的主要特点。杜威认为，传统认识论的根本错误在于它是一种"旁观者"（spectator）理论，即把人放在一个"时代和永恒的旁观者的地位"，他以理性静观世界，寻求与实在（物质、心灵或上帝）相符合的认识论原则，这是一种静态和僵化的认识论。杜威把人作为"行为者"，他是一开始就参与到认识过程中的。"行为者"理论把自然与经验、自然与人都连成一体了。

奎因的路径

奎因的认识论比较复杂。奎因既受皮尔士的符号逻辑的影响，又吸取杜威的行为主义的研究方法，再运用现代逻辑阐发其认识论思想，这些因素使他的学说更加别具一格。如果我们把杜威的认识论路径称为"心理学行为主义"，那么奎因的认识论路径则可称为"语言学行为主义"；奎因实现了实用主义和分析哲学的结合，导致的结果却是分析哲学的危机和实用主义的复兴。尽管奎因的初衷是对逻辑经验主义加以改进，但他对经验哲学两个教条的批判既挽救了分析哲学又摧毁了分析哲学。

实用主义者的三种认识论的各自特点大抵如是。具体来说，这三种实用主义在认识论上的分歧主要体现在经验概念、意义理论和真理观上。

第一，既然实用主义遵循经验论的传统，那么怎样理解经验概念就成为实用主义者的核心问题。皮尔士把经验与语言联系起来，认为经验是人们通过语言符号的表达而形成一致意见（consensus），从而获得真理的活动，而语言符号表达的对象是实在的，尽管这种实在是理论的设定而不是不证自明的基础。因此,在经验概念上,皮尔士持朴素的实在论立场。杜威则认为经验概念不能局限于主体自身。他把经验看作是一种生命现象,即人和环境相互作用的统一整体。在这里,"经验成了主要是行为的事情"①。因此,杜威的经验概念把主体与对象、概念与实在都消解在连续不断的认知和行为过程中了。奎因则认为经验是整体的和不可还原的,不过,他所谓的整体主要指某一信念体系或概念语言系统。奎因似乎像皮尔士一样将实在视为理论的对象,但他以怀疑的口吻否认实在的独立存在。"关于什么东西存在的问题则是另一问题"②,这是语言力所不能及的问题,也是在认识论中"消失掉了的"问题。

第二,就意义理论来说,一个显著的问题就是它的对象的本性问题。由于皮尔士持朴素的实在论,他认为符号的意义在于它指称的对象,在于经验上验证它或否证它。而奎因则反对这种意义证实说。奎因认为,意义理论与指称理论是有严格区别的,陈述的意义不过是概念命题的同一性或同义性罢了。因此他提倡把 meaning 一词换成 significant,以防把意义作为假想实体。他甚至认为"至于意义本身,当作隐晦的中介物,则完全可以抛弃"③。但他并不否认语言形式可以是有意义的,他只是反对像皮尔士那样把意义作为一种独立的实在,也反对像杜威那样将其作为心理的东西。至于如何说明语词和陈述的意义性,奎因说,最好根据行为来解释,这与杜威是一致的。

第三个分歧表现在真理观上。尽管不同的实用主义者都否认真理有不证自明的基础,都反对把真理作为对应于实在的观念符合说,都认为真理是不断演进的,但细节上的分歧仍然存在。皮尔士认为,真理是在科学共同体内达成共识的确切观念,这些观念不是现成的,

---

① 杜威. 哲学的改造[M]. 胡适,唐擘黄,译. 合肥:安徽教育出版社,1999:55.
② 奎因. 从逻辑的观点看[M]. 江天骥,等译. 上海:上海译文出版社,1987:15.
③ 奎因. 从逻辑的观点看[M]. 江天骥,等译. 上海:上海译文出版社,1987:21.

而是"注定会让所有探究者最终同意的观念"①。杜威虽然也强调真理要放在共同体的实际行动中才有意义,但他对于真理所蕴含的同意在不确定的未来能否达到是从不置喙的。在杜威看来,真理既然是根据以往经验解决当前问题并付诸未来行动的假设,那么它就不是追求任何固定目标的。皮尔士似乎要为真理给出一个无穷趋近、可作为极限的理想状态,他的信心主要来自科学方法的不断运用。奎因则把科学方法描绘成"是受感觉刺激的引导的,从某种意义上说,是对简单的追求,又是对旧事物的偏好"②。既然科学方法也是包含价值因素的,那么它也就不如皮尔士所想象得那样坚固和可靠了。如果说杜威认为谈论真理是否为终极的理想状态是毫无意义的,那么奎因则明确否认有这样的理想状态存在。

认识论的自然化

从弗雷格到奎因,认识论开始其自然化进程。在弗雷格之前,认识论通常作为第一哲学居于哲学的中心地位,而认识论的中心问题是知识问题。在知识问题上,近代出现了唯理论和经验论两大认识论进路。经典实用主义者认为,无论唯理论还是经验论都使我们遭受了过度的理性主义,认识论显然过于理性化了。奎因则对弗雷格之后将自然知识还原为感觉经验或逻辑和集合的做法提出了激烈批评。这样,不仅传统的基础主义认识论难以为继,现代分析哲学试图以精确逻辑解决知识基础问题的努力也宣告破产。认识论发生了决定性的转向,即奎因所说的"认识论的自然化"。在这一过程中,除却遥远和晚近的其他因素的影响作用,实用主义的贡献是功不可没的。

---

① Charles Peirce. *Collected Papers of Charles Sanders Peirce*[M]. Cambridge, MA：Harvard University Press，1960：CP5.407.

② 奎因. 语词和对象[M]. 陈启伟,等译. 北京：中国人民大学出版社,2005：23.

代表美国思想文化传统的实用主义是促成认识论发生自然化转向的重要因素,尽管它不是唯一因素。

实用主义固有的自然化特征使大多数实用主义者同时也是自然主义者。前文论及认识论路径时提到的三位实用主义代表人物,除了皮尔士外,都承认自己是自然主义者。而皮尔士之所以反对自然主义,也与当时的自然主义给人的不良印象有关,这在前文已有所论及。作为一种哲学,自然主义在19世纪以前并不存在。19世纪开始的化学、生物学、生理学和心理学的迅猛发展导致了19世纪中叶哲学自然主义的出现,但现代分析哲学通过语言转换实现了对自然主义的反驳,这种反自然主义倾向由于自身的问题在20世纪中叶走向衰落。美国自然主义的发展历程与实用主义是同构的,它的形成比实用主义稍晚,衰落于分析哲学兴起之时,复兴于分析哲学式微之后。美国自然主义经历的三个阶段与实用主义是一一对应的,呈现"一损俱损、一荣俱荣"的奇特景象。

在众多实用主义者中,杜威和桑坦亚那是美国自然主义的先驱。杜威对自然的关注是从反对超自然主义开始的:"人的兴味由永远的、普遍的移到变化的、特殊的、具体的——这个潮流在实际生活方面的表现,就是将注意和思想由来世转到现世,由中世纪特有的超自然主义移到对于自然科学、自然的活动和自然的交际之愉快。"[①]在这里,杜威认为自然并不独立于人的经验之外,人与自然是连续的。他主张以实验等自然的方法来构造我们的认识论,使认识成为一种操作日常经验事物的方式。

杜威的自然主义还特别强调人的主体性。杜威认为,人虽是自然的组成部分,但人不是被机械决定的;人的认识活动虽是自然现象,但这种"思想的自然史"是不断演进的。而先前的自然主义由于太看重外在自然而忽视人的一面,实际上造成了人与自然的断裂,这

----

① 杜威. 哲学的改造[M]. 胡适,唐壁黄,译. 合肥:安徽教育出版社,1999:30.

就使传统自然主义与近代唯物主义、实证主义等的界限相当模糊。可以说，杜威所声称的哲学的改造，也是对传统自然主义的改造。改造后的自然主义把经验与自然、人与环境很好地融贯起来，在这里，"自然主义及人文主义之间恼人的冲突也就终止了"①。

桑坦亚那像杜威一样强调科学方法和行动的重要性，认为广泛的实践行为为我们提供了自然知识，这些行动不仅包括实验科学，也包括文学、诗歌和艺术等。对于知识如何可能的问题，桑坦亚那做了情境化的解释。他坚持人类行为（包括探究）的情境化或前景（perspective）化，并把这种前景及其对人的影响称为"动物信念"。他认为，"动物信念"的概念在知识概念中的重要性足以使我们放弃把心灵隐喻为反映完全独立实在的镜子的信念。尽管如此，"桑坦亚那的前景主义以及他对镜子隐喻的反对并不妨碍他维护一种唯物主义"②。

在杜威和桑坦亚那率先提出自然主义后，美国自然主义遇到逻辑实证主义等分析哲学的强力狙击，举步维艰。

但这一发展线索并未中断，而是由塞拉斯（Sellaras，R. W.）、胡克、内格尔等自然主义者延续和发展。塞拉斯被认为属于现代自然主义的左翼，持辩证唯物主义的观点，认为自然界是自给自足、处于时空中的有因果联系的实在，心灵和思想都是自然进化的产物。塞拉斯的自然主义与马克思主义的结合，也印证了在克服近代机械决定论和凸显人本主义上，马克思主义与现代自然主义达成了共识，它们"同样否认超自然的存在，同样非常认真地把科学作为探究的模型"③。

胡克则被划入其中的右翼。胡克认为"存在一种认知事物本性

---

① 杜威. 哲学的改造［M］. 胡适，唐壁黄，译. 合肥：安徽教育出版社，1999：30，109.

② Ryder J. *American Philosophic Naturalism in the Twentieth Century*［M］. New York：Prometheus Books，1994：20.

③ Ryder J. *American Philosophic Naturalism in the Twentieth Century*［M］. New York：Prometheus Books，1994：23.

和达到科学真理的可靠方法,这种方法在科学探究中已经成熟"①。因而,他的自然主义的核心就是把科学探究方法中所涉及的一切加以系统化,作为可应用于自然科学、历史、伦理和政治等探究的基本模式。"胡克的自然主义注重的是科学知识和科学方法,从而把注重实效的实用主义和科学主义结合起来,这已经预示了科学哲学的自然主义研究导向。"②

内格尔属于中间派。内格尔不同意以经验概念或科学方法来统摄一切的做法,他主张一种多元论,即事物及其性质、作用都是多样的,对自然物体和过程应依照它们多元的功能和目的来理解。内格尔的自然主义与分析哲学存在着一定的联系,这从他以多元视角研究逻辑的方法中可以看出。内格尔认为哲学的变迁"在很大程度上是由科学和逻辑的发展"③而引起的。可以认为,内格尔开始了美国自然主义以现代逻辑方式解决认识论问题,从内部批判分析哲学的新阶段。

1969 年,奎因发表著名的《自然化的认识论》一文,标志着自然主义认识论的正式确立,自然主义作为认识论进路开始复兴。这既是对先前认识论中的自然化倾向的总结与概括,也是昭示认识论未来发展方向的宣言书。在该文中,奎因对自休谟以来的认识论,特别是逻辑经验主义在知识问题上的错误观点进行了清算,为我们勾勒出新时期从事认识论事业的蓝图。

奎因指出,认识论关注科学的基础,这种关注又可分为概念的和学说的两个方面:概念方面关注意义,即通过一部分概念来说明另一部分概念;学说方面关注真理,即从较明确的原则推出不太明确的原则,以提供所需的确定性。认识论结构的这种二象性一直困扰着探

---

① 王守昌,苏玉昆. 现代美国哲学[M]. 北京:人民出版社,1990:88.
② 刘军. 论哲学和伦理学中的自然主义[J]. 求是学刊,1999(6):47.
③ 涂纪亮. 当代美国哲学论著选译:第 1 集[M]. 北京:商务印书馆,1991:232.

究者。休谟把认识对象等同于感觉印象,尽管这使他能从关于对象的单称命题中构建出不容置疑的真理,但一般命题或关于未来的单称命题则无法从印象的构建中得到更确切的东西。也就是说,在学说方面,休谟失望了。实际上,"在学说方面,我们今天并未比休谟走得更远"①。

　　然而,在概念方面,自休谟以来已获得了诸多进展。一种进展是边沁(J. Bentham)的情境化定义,他不同意像过去那样用某种对象或同义词和短语来解释某一术语,而是把它放在使用这一术语的整个句子里来加以理解。这种把语句作为意义的主要工具的做法在弗雷格和罗素的学说中得到了体现。另一种进展是把集合论作为附属概念,这样的结果是构建出以感觉印象的朴素本体为基础的集合,以至于集合的集合等等。集合于是成为关于对象的纯形式的范畴。

　　奎因认为,正是这两大进展促使逻辑实证主义把外在世界作为感觉材料的逻辑构造,但罗素和卡尔纳普仍然没能解决认识论的学说方面的问题。"一个以观察、逻辑和集合论的术语来表达的句子并不意味着它能以逻辑和集合论的方式从观察中得到确证(proved)。"②这样一个简单的事实表明,以严格逻辑方式将自然科学建立在直接经验的基础上是无望的。奎因认为,我们不能简单地从观察中推出科学,因而也就不能把科学翻译成逻辑、观察术语和集合论,因为实际上并不存在像原子一样的逻辑事实或事态,也不存在泾渭分明的观察语句和理论语句。奎因以经验对理论证实或否证的整体性和翻译的不确切性,宣告了这种认识论还原的破产。认识论还原的破产也使将科学建立在某种更稳固更优先的主体经验的基础上的企图不再可能。

---

　　①　Quine W V. Epistemology naturalized[M]//Hilary Kornblith ed. *Naturalizing Epistemology*. Cambridge,MA: MIT Press,1994:17.
　　②　Quine W V. Epistemology naturalized[M]//Hilary Kornblith ed. *Naturalizing Epistemology*. Cambridge,MA: MIT Press,1994:19.

奎因为认识论设定的新目标是，探究人们如何通过贫乏的（meagre）的感觉刺激形成他的世界图景（picture of the world）。他还改造利用了逻辑实证主义的"观察句"，把它变成用来说明感觉刺激的语言概念。这就很好地解决了认识论结构的二象性问题，既澄清语句的意义，又为"何为真"提供了证据。在这种意义上，奎因否认认识论会随着还原论的破产而终结，而是认为认识论将在新的条件下和在厘清了的地位上继续存在。

概言之，自然主义认识论放弃了其作为第一哲学的权利，它"只是作为心理学的一部分并因而作为自然科学的一部分"[①]。这样，心理学及其他经验科学，在理解知识及获得知识的过程中就处于最有利的地位。与传统认识论不同，自然主义认识论不再探寻知识的稳固基础和认识论原则，而是如当代自然主义者基切尔（Kitcher，P.）所言，它只是提供如何在实际中取得成功的建议。换言之，自然主义认识论的任务就是对认知过程中证据如何与理论相关做出说明，用奎因的话说，即"探寻一种在世界中作为机制或过程的科学的理解"[②]。至此，认识论的问题似乎只剩下两个：为何某一过程或（作为建议的）方法对于知识的产生是可靠的？为何这一过程或方法在一定情境下优于其他过程或方法？奎因对这些问题的回答最终是实用主义的，即认知过程的功能论解释和认知评价的结果论解释[③]，这种解释早在杜威那里就已见端倪。

奎因的自然化认识论带来的影响也是多方面的。它既为认识论重获新生铺平了道路，也为当代自然主义认识论的纷争埋下了伏笔；

① Quine W V. Epistemology naturalized[M]//Hilary Kornblith ed. *Naturalizing Epistemology*. Cambridge, MA: MIT Press, 1994:25.

② Quine W V. Epistemology naturalized[M]//Hilary Kornblith ed. *Naturalizing Epistemology*. Cambridge, MA: MIT Press, 1994:26.

③ 关于认知评价的结果论解释，参见 Stich S P. A pragmatic account of cognitive evaluation[M]//Hilary Kornblith ed. *Naturalizing Epistemology*. Cambridge, MA: MIT Press, 1994: 394-427.

既使一些认识论的终结论者重新接受了认识论,也使一些传统认识论者在自然化的语境下开始离弃认识论事业;既充当认识论的守墓者,又扮演掘墓人的角色。奎因把认识论作为自然科学的材料,这预示着认识论降格为描述性学科的危险。当代一些自然主义者在认识论上"试图满足传统的规范功能,并与科学实践的方法论反思保持连贯"①。一些学者如劳丹(Laudan,Larry)甚至在自然化语境下构建"规范认识论"。然而,有些自然主义者则明确主张把认识论作为纯描述学科,以推进对认知过程的经验研究。他们甚至把弗雷格的演绎逻辑以及归纳逻辑、贝叶斯主义都看作是对人们思维方式的描述。还有一些自然主义者,虽然认为不存在普适的认识论规范,但却努力表明一种"地方性知识"是可能的。

　　围绕自然主义认识论的争论还远不止这些。除了规范与描述这个一般性问题外,当代自然主义者在具体的认识论问题上更是见仁见智,莫衷一是。虽然奎因把心理学作为对科学知识进行认识论研究的最有效工具,②但他对逻辑实证主义的观察语句的改造和以此作为描述刺激感应过程的起点的做法表明,这种认识论的自然化主要发生在语言的元层次。这也使我们可以理解,后来的自然主义者为何对奎因的解读和反应会有如此大的差别,以至于产生"剪不断,理还乱"的意见分歧或纷扰。自然主义认识论出现这样的混乱局面,使得如何厘清不同的自然主义认识论及自然主义认识论将向何处去成为我们关注的问题。首先,我们试图澄清不同类型的自然主义认识论。这将是接下来所要探讨的话题。

三、自然主义认识论的实用主义承诺

　　通过前文我们看到,实用主义在认识论上存在明显的自然化特

---

① Kitcher P. The naturalists return[J]. *The Philosophical Review*,1992,101(1):58.
② 既恢复了詹姆斯、杜威的心理学进路,也吸收了当代心理学最新进展的成果。

征,这不仅使实用主义与美国自然主义有着千丝万缕的联系,也为当代自然主义认识论的复兴提供了必要的理论准备和直接的理论来源。从实用主义和自然主义这两大思潮在美国的发展历程中也可看到,自然主义认识论的复兴也是实用主义的复兴,它们是一体两面的。如今许多实用主义者把自然主义认识论作为中心论题或其哲学表达,众多自然主义认识论者以实用主义为理论依托或背景承诺。因此,本节试图从实用主义的角度探讨纷繁芜杂的自然主义认识论,分析实用主义为不同的自然主义认识论提供的具体承诺,以达厘清当代自然主义认识论之目的。在这之前,本节先对不同类型的自然主义认识论作出澄清和梳理。

自然主义认识论的三种纲领

面对当代自然主义认识论的纷争局面,不少学者(包括自然主义认识论的支持者和反对者)对不同的自然主义认识论进行了梳理。有些学者根据其在描述与规范问题上的分歧,将自然主义认识论划分为描述的、规范的及介于描述与规范之间的三种类型。另一些学者则根据其对待传统认识论的态度的不同,划分出激进的、保守的和温和的三种形式。还有一些学者,如哈克(Haack,S.),则给出一些有层级序列的论题,并根据其包涵这些命题的多寡和先后,划分出"扩张者""改良者"和"革命者"三种自然主义认识论。相对于前两者而言,后者无疑是更值得借鉴的做法,因为这种划分更加细致和具体,也更有助于我们认清不同自然主义认识论的根本分歧所在。

当然,要对自然主义认识论作出一个清晰的、令人满意的梳理不是一件容易的事。

这里主要的原因是,正如前文所提到的,奎因倡导的自然化认识论主要停留在元层次上。奎因向我们宣告了适当的认识论是诉诸经验的,是科学事业的一部分,但"适当的认识论究竟是什么样,奎因并没有说"①。后来的自然主义认识论者似乎都在描绘奎因这一未完成的图景。因此,也有一些学者,如卡普斯(Capps,J.),根据对奎因作出的不同解读对当代自然主义认识论进行梳理。这也表明,奎因的学说本身存在模糊甚至矛盾的地方,以至于可以分化出相去甚远或完全不同的结论。

许多学者正是从奎因学说中这些模糊甚或不连贯的地方找到了划分自然主义认识论的依据。例如,奎因认为知识问题"不应在某些先天哲学内解决,而应该在科学本身之内寻求解决"②,但对于科学是否即指自然科学则保留一定的弹性。③ 根据在这个问题上的不同理解,有些学者把自然主义认识论划分为"科学派"(物理派)和"社会派"(文化派)。科学派主要把科学理解为自然科学,社会派则反对把科学局限于自然科学,主张社会学、语言学、人类学等也应属于科学范围。

凯尔泰斯(András Kertész)在梳理自然主义认识论时充分运用了这种方法。他从自然主义认识论与传统认识论的关系出发,列出了两个论题:

(1)(a)自然主义认识论运用"科学"自身内的方法解决或消除传统认识论。

(b)传统认识论可被自然主义认识论所取代。

根据上文,科学可从强弱意义上作两种理解,凯尔泰斯把(1)(a)分为强弱两种形式:

----

① Hilary Kornblith. In defense of a naturalized epistemology[M]//John Greco,Ernest Sosa eds. *The Blackwell Guide to Epistemology*. Oxford: Blackwell Publishers Ltd. , 1999: 158.

② W. V. Quine. Things and their place in theories[M]//*Theories and Things*. Cambridge: Belknap Press, 1980: 21.

③ Kertész A. On the de-naturalization of epistemology[J]. *Journal for General Philosophy of Science*, 2002,33(2): 271.

（2）（a）自然主义认识论运用自然科学的方法解决或消除传统认识论问题。

（3）（a）自然主义认识论运用科学的方法解决或消除传统认识论问题。

在这里，前者对科学做了比后者更强意义的理解，因而被凯尔泰斯称为"强自然主义"，后者则被称为"弱自然主义"。在做了这一区分后，凯尔泰斯又根据在（1）（b）问题上的不同理解，同样把（1）（b）分为两种形式：

（4）（b）传统认识论可被完全取代。

（5）（b）传统认识论不被完全取代。

凯尔泰斯认为，（4）（b）和（5）（b）的区分表明在强自然主义或弱自然主义之内又可分为两种形式。于是，（2）（a）、（3）（a）与（4）（b）、（5）（b）两两结合，就产生四种形式的自然主义，见图 2-1：

自然主义不同形式	参量 1：自然科学是自然主义认识论的唯一资源	参量 2：传统认识论可被完全取代
强自然主义 1	＋	＋
强自然主义 2	＋	－
弱自然主义 1	－	＋
弱自然主义 2	－	－

图 2-1① 四种形式的自然主义

凯尔泰斯的梳理方法既以论题作为划分的基本依据，又考虑到奎因在这两个问题上的不同理解，这就使我们能够比较清楚地看到不同自然主义认识论的分歧所在。他把自然主义分为四种形式，但实际上存在根

---

① Kertész A. On the de-naturalization of epistemology[J]. *Journal for General Philosophy of Science*,2002,33(2):272.

本分歧的是强弱两种形式,根本分歧体现在参量 1 而不是参量 2 上。

霍克斯(Wybo Houkes)则把对传统认识论能否被完全取代(即图 2-1 中的参量 2)问题的不同回答作为更基本的分歧。他根据奎因在前后著作中对这一问题所表现出的不同观点,将当前自然主义认识论分为三种强弱不同的纲领。

霍克斯认为,奎因的著作中"至少表达了三种类型的自然主义,也许可以放在两个互嵌的二分法中"①。一方面,可把奎因的自然主义理解为第一哲学的反对者,它是一种反对科学存在先验辩护的学说。霍克斯称这种自然主义为"适中的"(modest)自然主义。另一方面,奎因的自然主义认识论不仅反对第一哲学,还认为哲学问题应通过科学研究解决。这是一种更强的纲领。

第二种纲领又可做两方面的理解:一方面,在哲学以科学的标准来判断的意义上,哲学与科学是连贯的。霍克斯称之为"方法论自然主义"(methodological naturalism)。另一方面,哲学与科学的连贯也可理解为哲学就是特定的科学理论。霍克斯称之为"理论自然主义"(theoretical naturalism)。在这里,后一方面无疑是更强的纲领。因此,霍克斯认为自然主义认识论的根本分歧体现在,给予传统哲学(认识论)"自治"地位的程度的不同。在他看来,把哲学等同于科学虽然在一定程度上意味着哲学采用科学的标准,但哲学仍然可有自己的研究主题,尽管它在研究方法上与科学无异。

综合以上各种对自然主义认识论的梳理方法,我们可以得出几点结论:第一,以自然主义认识论无法回避的一些基本论题为依据进行梳理是值得肯定的。这种做法不仅使我们能更清楚地分辨各种自然主义认识论的不同特征,也反映出它们的根本分歧所在,进而有助于我们厘清自然主义认识论的内涵和外延。第二,根据自然主义认

---

① Houkes W. Normativity in Quine's naturalism: The technology of truth-seeking? [J]. *Journal for General Philosophy of Science*,2002,33(2):254.

识论在这些基本问题上的态度划分出几种纲领是不成问题的。"自然主义与其说是一个体系或一种学说,不如说是一种态度和方式:它本质上是一种哲学方法和方案。"①既然自然主义认识论在更多时候是一种方法论或研究路径,既然对自然主义认识论的发起者奎因在一些基本问题上的态度可做不同的解读,那么我们根据这些不同态度提纲挈领式地划分出自然主义认识论的不同类型也就是合适的。第三,梳理自然主义认识论时依据的基本问题应主要体现在对传统认识论的不同态度上。不同的自然主义认识论者对认识论与科学的连贯似乎没有异议,"当代自然主义最本质的内容就在于承认科学和认识论之间的连续性"②,但对这种连贯做何种程度的理解则体现出不同的自然主义认识论者的根本分歧。

因此,从以上结论来看,笔者认为霍克斯把自然主义认识论分为三种纲领的做法是得当的,但每种纲领似乎还可根据其对科学的不同理解做进一步的划分,因为是否把科学等同于自然科学乃是自然主义认识论的基本分歧之一。虽然凯尔泰斯考虑到对科学的不同理解这一基本论题,但以此作为划分强弱形式的依据显然欠妥,因为强弱形式之间的根本分歧体现在自然主义认识论与传统认识论的关系上,物理派与文化派的分歧则居于其次。换言之,在强弱不同形式内,都可区分出物理派与文化派。就其对传统认识论的态度而言,强纲领的文化派也丝毫不比弱纲领更弱。

综合以上因素,本节列出三个基本的论题,作为划分自然主义认识论的依据:

(6)(c)认识论是否隶属于科学的一门学科?

(d)传统认识论可否被完全取代?

---

① Randall J H. Empirical pluralism and unifications of nature[M]//Ryder J. *American Philosophic Naturalism in the Twentieth Century*. New York: Prometheus Books, 1994: 121-140.

② 刘军. 论哲学和伦理学中的自然主义[J]. 求是学刊, 1999(6): 43.

（e）自然科学是否认识论的唯一资源？

以上三个问题紧紧围绕自然主义认识论与传统认识论的关系，它们正是所有自然主义认识论者必须首先面对的问题。（6）（c）关注于传统认识论能否保留其"自治"的地位，（6）（d）关注于认识论可否消融于科学，（6）（e）关注于科学是否等同于自然科学。这是按照不同的自然主义认识论之间分歧的严重程度来进行排列的，对每一问题的肯定与否定的回答分别代表在一定范围内的强弱两种形式，根据对这些问题的肯定与否定回答的多寡可依次划分出自然主义认识论的三种纲领。详见图 2-2：

不同类型	参量 1（P$_1$）：认识论是否隶属科学的一门学科？	参量 2（P$_2$）：传统认识论可否被完全取代？	参量 3（P$_3$）：自然科学是否认识论的唯一资源？
强纲领 1（S$_1$）	＋	＋	＋
强纲领 2（S$_2$）	＋	＋	－
中纲领 1（M$_1$）	－	＋	＋
中纲领 2（M$_2$）	－	＋	－
弱纲领 1（W$_1$）	－	－	＋
弱纲领 2（W$_2$）	－	－	－

图 2-2　三种纲领的对比

表中把三个基本的问题作为参量，对它们的肯定回答（＋）与否定回答（－）影响着不同的自然主义认识论者的基本观点和立场。根据他们在回答这三个基本问题时所表现出的基本分歧，本节把当前的自然主义认识论划分为强、中、弱三种纲领。不论何种纲领，其内部又可区分出强弱两种不同形式。例如，相对于 S$_1$ 而言，S$_2$ 是较弱的纲领。不同的纲领意味着不同类型的自然主义认识论。

当然，并非所有的自然主义认识论者都可轻易地归入表中的某一种纲领，但本节的目的是表明不同类型自然主义认识论的主要分歧所在，因为不同纲领与特定的理论背景和方法论是直接相关的。

通过划分不同的纲领,我们可以更深入地分析关于自然主义认识论的争论及其发展趋势。

强纲领与奎因的承诺

通过图 2-2 我们可知,通常意义上所理解的自然主义认识论大多是强纲领(S_1 或 S_2),对自然主义认识论的通常批驳也大多是针对强纲领的。这是因为,作为自然主义认识论标志性人物的奎因正是强纲领的典型代表,对自然主义认识论的批判也大多与奎因及其思想有关。尽管奎因思想中有含糊的地方,在这些地方可做不同的解读,但总的来说,奎因思想的"标准形式"是一种强纲领。

我们首先分析一下奎因对图 2-2 中三个基本问题的回答,以表明其强纲领的基本立场;进而分析奎因的强纲领与他自身的实用主义思想的紧密相关性,以阐明其逻辑实用主义为强纲领所提供的主要承诺和理论支持。我们将会看到,奎因的逻辑实用主义不仅决定了强纲领在回答自然主义认识论三个基本问题时的立场,也使强纲领的立场站得住脚,并抵制住反对者的攻击。

奎因的起点是反对第一哲学或作为科学基础的认识论。自 17 世纪以来,"传统认识论一直作为基础性的学科,作为我们探求知识的坚定不移的基础的第一哲学"①。奎因认为"不存在外部的优势地位,不存在第一哲学"②。这本是所有自然主义者的一般观点,但奎因却从这个一般观点得出了更强意义的结论:他从反第一哲学出发,进而把哲学(认识论)等同于科学或将认识论同化于科学,甚至将认识论作为科学的一部分。至此,奎因的强纲领显露无遗。

---

① Sas P J. Plugging the leaks in the Neurath's ship: A defense of naturalistic epistemology[J]. *Journal for General Philosophy of Science*, 1999,30(1): 131.

② Quine W V. Natural kinds[M]//*Ontological Relativity and Other Essays*. New York: Comlumbia University Press, 1969:127.

　　首先,奎因对 P_1 的回答是肯定的。在他看来,"认识论只是科学的自我应用"①,因而将认识论作为隶属于科学的一门学科是不成问题的。奎因总是从反第一哲学得出哲学(认识论)与科学是连贯的,进而过渡到认识论隶属于科学,但他有时也直接从反第一哲学得到肯定 P_1 的结论。例如,他认为,既然认识论不再是第一哲学,那么"从这种观点看,认识论在逻辑上并不先于常识或先于经过提炼而成为科学的常识,它是整个科学事业的一部分"②。

　　对于 P_1 的肯定回答也就蕴涵了对 P_2 的肯定回答,因为前者是比后者更进一步的结论。奎因认为,既然不存在第一哲学,认识论的问题就不在科学之外,它可同化于科学,因而传统认识论也就可被自然主义认识论所取代。这就对 P_2 做了肯定的回答。至于自然主义认识论究竟以何种研究替代传统认识论,奎因的答案是心理学:

　　　　认识论,或类似认识论的东西,只是作为心理学的一部分并因而作为自然科学的一部分。它研究一种自然现象,也即研究一种自然的人类主题。这一主题接受某种实验控制的输入——如特定辐射模式的频率分布——并把在适当时候的主题陈述作为描绘三维外部世界及其历史的输出。我们倡导对这种贫乏的输入与输出间关系的研究,这几乎就是我们倡导认识论研究的原因。③

　　在这里,奎因先对 P_1 做了肯定的回答。他把认识论的对象作为

　　① Quine W V. Reply to smart[A]//D. Davidson, J. Hintikka eds. *Words and Objections: Essays on the Work of W. V. Quine*. Dordrecht: Reidel Publishing Company, 1975: 293.

　　② Quine W V. Posit and reality[M]//*The Ways of Paradox and Other Essays*. Cambridge: Harvard University Press, 1976: 253.

　　③ Quine W V. Epistemology naturalized[M]//*Ontological Relativity and Other Essays*. New York: Columbia University Press, 1969: 82-83.

一种自然现象,提倡采用经验的方法进行认识论研究,从而"寻求对知识的解释,以发展出探索知识现象本身的解释"[①]。这不仅否定了传统认识论作为第一哲学的地位,而且完全以经验方法来研究所有认识论问题,使传统认识论面临被取消或替代的危险。奎因由对 P_1 的肯定直接得出了对 P_2 的肯定。

对于 P_3 的回答与对科学的理解有关。奎因"理所当然地认为自然主义的成果足以取得传统认识论的称号,似乎把认识论等同于心理学"[②]。而他所理解的心理学是一门自然科学,从而得出对于 P_3 的肯定回答。但奎因有时也认为"最后的仲裁者是科学方法,尽管它是无定的"[③],这里似乎又未把科学等同于自然科学。

尽管奎因对 P_3 的立场比较含糊,但他主要还是秉持把知识作为一种物理现象的强纲领1。持这种立场的被称为"物理派",其代表人物还有吉尔(Ronald N. Giere)、撒加德(Thagaard,P.)等。他们主张吸收和利用当代科学最优秀的成果来研究传统认识论的问题,进而又把自然科学的研究范式作为科学的经典范式。因此,他们大多以自然科学的成果和标准来建构认识论研究的方法论原则。而持强纲领 2 的一些学者,如瓦托夫斯基(Wartofsky,M. W.)、富勒(Fuller,S.)、唐斯(Downs,S. M.)等,则认为不应将科学局限于自然科学,社会科学的方法对于认识论研究也是有效的。他们主张从社会、历史、文化的角度进行认识论研究,将知识作为一种文化现象,他们被称为"文化派"。他们与物理派在 P_3 上发生了分歧。

应该说,在强纲领的范围内,物理派与文化派在立场上并未发生根本的分歧,他们的思想方法是互补的。尽管物理派以自然科学的

① Kornblith H. In defense of a naturalized epistemology[M]//John Greco,Ernest Sosa,*The Blackwell Guide to Epistemology*. Oxford:Blackwell Publishers Ltd.,1999:161.

② Houkes W. Normativity in Quine's naturalism:The technology of truth-seeking [J]. *Journal for General Philosophy of Science*,2002,33(2):254.

③ Quine W V. *Word and Object*[M]. Cambridge, MA:MIT Press,1960:22.

范式来建立认知解释的模型,但对于社会、历史等因素也并非完全排斥;尽管文化派主张用社会科学的维度来解释认知过程,但对于神经学、认知科学、计算科学的方法大多也不会反对。

强纲领之所以持这样的立场,与特定的背景承诺是分不开的。前文在论及实用主义的自然化特征时,曾将实用主义者的认识论分为三条路径。如果将自然主义认识论与实用主义联系起来看,那么强纲领则与奎因的逻辑实用主义是内在相关的。不仅强纲领维护其基本立场的努力依赖于奎因的实用主义所提供的背景承诺,其在维护基本立场的同时表现出的特征和方法论也是符合这些承诺的。

奎因的逻辑实用主义为强纲领提供的承诺(Commitments of Logical Pragmatism,CLP)主要有以下几点。

CLP₁:本体论承诺

奎因的认识论是与本体论问题交织在一起的,这就是所谓的"本体论承诺"。他认为,任何科学家的理论学说,都具有某种本体论的立场,都包含承认或否认这样或那样事物存在的本体论的前提。由于我们都以一定的语言或概念结构来解释一切经验乃至最平常的经验,本体论问题对于科学家和平常人就都是基本的,"一个人对语言的使用使他对之做出本体论的承诺"①。

奎因区分了两个不同的问题:一是何物实际存在的问题,二是我们说何物存在的问题,前者是关于"本体论的事实"问题,后者则是语言使用中的"本体论承诺"问题。因此,"一个理论的本体论承诺问题,就是按照那个理论有何物存在的问题"②。奎因反对以主词或谓词指称的对象来回答"何物存在"的问题,他认为"我们能够使自己卷入本体论承诺的唯一途径,即通过约束变项的使用而做出本体论的

---

① Quine W V. Notes on existence and necessity[J]. *The Journal of Philosophy*, 1943,40(5): 118.

② W. V. Quine. *The Ways of Paradox and Other Essays* [M]. revised and enlarged ed. Cambridge: Harvard University Press, 1976: 204.

承诺"①。"约束变项"是现代逻辑中的术语,又称"量词变项",即带有量词、有量的约束的变项。因而,不论什么样的本体论承诺,都在"有个东西""无任何东西""一切东西"这些量词变项所涉及的范围之内:

> 我们要承认的那些对象恰恰是我们将其列入量化变元所涉及的值域的对象。这就是量词"(x)"和"(∃x)"所意指的含义:"每一对象 x 使得"(every object x is such that),"有一个对象 x 使得"(there is an object x such that)。②

本体论承诺既使我们放弃对实在的谈论,又把认识论问题纳入到语言或概念的框架内。奎因以实用主义的方式表明,"我们注意约束变项不是为了知道什么东西存在,而是为了知道我们的或别人的某个学说说什么东西存在;这几乎完全是同语言相关的问题。而关于什么东西存在的问题则是另一个问题"③。这不仅使奎因把认识论目标归结为研究刺激输入与语言输出的相关性提供了可能,而且也回答了科学理论的真实性及其指涉外部实在的能力问题。由此,强纲领能够抵制住有关自然主义认识论不能使科学获得辩护的反驳。本体论承诺表明,自然主义认识论并非赞同怀疑论,而是以实用的精神表达了对怀疑论能说什么的不感兴趣,即对在科学理论或语言框架之外能说什么保持沉默。

本体论承诺也表明,认识论的对象与科学的对象都属于本体论承诺的范围,我们接受一种认识论在原则上与接受一种科学理论是相似的。这不仅否定了认识论作为第一哲学的地位,也为将认识论同化于科学提供了可能。奎因认为,就认识论的立足点而言,任何科

---

① 奎因. 从逻辑的观点看[M]. 江天骥,等译. 上海:上海译文出版社,1987:12.
② 奎因. 语词和对象[M]. 陈启伟,等译. 北京:中国人民大学出版社,2005:277.
③ 奎因. 语词和对象[M]. 陈启伟,等译. 北京:中国人民大学出版社,2005:277.

学的对象都是作为文化的设定物(cultural posits)进入我们的概念的,在这一点上,"本体论问题是和自然科学问题相等的"①。奎因甚至把科学的对象称为神话,科学的神话之所以在认识论上优于其他神话,只因"它作为把一个易处理的结构嵌入经验之流的手段,已证明是比其他神话更有效的"②。这是一种实用的标准,但足以使自然主义认识论以完全经验的研究方式取代传统认识论。

CLP₂:整体论承诺

本体论承诺又关联着整体论承诺。根据 CLP₁,我们关于"何物存在"的问题只是一种理论上的设定,即本体论承诺,科学是以一定的本体论承诺形成的概念系统或语言构架,用奎因的话说就是:"把毫无秩序的零星片断的原始经验加以组合和安排的最简单的概念结构。"③奎因把我们的知识或信念的概念体系作为一个整体,这一知识整体与部分依据同样的本体论承诺,"决定那个概念结构的任何部分的合理构造的理由,同决定整个概念结构的合理构造的理由没有种类上的差别"④。因此,他认为"改变某一学说与调整这一学说的部分概念构架无异"⑤。

奎因用这种整体论来反对传统的还原论。传统的还原论,特别是逻辑实证主义,企图把关于世界的一切陈述都还原为关于直接经验的陈述,从而认为每一个有意义的陈述都等值于某种以指称直接经验的名词为基础的逻辑构造。但奎因则认为"我们关于外在世界的陈述不是个别的,而是作为一个整体来面对感觉经验的法庭的"⑥。奎因以实用的观点来对待认识,他把知识整体比喻为一个人工的织

---

① 奎因. 从逻辑的观点看[M]. 江天骥,等译. 上海:上海译文出版社,1987:43.

② 奎因. 从逻辑的观点看[M]. 江天骥,等译. 上海:上海译文出版社,1987:42.

③ 奎因. 从逻辑的观点看[M]. 江天骥,等译. 上海:上海译文出版社,1987:16.

④ 奎因. 从逻辑的观点看[M]. 江天骥,等译. 上海:上海译文出版社,1987:16.

⑤ Kitcher P. The naturalists return[J]. *The Philosophical Review*,1992,101(1):72.

⑥ 奎因. 从逻辑的观点看[M]. 江天骥,等译. 上海:上海译文出版社,1987:39.

造物,它只是沿着边缘同经验紧密地接触,知识的概念体系内的命题并非都与经验直接地相关,而更多的是与其发生间接的联系,经验的变化通过边缘引起内部的调整。至于哪些句子是根据直接经验形成的,哪些句子又是靠类比综合得到的,"那是我们每个人早已忘怀了的往事"[①]。因此,奎因认为,单个命题是无法接受经验检验的,它离开了自己的理论甚至是无意义的。

整体论的证实观把所有命题放在概念系统的整体内来理解,从而避免了归纳或演绎推理的片面性。根据奎因的实用主义,知识的可靠性在于语言表达的合理性和人体感应系统的相关性,因此,接受和理解一种语言就是接受和理解这种语言的概念系统。这一承诺不仅反逻辑实证主义,也是反第一哲学的。既然任何知识体系都是一个在边缘与经验相接触的整体,认识论就与科学一样都是参照外围经验构建出的概念系统,并与科学一样作为整体接受经验的检验,它们没有本质上的不同,因此不能作为科学的基础或第一哲学。既然任何知识体系都是作为整体不断根据经验做出调整和改进的,那么也就不存在任何先验知识或原则。这样,认识论就可被同化于科学当中甚至作为科学的一部分。

CLP₃:因果论承诺

奎因还提供了一种因果论承诺。传统认识论对知识观念的分析或辩护总是限于阐发主体相信的命题之间的逻辑关系,奎因则考虑到它的过程,这就不可避免地包括它的心理过程,即"因果地产生信念状态的过程"[②]。奎因倡导对认识过程进行心理学的分析,而反对传统认识论专注于观念分析和逻辑分析的做法,而心理分析也就意味着把知识或信念的产生作为一个过程。我们看到,逻辑实证主义把观念的形成当作逻辑句法的构造,这种做法虽然避免了纯观念分

---

① 奎因. 语词和对象[M]. 陈启伟,等译. 北京:中国人民大学出版社,2005:10.

② Kitcher P. The naturalists return[J]. *The Philosophical Review*,1992,101(1):60.

析的弊端,但也使知识的因果性丧失殆尽。奎因主张"用聚焦信念的因果探究取代传统的非因果探究"①。

如果把传统的因果论称为内在因果论,奎因则持一种外在的因果论。传统因果论要么诉诸主体内部观念的符合,要么求助逻辑法则内必然性的推演,奎因不仅指责观念分析的不足,而且也批评三段论的因果推理模式。他要寻求一种外在刺激如何形成我们信念的因果论解释。因此,在奎因看来,"认识论不过是一件阐发控制信念产生的因果规律的事情"②。

因果论承诺直接回答了强纲领的一个中心问题:感觉的输入如何产生多样化的世界观。"产生意味着这是一种因果解释,它用神经状态来取代语言规则、感觉材料和传统认识论的其他模式。"③在这里,因果论承诺使奎因把认识论直接作为心理学,进而作为一门自然科学。当然,心理学又是一门涉及面很广的学科,心理过程不仅涉及生物学、脑科学、神经科学等,也包含社会的、历史的、文化的因素。因此,因果论承诺实际上可为强纲领 1 和强纲领 2 提供共同的承诺,即保证各种关于心理过程的经验科学为认识论提供有效性。

因果论承诺也是一种辩护策略。目前反对强纲领的观点主要有两大"指控":一是指责强纲领没有摆脱怀疑论,这在 CLP₁ 中有所涉及;二是指责强纲领没有提供规范,因而不是认识论。因果论承诺表明,研究信念的产生过程就能得出可靠的知识,尽管这种研究没有先验的证明或证据,也没有提供一般的原则,但它仍可在具体情境中获得辩护。奎因把这种对知识过程的研究称为"探究真理的技术"或"机制"(institution),如果这里的"机制"可以作为规范,那么强纲领

---

① Bernstein R. Whatever happened to naturalism? [C]//Proceedings and addresses of the APA. Amencan Philosophical Association,1995:58.

② Capps J. Dewey, Quine and pragmatic naturalized epistemology[J]. *Transactions of Charles S. Peirce Society*, 1996,32(4):639.

③ Houkes W. Normativity in Quine's naturalism:The technology of truth-seeking? [J]. *Journal for General Philosophy of Science*,2002,33(2):254.

是不缺乏规范的。或许我们也可这样理解,奎因主张认识论研究贫乏的输入与汹涌的输出的相关性,传统认识论关于知识的发现与辩护在这种发生学中消解在一起了:语言的习得、信念的产生或知识的获得过程成了辩护,辩护当然也是过程。

CLP₄:还原论承诺

乍一看,这似乎与前面的整体论承诺是自相矛盾的。[①] 奎因曾对"经验论的两个教条"进行了批判,其中一个教条便是还原论。的确,这里存在矛盾。但奎因的初衷是揭露传统经验论的严重缺陷,以发展他所谓的"没有教条的经验论",而不是抛弃经验论。一旦抛弃经验论,他的自然主义学说也将变得不再可能了。因此,如果我们说奎因在反对还原论时并未彻底摆脱还原论,而是存在另一种形式的还原[②],那么也就不足为奇了。这也是体现奎因思想模糊性或不连贯的重要方面。

首先,需要澄清的是,自然主义并不一般地反对还原。自然主义遵循经验论的传统,作为底线,它只是反对有超自然的东西存在。"在反对超自然知识的意义上,自然主义包括传统的、还原论的唯物主义。"[③]奎因当然不会同意把所有自然现象还原为物质,他持另一种形式的还原论。当代很多学者之所以反对自然主义,与奎因思想表现出的还原论色彩是相关的。尽管当代自然主义有多种类型,但"如

---

① 在 2005 年 8 月召开的全国第十二届科学哲学学术会议上,张志林等学者曾指责这两种承诺是相互排斥的、不可兼容的,并认为存在不可接受的矛盾,进一步,张志林断言,奎因是反还原论的。我们并不赞同张志林的观点。

② 对奎因的逻辑实用主义中存在的这种还原,国外学者使用的英语单词是 reduction 或 reductive,国内学者的译法则多有不同,如有译为"化约""化归""化简"的,也有译为"简约""简化"的,还有译为"缩减"(见何静,《自然主义认识论的困境与出路》,《自然辩证法研究》,2005 年第 3 期,第 41 页)。尽管表达多样,但所指是相同的。如果还原一词容易产生不必要的误解,我们也乐于改换成其他表述,但这已是另一个问题了。

③ Ryder J. *American Philosophical Naturalism in the Twentieth Century*[M]. New York:Prometheus Book,1994:6.

今公认可行的自然主义是某种形式的还原论和物理主义"①。这种自然主义当然就是我们所说的强纲领。强纲领被扣上还原论的帽子，是由奎因的逻辑实用主义的特点决定的。

奎因一向反对传统的还原论。休谟曾把知识还原为感觉印象，奎因对自休谟以来的传统经验论的还原论教条进行了批判，尤其是在他之前的逻辑实证主义的还原论。逻辑实证主义企图把关于世界的一切陈述都还原为关于直接经验的陈述，进而从关于原初经验关系的基本概念去定义一切其他经验。奎因认为，不论通过多么迂回复杂的方式，要把关于物理对象的所有语句翻译为关于感觉经验的语句实际上是不可能的。在反对传统还原论时，奎因提出了整体论，他认为我们关于世界的陈述是作为整体，而不是以单个命题，面对经验的检验的。在这里，奎因并未否认个别语句可具有直接经验的意义，而只是否认单个命题可由经验证实或证伪，这就为另一种形式的还原论留下了隐患。

于是，我们看到，由整体论承诺可得出还原论承诺。在 CLP_2 中，奎因实际上承认了某些语句是有直接经验意义的，他只是否认了所有单独的语句具有经验意义。这种具有直接经验意义的语句就是奎因所说的"观察句"（observation sentence）。CLP_2 把我们知识的概念体系作为一个整体，它在边缘处与经验相接触，而观察句正是处于概念体系内的边缘位置。奎因对观察句的一般定义是，"操同一语言的所有说话者在接受相同的并发刺激时会做出相同判断（verdict）的语句"②。由于奎因又在语言概念的体系内区分出"场合句"（occasion sentence）"固定句"（standing sentence）和"永恒句"（eternal sentence），它们与直接刺激的联系由近及远，并最终经由观

---

① Kitcher P. The naturalists return[J]. *The Philosophical Review*，1992，101(1)：60.

② Quine W V. Epistemology naturalized[M]//Hilary Kornblith ed. *Naturalizing Epistemology*. 2nd ed. Cambridge，MA：MIT Press，1994：28.

察句与经验发生间接联系。因此,在知识问题上,观察句就具备了某种基础的地位。① 而还原是与基础相联系的。在这一意义上,我们把奎因以观察句作为反映直接刺激意义的基本语言单位的做法称为"还原"。当然,这里的观察句与传统还原论中之基础是大不同的,它不是囿于个体的主观感觉经验,而是人们在面对感觉刺激时把它作为一种科学假设的主体间的判断。另外,观察句也不是传统认识论中稳固不变的基点,而是如 CLP₂ 所揭示的,它必然随着概念体系的调整而变迁。不管怎么说,奎因的还原论承诺②与整体论承诺确有矛盾的地方,但这并非奎因有意为之,而是由他在语言框架内研究认识过程的逻辑实用主义所决定的。这也是一种语言学行为主义,行为主义本能地反还原,而同时又不能缺少一些基本的语言工具,于是另一种意义上的还原论出现了。如果我们注意到这种还原与传统还原论中的还原的巨大差异,或许就可认为还原论承诺与整体论承诺是不矛盾的。

其实,奎因的本体论承诺也蕴涵了还原论承诺。在 CLP₁ 中,奎因将指称与意义分离,使得指称对象的存在与否转变为其真值函项的满足与否,而真值函项又"可还原为唯一的一个函数"③。由于把本体论问题纳入语言逻辑的范围内,实际上应该采取什么的本体论问题也就是一个没有明确答案的问题,只能根据实用的标准和精神来取舍。因此,尽管奎因反对逻辑实证主义的还原论,但他还是主张"让我们尽一切办法看看物理主义的概念结构在多大程度上能够还

---

① 奎因也毫不避嫌地表明观察句的基础作用,他曾把知识的基础问题分为概念方面和学说方面,而"观察句对这两方面的事业都是基本的","观察句提供了进入一种语言的唯一通道"。见 W. V. Quine. Epistemology naturalized[M]//Hilary Kornblith ed. *Naturalizing Epistemology*. 2nd ed. Cambridge, MA: MIT Press, 1994: 29.

② 根据奎因的本体论承诺,"承诺"意味着它只是一种理论上的设定,并非关于实际对象的存在。我们在类似的意义上使用还原论承诺,即认为,还原论作为一种承诺,为奎因的逻辑实用主义所蕴涵,而不一定是奎因本人的明确主张。本章的其他部分也都在这一意义上使用承诺一词。

③ 奎因. 语词和对象[M]. 陈启伟,等译. 北京:中国人民大学出版社,2005:259.

原为现象主义的概念结构"①。

此外,也可由奎因的因果论承诺得出还原论。因果论承诺把知识的形成过程作为因果地产生信念的心理过程,也就是外在刺激内化于语言概念系统,形成语句的过程,而在概念系统内直接因果地产生的是观察句。奎因认为"我们希望得到的观察句正是那些与感受器最为因果接近的语句"②。由于与外在刺激存在最近的因果关系,观察句在整个概念体系内是基本的。这不仅提供了一种还原的可能,而且也充分表明了观察句与传统还原论的基础的显著的不同之处。

总的看来,奎因的还原论承诺是一种在语言范围内的还原,即通过将一些语句置入另一些语句,从而把复杂的语言概念系统还原为某种语言单位或句法形式。这就为奎因把认识论还原为科学甚或心理学打开了方便之门。试想,如果把认识论作为研究所有科学知识的一个整体,那么它也就可以还原为科学整体中的一个部分,不论这个部分是自然科学还是心理学。奎因认为认识论是自然科学的一部分,我们的理解只能是"他倾向于消除前者或至少是把前者还原为后者"③。因此,还原论承诺不仅为强纲领的立场提供了必要的理据,而且也提供了强有力的保证。一句话,尽管奎因的逻辑实用主义以整体论反对还原论,但"只要我们能把某一范围的话语(discourse)还原到另一范围,奎因显然不会反对"④。

---

①　奎因. 从逻辑的观点看[M]. 江天骥,等译. 上海:上海译文出版社,1987:18.

②　Quine W V. Epistemology naturalized[M]//Hilary Kornblith ed. *Naturalizing Epistemology*. 2nd ed. Cambridge, MA: MIT Press, 1994: 27.

③　Capps J. Dewey, Quine and pragmatic naturalized epistemology[J]. *Transactions of Charles S. Peirce Society*, 1996, 32(4): 637.

④　Stroud B. The charm of naturalism [C]//Proceedings and addresses of the American Philosophical Association. American Philosophical Association, 1996: 46.

中纲领与杜威的承诺

强纲领的自然主义认识论遭到越来越多的质疑和批评,其中,部分批评来自于中纲领。通过前文可以看到,强纲领以奎因的逻辑实证主义为其背景承诺,很多学者因而把自然主义认识论看作是科学主义的、还原论的和描述性的学说,并加以指责和反对。当然,他们反对的实际上只是强纲领,但由于强纲领长期以来作为自然主义认识论的"正统"地位,针对强纲领的众多批评也就不可避免地累及整个自然主义认识论。在自然主义认识论阵营内,一些学者对此十分不满,他们试图维护或建立一种有别于强纲领的自然主义认识论。

这种有别于强纲领的另一种类型的自然主义认识论就是前文提到的中纲领。中纲领与强纲领最大的区别在于,尽管中纲领承认经验科学方法对认识论研究的有效性和必要性,但拒绝把认识论完全等同于某一门或几门具体科学。他们认为,虽然认识论是与科学连贯的,从这个意义上说,传统认识论可被自然主义认识论完全取代,或者说,认识论可同化于科学,但这只是针对方法论而言的,即认识论接受科学研究的方法和成果;但在研究对象上,认识论仍然有其特定的、不同于科学的领域或主题。形象地说,中纲领的显著观点是,虽然传统认识论被自然主义认识论取代,但认识论仍有其"自留地"。因此,不同于强纲领,中纲领对图 2-2 中 P_1 作了否定的回答。

费尔德曼(R. Feldman)的思想典型地体现了中纲领的态度和立场。他把传统认识论称为"书斋(armchair)认识论",这种认识论以预设命题为起点,先试着提出一些分析和原则,然后根据潜在的反例做出修改,其显著特点是分析认识论的观念、制定认识论的原则。而他主张的认识论则是"方法论的自然主义":有关人类认知和推理的心理学成果及其他经验科学的研究成果对于认识论的进展都是必要的和有帮助的。他认为,传统认识论之所以被自然主义认识论所取代,是由它的方法论决定的,"这种方法论并不依赖于人们实际如何推理的信息,因而它的践行者忽视有关人类认知研究的科学成果"①。因此,传统的认识论被认为只是书斋里的研究,"通情达理的人都会认为,没有科学的输入,这种研究是不会成功的"②。

他还指出,自然主义认识论对传统认识论的取代之所以被当作理所当然的现象,与研究对象的转移有着莫大的关系。费尔德曼指出,自然主义方案的关注对象与传统认识论的中心议题是有差别的。他认为,尽管无法说清探究哪些问题才算是真正的认识论,但很明显的是,存在一些传统的、标志性的特定认识论的问题,例如,理解和分析何谓知识与合理的(已获辩护的)信念,确定获得知识和辩护的特定原则和方法,以及维护或回应怀疑论,等等。他认为,如今的认识论主要的关注对象则转移到对如何因果地产生信念的认知过程的研究上,③有些学者甚至把认识论的任务归为帮助人们更好地推理,即关注人们在推理中实际存在的错误并提供有助改进的技能(techniques),这些研究虽然依赖于经验的成果,但并不能称其为方法论自然主义的好的理由。

由此,费尔德曼对强纲领的地位进行了质疑。他认为,强纲领的自然主义认识论并不是理所当然的。首先,引入心理学的观念并不能成为认识论自然化的理由,因为认识论一直在使用一些心理学的观念。费尔德曼认为,认识论越来越多地引入心理学的概念并不能说明,心理学研究成果隐含着认识论理论或认识论必须使用这种结果来支持自己的理论。其次,科学的经验研究也不一定有助于分析知识和辩护的观念。第三,自然科学的经验信息只回答了怀疑论的

---

①　Feldman R. Methodological naturalism in epistemology[M]//John Greco,Ernest Sosa. *The Blackwell Guide to Epistemology*. Oxford:Blackwell Publishers Ltd. ,1999:170.

②　Feldman R. Methodological naturalism in epistemology[M]//John Greco,Ernest Sosa. *The Blackwell Guide to Epistemology*. Oxford:Blackwell Publishers Ltd. ,1999:171.

③　Kitcher P. The naturalists return[J]. *The Philosophical Review*,1992,101(1):60.

一方面,还有另一方面是认识论要解决的问题。费尔德曼强调认识论的研究的特殊性。一般而言,认识论的研究对象是知识,科学的研究对象是各种自然现象。① 费尔德曼认为,知识与自然现象是不同的,他反对科恩布利斯把知识与自然现象做类比。科恩布利斯曾以科学作为知识的典范,以论证经验研究在认识论上的合法地位,并反对传统的概念分析的方法论。他以"铝"的例子说明,我们关注的是对这一物理现象本身的研究,即研究它的形状、颜色、特性等经验内涵,而不是铝的概念,我们"对于铝的日常概念是没有多大兴趣的"②。费尔德曼反驳道,有无兴趣是因人而异的,在知识问题上,很多人甚至觉得关于知识的"概念之谜"(conceptual puzzles)也是有趣的,由这些"谜"引发的一些概念问题也应是认识论关注的对象。因此,费尔德曼主张传统认识论的辩护、规范等内容也应是方法论自然主义的研究对象。

显然,费尔德曼认为如今的(强纲领)自然主义认识论的研究对象是狭窄的,难怪它被认为是纯描述性的。他认为,只有把认识论宽泛地理解为"人类知识的研究",自然主义方案所倡导的经验研究才是相关的和有效的,自然主义认识论也才能真正地取代传统认识论。但无论如何,在认识论研究中,经验科学的方法仍是优先的(preferable)方法:

> 可以断定,要对人类知识做完整的研究,应包括对于人们在何时有何知的历史研究,关于大脑如何产生信息的方式的神经科学研究,知识如何在社会中传递的社会学研究,等。③

① 从反对超自然主义的观点看,自然主义者认为自然界与社会都属于自然的范畴,在此意义上,科学的对象可以通称为"自然现象"。

② Kornblith H. In defense of a naturalized epistemology[M]//John Greco,Ernest Sosa. *The Blackwell Guide to Epistemology*. Oxford:Blackwell Publishers Ltd.,1999:159.

③ Feldman R. Methodological naturalism in epistemology[M]//John Greco,Ernest Sosa. *The Blackwell Guide to Epistemology*. Oxford:Blackwell Publishers Ltd.,1999:171.

费尔德曼是在方法论的意义上主张自然主义认识论的,即各种经验科学的方法和成果都是与认识论相关的,但他没有像强纲领那样走得更远。因此,他一方面承认经验科学有助于认识论,另一方面又试图保留传统认识论的一些范畴,如规范、辩护等。这一点得到了很多学者的赞同,如哈克认为"认知科学的成果是相关的,把它用于解决传统认识论问题是合法的"①,戈德曼则指出"哲学与心理学的综合对于产生可行的辩护原则是必需的"②。这些都是在认识论上主张方法论自然主义的观点,也就是我们所说的中纲领。

综上所述,中纲领的立场可以概括为:认识论与科学在方法上是连贯的,但即使可以以完全自然化的方式研究认识论,认识论仍有其特定的研究领域和主题;认识论事业虽属广义的科学事业,但却不可还原为某一门或几门具体学科;作为一门具体科学的认识论,无论自然科学还是社会科学,都不可能涵盖其研究领域,更不用说把认识论归入某一具体学科,如心理学。这也是中纲领与强纲领的根本分歧所在。

由于中纲领的上述立场,它对图 2-2 中 P_3 的回答是很淡化的,我们很难明确区分出物理派和文化派。另外,中纲领在对认识论进行研究时,大多保留了规范、辩护等内容,这就在自然主义语境下很好地融合了传统认识论。中纲领的这些优点使它吸引了越来越多的支持者,如前文中的霍克斯提到的"方法论自然主义"也应属于中纲领,他虽然承认在一定程度上认识论应该按照科学的标准来建立,但又认为它与其他学科是不同的或它有特殊之处,我们不能把认识论作为一门特定的科学理论。

---

① Haack S. *Evidence and Inquiry*[M]. Oxford: Blackwell Publishers Ltd. , 1993: 118.

② Goldman A I. Epistemic folkways and scientific epistemology[M]//Hilary Kornblith ed. *Naturalizing Epistemology*. 2nd ed. Cambridge, MA: MIT Press, 1994: 314.

卡普斯持类似的观点。通过比较奎因和杜威的实用主义，卡普斯主张回到杜威的自然主义，因为它不仅包含了自然主义认识论的最低承诺，而且能回应对自然主义认识论强纲领的反驳。根据卡普斯的观点，杜威的实用主义的特征与中纲领是一致的，中纲领的自然主义认识论的背景承诺可溯及杜威的实用主义。

我们可以把杜威的常识实用主义为中纲领提供的承诺（Commitments of Commonsensical Pragmatism，CCP）概括为以下几点。

CCP_1：常识承诺

杜威的实用主义是以常识为出发点的，所有的探究理论（不论认识论还是科学）最终以常识作为可靠的保证。虽然哲学可以设定一个"本体的世界"，但这只有经过哲学上系统训练的人才可看到；对大多数人来说，他们日常经验的世界是一个更平常、更实在的世界，"常识和科学所指的世界，只是这个不完全且不能永久的世界"[①]。这种不确定的情境（situation）给我们带来了问题，通过致力于改变现有情境的行为来解决问题的行动就是杜威所谓的"探究"。

这也就体现出杜威的认识论是一种"行为者"理论，它实际上是以常识经验为基础的一种工具（操作）学说。杜威认为，常识使我们抵制住了怀疑论，并在解决问题的情境中行动，而我们的行动又是离不开语言和理论的。因此，根据实用主义的、常识的实在论，有效的语言使用即意味着一个基本的"关于世界的理论"。语言表达能够形成关于世界的理论，这是常识所能证明的。在健全的常识下，我们都能利用语言来表达对象与理论的关系，从而把人以外的事物转变为知识的对象。

---

① 杜威. 哲学的改造［M］. 胡适，唐擘黄，译. 合肥：安徽教育出版社，1999：15.

可以看出，杜威把具体活动的结果作为一种常识，从而为科学理论的抽象活动提供了证据。"在杜威看来，科学代表着对常识方法和探究方式的提炼，并以提供在一个偶然的、并非一成不变的世界中的可靠尺度作为自己的目标。"[1]这样，常识与科学就产生了相互作用，常识为科学的发展提供了证据，在科学指导下产生的具体活动的结果又成为新的常识。因此常识与科学在具体的问题情境中相互作用，不断推进探究活动的展开。

在这里，杜威的中心概念是情境，它至少包含心理的和社会的因素：生物和文化背景至少提供了物质的和观念的框架，问题的研究正是在此框架内提出、分类和得到进一步解决的。虽然情境依赖于自身的所作所为，但也存在某些不能完全还原为主观心理和社会的特定的因素。

杜威似乎早就预见了奎因的症结。他设定了探究理论的两个条件：第一，各种探究内容的不同只是程度上的不同，而不是种类上的不同；第二，逻辑形式源于解决特定的和具体的不确定性。第一个条件是自然主义的基本要求，第二个条件使杜威的自然主义避免成为一门自然科学或描述性科学。因此，杜威对情境概念的使用和探究条件的设定都否定了强纲领在认识上的还原论和科学主义倾向，从而使中纲领能以最低承诺的方式维护自然主义认识论。

CCP_2：理论化承诺

在用常识证明了外物与理论的联系后，杜威进而为理论活动与结果的联系提供承诺。他认为，"关于世界的理论"必须先于更复杂的理论化形式，并且在更复杂的理论化形式中得以延续。这就表明，理论化形式是理论活动的自然结果，也是理论自我发展和完善的体现。

---

[1]　Capps J. Dewey，Quine and pragmatic naturalized epistemology[J]. *Transactions of Charles S. Peirce Society*，1996，32(4)：648.

从杜威关于经验的观点中可看到,杜威把理论化作为行为过程的一个环节,即在行为过程中具体的实践活动与理论的抽象活动是密不可分的,而"所谓抽象活动就是把经验的某些方面选出以便得它的助力而领会别的经验"①。根据杜威的实用主义,理论化不只是观念上的满足,更是行为活动的需要,它是与解决具体情境中的问题联系在一起的。在他看来,理论化既是行为之前的假设,又是行为结果的概括;既是探究的形式,也是探究的目标。这虽然是把理论化形式作为工具的功能论解释,但却很好地维护了探究理论的地位。

杜威的理论化承诺建立在基础主义的失败之上。我们知道,传统的认识论被称为基础主义认识论,它基于某些明白无误的起点,进而推出所有知识。笛卡尔认为,一个信念被称为知识,它要么是基础性的,要么是用适当的推理原则从基础性的信念推演而来。他认为关于"自我"的信念满足基础性的标准,因而可以成为上帝存在及外部世界一切知识的基点。虽然笛卡尔的认识论为我们信念体系的根本改进留出了空间,但实际上它的主要作用却在于把我们的前理论信念与"知识"的名称连接起来。问题是,笛卡尔设定的标准被认为是过高的标准,许多实际可靠的信念因此不能算作知识。为了认可许多前理论信念,后来的认识论试图降低关于基础和推理原则的标准,他们"虽然保住了基础主义,但却是以牺牲认识论的理论化为代价的"②。基础主义认识论的失败不仅表明从不可置疑的起点重构我们知识的不可能性,而且正使认识论的理论化失去意义。杜威的理论化承诺则表明,我们需要一种认识论的方法,以对合理的智力问题做出根本回答,以解释知识的理论化为何是值得关注的事业。

---

① 杜威. 哲学的改造[M]. 胡适,唐擘黄,译. 合肥:安徽教育出版社,1999:94.

② Kornblith H. In defense of a naturalized epistemology[M]//John Greco,Ernest Sosa. *The Blackwell Guide to Epistemology*. Oxford:Blackwell Publishers Ltd. , 1999:159.

　　尽管基础主义和融贯论不能提供关于辩护的有力解释,杜威还是认为不应放弃对辩护的讨论。杜威"仍然把辩护作为一种基本的规范概念"[①],而不像奎因那样把它消解于因果过程中。作为实用主义者,杜威关注的是认知辩护的地方性(因而是相对偶然的)原则,他认为规范或原则是探究过程本身的发展,即理论的自我完善和发展;但它们又不是对概念分析的完全抽象,而是"反映了先前探究的一般结果"[②]。

　　奎因似乎也有关于理论化形式的论述,但他只把语言学背景作为更复杂的理论化形式的先在条件,而杜威则把它放在情境中来理解。因此,杜威的理论化承诺能更加关注探究活动中形成的理论、规范、原则等一般结论,而奎因的认识论则根本未对认知原则为何形成做出说明,这也是强纲领被指责为完全描述的、非规范的原因之一。由此来看,杜威的理论化承诺为中纲领保留传统认识论的特定主题和领域的立场提供了有力的支持和保证。

CCP$_3$:连续性承诺

　　连续综合的观点是杜威哲学最显著的特点。杜威以进化论的观点把知识看成一个不断向前发展的过程,我们的探究活动即在前后相继的过程中展开。他的认识论"行为者"理论认为,我们一开始就参与到认识过程中,在这里,一切语言、思想、理论等都化为我们的行动,人与自然、经验与自然、人与环境、知识与对象都连成一体了。杜威所强调的连续性是广泛的。

　　首先,杜威把思维的历史,不论科学史还是哲学史,都看作是连续的。杜威认为,我们面对的是一个自我发展和进化的世界,世界的历史联系表明它是连续性的,正如马菲所说:"我们所直接知觉的宇

---

　　① Capps J. Dewey, Quine and pragmatic naturalized epistemology[J]. *Transactions of Charles S. Peirce Society*, 1996, 32(4): 645.

　　② Capps J. Dewey, Quine and pragmatic naturalized epistemology[J]. *Transactions of Charles S. Peirce Society*, 1996, 32(4): 645.

宙并不需要任何外来的、超验的联系和支持;它本身就有一连续不断的结构。"①这就决定了思维的历史也是连续性的。杜威坚持认为:"一切思维都产生在文化的前后连续中。"②

其次,杜威认为探究活动的各要素之间也是连续的。前文论及的杜威的经验概念,即是一个联结探究各要素的概念。杜威认为,传统的认识论把认知的主体与客体分开,把经验与自然分开,这是片面的。他把经验看作是一种生命现象或有机行为,他的经验论是"从经验包含着连续性与联系这一事实开始。经验自身表现为行为与经历的连续;在经验中不同阶段的联系不是外来的,而是经验的实际特征"③。因此,根据杜威的常识实用主义,探究活动所面对的经验和自然,不仅是不可分的,也是相互作用的。杜威认为经验既不是主体对客体的反映,也不是独立于客体之外的主体本身的属性,而是活动着的人与环境之间的一种贯通的作用。"这种贯通作用在主体和环境、经验和自然之间建立了连续性。"④

从CCP_2也可看出,具体的活动结果为科学理论的抽象活动提供了源源不断的动力,从而"关于世界的理论"在更复杂的理论化形式中得以延续,所以它们被看作是连续性的。在此意义上,杜威以连续综合的观点来看待所有的人类认知:哲学与科学、认识论与科学、传统认识论与自然主义认识论都是连续的。

从认识论来说,杜威的探究逻辑主要在两个意义上表达连续性:一是,由于生物的、物理的和理性的操作都是一般的探究形态,因而这些操作间的连续性就在于它们只是程度上的不同,而非种类的差别;二是,机体的和理性的操作间的连续性可说明探究逻辑的来源。因此,尽管杜威与奎因一样,都承认认识论与科学的连贯性,但杜威

---

① 詹姆斯. 实用主义[M]. 陈羽纶,孙瑞禾,译. 北京:商务印书馆,1979:159.
② 王守昌,苏玉昆. 现代美国哲学[M]. 北京:人民出版社,1990:62.
③ 罗伯特·B. 塔利斯. 杜威[M].彭国华,译.北京:中华书局,2002:56.
④ 刘军. 论哲学和伦理学中的自然主义[J]. 求是学刊,1999(6):46.

并没有认为认识论可作为自然科学的一"章"。不同于奎因的语言学行为主义，杜威视语言为探究的工具，"更确切地说，即适合特定探究的一组特定工具"[①]。在杜威看来，特定语言在特定情境中之所以是有用的，就在于它先前作为工具取得的成功。比起奎因对观察句的真伪获得惯例性同意的说明，这是一种更严格的标准，因而可使中纲领避免陷入相对主义和还原论。

综上所述，连续性承诺使中纲领既肯定 P_2 又否定 P_1；从而既维护中纲领的基本立场，又使之不走向强纲领。连续性承诺在最低限度内肯定认识论与科学是连贯的，但不愿走得更远，这种连贯表现在两个方面：一方面，自然科学和社会科学的成果对于我们理解认识辩护发挥着重要的、有限的作用；另一方面，认识论者可效法科学实践中的方法。杜威认为，既然经验与自然是连续的，则必须通过实验等自然的方法进行探究。[②] 从这也可以看出，为了解决认识论辩护的问题，杜威的实用主义承诺也包含了特定的方法论假设。尽管这弥补了强纲领忽视辩护和规范的不足，但其去基础主义的方式也使自然主义认识论能否回答传统认识论提出的问题备受质疑。杜威一方面试图避免强纲领的还原论科学主义，另一方面又试图避免基础主义、融贯论及其他探求确定性的更主流的方案，这就使他的常识证据往往显得力不从心。面对这一困境，杜威坦言，"也许我们可以寄希望于更多科学领域的进展"[③]。

弱纲领与皮尔士的承诺

在自然主义认识论内部，对奎因路线的最激烈的批评来自于弱

---

①　Capps J. Dewey, Quine and pragmatic naturalized epistemology[J]. *Transactions of Charles S. Peirce Society*，1996，32(4)：645.

②　杜威. 经验与自然[M]. 傅统先，译. 北京：商务印书馆，1960：前言.

③　Capps J. Dewey, Quine and pragmatic naturalized epistemology[J]. *Transactions of Charles S. Peirce Society*，1996，32(4)：657.

纲领。不论 W_1 还是 W_2，它们在基本问题上与强纲领的分歧都是很大的。如果把强纲领看作一个极端，那么弱纲领就是另一个极端。如果说强纲领的激进态度使它们很容易被误解为后现代主义，那么弱纲领批评强纲领的激烈程度则表现出一定的先验论色彩。

持弱纲领的一些学者一般对利用经验科学的成果进行认识论研究没有异议，但在 P_2 上与强纲领和中纲领都产生了根本分歧。他们不仅认为传统认识论仍有其"地盘"，而且还认为它有一些特殊的研究方法。这些方法来自逻辑、数学或形而上学等，它们不同于纯经验的研究方法，而是分析性的。实际上，弱纲领所强调的是，在经验研究的范围之外，总是存在一些先在的原则，这些原则虽然不是一成不变的，也不是不证自明的基础，但却是经验研究和推理的必要前提。他们认为，纯经验的累积不可能成为科学，特别是像理论物理这样高度抽象的理论，逻辑和数学原则是不可避免的，他们把这些原则称为先验知识。

雷伊（Rey, G）的思想代表了弱纲领的立场。首先，他声称自己是一个自然主义者，认为经验的方法对认识论研究是必要的和有效的方法。但他也看到了奎因的实用主义承诺（特别是关于证实的整体论）的模糊性，从而认为自然主义认识论不能排除先验知识，因为传统的逻辑、数学、哲学与物理理论、生物学或日常生活的信念并无根本的不同，它们都是根据经验做出修正的。

雷伊对反先验知识的一些理由进行了辩驳。奎因通过整体论描绘出的知识图景具有可修正性（可错性）、同向性（isotropy）、广及性（globality）等特征，不少学者以此作为标准排除先验知识。雷伊认为，先验知识并非不具备这三个特征，关键是我们如何理解先验知识或采取何种定义，柏拉图、莱布尼茨、康德都不曾认为知识是不可修正的，更不用说非同向性了，"把不可修正性（和/或非同向性）作为先验知识一个特征的是近来的实证主义者,特别是行为主义者的观点"①。雷伊从整体论的经验立场出发,得出先验知识的可能性,这种"自然主义先验论"在达到目的之后,便抛弃了整体论的梯子。

雷伊的策略是从经验到先验。他认为:"是否存在先验知识是一个经验问题,经验告诉我们,这样的问题是存在的。"②雷伊所说的先验知识实际上是一种特定的辩护策略,类似于库恩所说的"范式"。先验随着经验而变化可以看作是先验知识的改进,而不是否定原有的先验知识,正如爱因斯坦空间、量子物理学引发的范式改变一样。通过这种先验的辩护,雷伊从而有效地得出了对 P_1 和 P_2 的否定回答。

可以看出,雷伊的先验概念与传统哲学的先验概念已有所不同。正是在此意义上,德维特(M. Devitt)认为雷伊根本不是自然主义者,因为"使用经验的方法不一定就是自然主义者"③。根据我们通常所理解的自然主义认识论(即 S_1),自然主义者必须承诺:除了经验别无他途。

菲尔德(H. Field)则强调逻辑知识是先验的。他论证道,逻辑很明显是先验的,因为要利用证据论证任何东西,都必须使用逻辑;逻辑使得从证据到结论的推理有效,它必须是先在的。从实用主义的角度看,我们确实有理由使用逻辑知识,而根据菲尔德的定义,逻辑在这种微弱的意义上是先验的。他并不是在非经验的方式上描述先验,他把自己的观点作为自然主义的。

与中纲领刻意淡化对于 P_3 的回答不同,弱纲领似乎在 P_3 上也可分为物理派(W_1)和文化派(W_2)。他们共同的特点是在经验研究的过程中得出先验知识,以抵制强纲领或中纲领。例如,物理派的卡

---

①　Rey G. A naturalistic a priori[J]. *Philosophical Studies*,1998,92(1/2):27.

②　Rey G. A naturalistic a priori[J]. *Philosophical Studies*,1998,92(1/2):25.

③　Devitt M. Naturalism and the a priori[J]. *Philosophical Studies*,1998,92(1/2):47.

明斯(D. Cummins)在建立实验心理学关于条件推理的研究时指出：
"关于因果条件中选择因果场景的可能性的先天知识,将影响人们对
条件的解释。"[①]文化派的伦农(K. Lennon)在比较自然主义认识论
与解释学认识论时,虽然提出用理性的内在(固有)概念取代先验概
念,但他还是承认,"这里仍然存在一些先验的痕迹"[②]。

概言之,弱纲领的基本立场是,比中纲领仅保留传统认识论的特
定研究领域的立场更进一步,试图保留传统认识论的特定研究方式
或方法。尽管他们把经验科学的成果作为认识论的资源或素材,但
又认为经验研究离不开一定的先在原则(或先验知识)。他们不仅拒
绝把自然主义认识论作为一门普通的科学,而且试图维护认识论作
为科学指导的地位。在此意义上,他们否认传统认识论可被完全取
代,即否定了 P_2。因此,他们也强烈反对取消逻辑、数学和形而上学
的命题,他们不仅认为有些观念和命题在经验之外是有效的,而且认
为它们构成了所谓的先验知识,这是经验科学研究之外的领域。

相对于奎因和杜威的实用主义承诺,弱纲领的自然主义认识论
直接指向皮尔士的实用主义。皮尔士的实用主义所具有的先验论色
彩使其能够为弱纲领提供必要的背景承诺和理论支持。通过分析皮
尔士的承诺,我们可以更深入地理解弱纲领的根本特征和实质内容。

皮尔士对康德的先验逻辑进行了符号学(semiotics)改造,从而
使客观知识的有效性重新获得了辩护。皮尔士的探究逻辑与杜威不
同,杜威在探究的条件和探究的结果之间建立起自然的联系,皮尔士
则在能指和所指之间建立起逻辑必然性,这就决定了皮尔士能够成
为弱纲领意义上的先验知识的"庇护所"。

他的符号学实用主义为弱纲领提供的承诺(Commitments of

① Cummins D, Lubart T, Alksnis O, et al. Conditional reasoning and causation[J].
Memory and Cognition, 1991, 19(3): 276.

② Lennon K. Naturalizing and interpretive turns in epistemology[J]. *International
Journal of Philosophical Studie*, 2003, 11(3): 257.

Semiotic Pragmatism，CSP）主要有以下两点。

CSP$_1$：终极论承诺

皮尔士的真理观是一种终极论。皮尔士反对笛卡尔的基础主义认识论，认为笛卡尔所追求的确定性是主观的、个人的，而现代科学的精神表明，"除非能说服他人同意，否则个体的主观确定性说明不了什么"[①]。因此，皮尔士以探究共同体内的同意来说明真理：我们个人是不能合理地期望获得我们所追求的终极哲学的；因而，我们只能寻求哲学家的共同体。[②]

从真理观上说，皮尔士并非承认有一种终极的真理存在，而是认为所谓的真理最终有一种明晰的、确切的状态，这也服从于他致力于使我们的观念清晰的事业。皮尔士认为真理的对象是观念符号，而真理就是"注定会让所有探究者最终同意的观念"[③]。在这里，皮尔士为真理给出了一个没有时间限定的理想状态。有人也许会认为，"注定""最终"是难以捉摸的，这些模糊的术语难道不是违背皮尔士的使我们的观念清晰的初衷吗？

其实不然。皮尔士所要强调的是知识的可错性。虽然他认为"实在"不在认知领域之外，但我们一旦通过指称设定实在，它相对于我们的观念符号又是客观存在的。这种朴素的实在论表明，我们的观念不是随意的，而是可错的，他认为错误的观念有两个迹象（sign）：第一个迹象是该观念不能持续，我自认有必要抛弃它；第二个迹象是该观念只有我一人持有，而且在经过与他人讨论后仍然如

---

① Skagestad P. Peirce's conception of truth: a framework for naturalistic epistemology? [M]//Abner Shimony，Debrn Nails eds. *Naturalistic Epistemology*. Dodrecht，Holland: D. Reidel Publishing Company，1987：77.

② Peirce C S. *Collected Papers of Charles Sanders Peirce* [M]. Vol. I-VI，eds. Charles Hartshorne，Paul Weiss，Vol. VII-VIII，ed. Arthur W. Burks. Cambridge，M A: Harvard University Press，1960：CP5. 265.

③ Peirce C S. *Collected Papers of Charles Sanders Peirce* [M]. Vol. I-VI，eds. Charles Hartshorne，Paul Weiss，Vol. VII-VIII，ed. Arthur W. Burks. Cambridge，M A: Harvard University Press，1960：CP5. 407.

此。既然观念是可错的，"真的东西是信息和推理最终会导致的结果，因而是独立于你我的飘忽不定的"①。因此真理是在共同体内不断地接受检验的，并会在足够长久的未来被共同体所接受。

根据这种终极论的真理观，我们可以概括出真理的两个特征，即持久性和普遍接受性，也可将它们看成是真理的两个必备条件。现在的认识论问题是，科学能否产生这样的真理。从皮尔士的实用主义来理解，这一问题可以转变为，科学能否形成一些程序，使之产生，或我们有理由期望它产生共同体内长远的普遍同意。对这一问题的回答就遇到休谟对所有归纳的责难。的确，我们不能说特定的同意会永远持续下去，我们知道任何实际的同意都可能在明天瓦解，但"这里的计划并不是要为归纳给出归纳性辩护"②，而是以特定的归纳程序(历史归纳)检验其他归纳程序(物理的、化学的、生物的归纳)，因而不存在循环论证。皮尔士把真理定义为能长远持续的同意，而是否存在持久的同意仍是一个开放的问题，我们寻求的合理答案应是归纳性的。这就为真理设定了一个极限值，即通过归纳可达到的结果，尽管它在时空上可能是无限的。

总的看来，终极论体现了皮尔士在知识问题上的进化观点。他认为知识(或真信念)的获得是不断纠错、容错并朝向理想目标前进的过程，这是一种知识增长的态度。虽然皮尔士认为真理是在科学共同体内达成共识的观念，但他又认为这些观念不是现成的，而是通过最终的共识形成的。他反对对真理做精确的、量化的定义，而宁愿采用更模棱一些的术语。他认为，精确化的程度与我们知识的状态存在函数关系，越精确的定义表达出的状态越模糊。因此，皮尔士通

---

① Peirce C S. *Collected Papers of Charles Sanders Peirce*[M]. Vol. I-VI, eds. Charles Hartshorne, Paul Weiss, Vol. VII-VIII, ed. Arthur W. Burks. Cambridge, M A: Harvard University Press, 1960: CP5.311.

② Skagestad P. *The Road of Inquiry: Charles Peirce's Pragmatic Realism*[M]. New York: Columbia University Press, 1981: 5.

过终极论明确表达出一种关于真理的终极的或理想的状态,向后看,我们可以把它作为最后的目标;向前看,我们也可以把它当作真理的标准和原则,这就为它成为弱纲领肯定先在原则或先验知识的承诺提供了可能。

皮尔士的终极论从反基础主义出发,实际上却得出了另一种形式的终极基础,只不过相对于笛卡尔的标准,这是一种动态的、开放性的标准,但仍可作为经验研究的先在原则,因而是弱纲领意义上的先验知识。阿佩尔(K. Apel)曾经表达了类似的观点,他认为终极基础是存在的,只要它是非演绎的,他称这种非演绎的基础为"先验的反思",它对所有论证是必需的,是先验的前提的直接洞察。在此意义上,萨斯(Peter Jacco Sas)也认为,如果某一理论 T 认为终极基础是不可能的,那么 T 也就意味着 T 理论本身的真理性不能提供不可置疑的证据也是不可能的,因此 T 在原则上就是可疑的。也就是说,"每一否定终极基础可能性的理论意味着自身是不可证明的"[①]。

CSP$_2$:一致论承诺

皮尔士的一致论承诺可从其实在论中引出。从前文可以看到,皮尔士持一种朴素的实在论。这种实在论在一定意义上肯定了实在的客观存在。虽然皮尔士否认实在可脱离认知系统而独立存在,但却把它看成是观念符号的客观对象,因而成为判定观念是否为真的参照物。因此,我们可以通过观念是否与实在相一致来判定该观念是不是随意的和主观的。这就揭示出皮尔士在知识问题上的一致论。我们也可将这种一致论看成是一种符合说。实用主义者反对传统的机械符合说,马菲认为符合只表示从前一个经验引向后一个经验,他在引导的意义上使用符合;杜威认为符合只是在解决问题情境时工具与目的的符合,他所理解的符合可等同于解答(answering);

---

① Sas P J. Plugging the leaks in Neurath's ship: A defense of naturalistic epistemology[J]. *Journal for General Philosophy of Science*, 1999,30(1):139.

奎因认为符合不过是语词与对象的关系;皮尔士则认为符合体现在观念符号与指称对象(或实在)的一致。

为什么会有这种一致性? 这就又回到 CSP$_1$ 中的辩护问题。在皮尔士看来,这并不是要对归纳进行归纳性辩护,而是可以用历史归纳对之做出检验。我们不妨把这种回答称为一种先验辩护,尽管合理的答案只能是归纳性的。在这里,皮尔士似乎再一次诉诸心理学的解释,他认为这种一致性的存在是不容置疑的,至于它为何存在,只有等心理学的成果告诉我们了。因此,有些学者也把这种一致性归结为心理惯例或思维惰性,如布拉德雷(F. H. Bradley)就认为"真理是思维与事物的一致性"的懒惰习惯。

一致性也是从皮尔士创立的实用主义原理中得出的必然结论。根据"皮尔士原理",观念要被清晰理解,就在于它能表明实际的效果,因而观念与效果的符合也就是认识论的目的所在。不论对这种符合做何种解释,这一原理将导致某种一致论。皮尔士在观念的范围内寻求知识的可靠性,而观念能否澄清,与理论性需要能否满足一样,都可看作是否"一致"的问题。这里的一致"肯定不是在'绝对实在'和它在我们心里的副本之间的一致,而是在我们本身可经验的世界里,在我们的判断、客观事物和我们的反应习惯之间的实际感觉到的一致"①。

一致论承诺是维护先验辩护的重要承诺。根据皮尔士的符号学,这种一致论不仅体现在物与物的一致、符号与符号的一致,也体现在物与符号的一致。当然,作为一位实用主义者,皮尔士并不承认观念与外物有任何的对应关系,"他的真实意图并不在于自我意识中的客观的观念统一体,而在于那种主体间有效的通过指号对客体的

---

① 詹姆斯. 实用主义[M]. 陈羽纶,孙瑞禾,译. 北京:商务印书馆,1979:210.

表达的语义学一致性"①。这种一致性是先在的或先验的。

正由于一致论承诺的先验辩护,它也为 CSP_2 通向 CSP_1 打开了方便之门。既然共同体能通过符号交流表达符号对象的一致性,这也就为共同体达到真理的终极理想状态(或获得最后的共识)提供了可能。一致论承诺一旦作为辩护手段用于知识问题,就能产生某种终极基础,甚至走向绝对真理的不归之路,正如刘易斯所言:"使信念同有效的证明最肯定的东西相一致,是我们所能尽的最大责任,并且是我们能够走向绝对真理的最短途径。"②

在认识论领域内,如果把奎因的承诺看作是"革命家"的承诺,那么皮尔士的承诺似乎是"保皇派"的承诺。通过 CSP 的辩护策略,皮尔士为保留认识论在科学中的优先地位铺平了道路。这就为自然主义认识论弱纲领否定 P_2 和进而否定 P_1 提供了强有力的理论支持或依托。当然,皮尔士的先验辩护是开放性的,他的实用主义承诺并不否定各种经验科学所取得的成果,而是认为在经验之外存在某种对科学可靠性的有效解释。

四、自然主义认识论的发展趋势

在实用主义承诺下,自然主义认识论表现出三种不同的纲领。通过分析自然主义认识论的实用主义承诺,我们看到,三种纲领的不同立场和特征,可以溯及三种不同的实用主义,可以说,实用主义的三种认识论进路预示着自然主义认识论的三种纲领。从实用主义的角度分析自然主义认识论,不仅使我们更清楚地看到不同类型的自然主义认识论的基本观点及其分歧所在,也为我们探讨自然主义认

---

① 卡尔-奥托·阿佩尔. 哲学的改造[M]. 孙周兴,陆兴华,译. 上海:上海译文出版社,1997:96.

② 涂纪亮. 当代美国哲学论著选译:第 1 集[M]. 北京:商务印书馆,1991:31.

识论的发展趋势提供了新的依据和视角。当前,自然主义认识论的发展面临内外的压力。从外部来说,自然主义认识论受到釜底抽薪式的反驳和攻击,立场底线遭受挑战;从内部来说,自然主义认识论陷入无政府主义式的激烈纷争,场面混乱不堪。本节从自然主义内部三种纲领入手,分析其错综复杂的关系,预测其未来的发展趋势。当然,要做出精确的估计还为时尚早。

三种纲领的相互关系

在自然主义认识论的领域内,三种纲领呈现既对立又统一的复杂关系。从基本立场来看,三种纲领都反对第一哲学和基础主义的认识论,这是它们的共识,也可说是自然主义认识论的底线。因此,不论何种纲领,都对传统的认识论进行了批判,特别是反对把认识论作为科学的先验基础。传统的认识论作为第一哲学,高居各门具体科学之上,试图成为指导科学的稳固基础。自然主义认识论者主张取消认识论的这种特权,把它拉回到经验研究的范围,认为认识论与科学之间没有不可逾越的鸿沟,一切经验研究的成果对于认识论都是相关的和有效的,他们都把科学作为认识论的资源或素材。我们也可以说,不同纲领的共识集中到一点就是,认识论与科学是连贯的。

但对于认识论与科学之间是如何实现连贯的,三种纲领的立场又是有差异的。①中纲领在最一般的意义上理解这种连贯性,认为科学研究的方法可被认识论采用,科学研究的成果可被认识论吸收,因此从方法论的角度看,认识论应以科学的标准来判断,而不是像传统认识论那样以观念分析或先天原则来构建整个认识论。②强纲领论者的立场则更进一步,他们不仅在方法论上肯定认识论与科学的连贯性,而且主张认识论完全同化于科学,作为科学的一部分;他们否认认识论有其独特的地位,从而把认识论当作特定的科学理论。

实际上,强纲领已把认识论消解在特定的学科(自然科学或社会科学)中了,传统意义上的认识论已不复存在,因为其研究领域和方法都发生了转移。因此,很多反强纲领的学者认为这种自然主义认识论不能作为传统认识论的继任者,至少它是名不副实的。也正是在此意义上,斯蒂克(S. Stich)甚至断言:"认识论已走到了尽头。"①③弱纲领论者在承认认识论与科学的连贯性时则比较勉强。他们认为经验科学的成果是认识论的资源和素材,否则认识论就成了无水之鱼、无米之炊,认识论只在这一意义上与科学是连贯的;但他们又为认识论保留某种先验知识,作为经验研究或推理的必要条件或前提,这种先验知识与传统认识论的关系比较密切。

如果把连贯性作为自然主义认识论的底线或准绳,那么我们细一看就会发现,这根准绳是由三根更小的绳子扭结而成的,每根小绳代表了一种纲领对连贯性的理解。换个角度,我们也可这样理解,即三种纲领在立场上的区别和联系,体现在他们承认这种连贯性的程度(Degree)上。从上一段落的分析可知,对于认识论与科学的连贯性,强纲领(Strong Programme,SP)给予肯定的程度最高,中纲领(Moderate Programme,MP)次之,弱纲领(Weak Programme,WP)的程度最低,可用关于程度(D)与纲领(P)的函数关系式表达如下:

$$D(P):SP>MP>WP \qquad\qquad (1)$$

我们也看到,尽管强纲领最充分地肯定了认识论与科学的连贯,但它与传统认识论的联系甚微,难怪有些学者认为它不是认识论;尽管弱纲领与传统认识论的关系甚密,但它对认识论与科学的连贯却持最为保守的立场,因而有时甚至被排挤出自然主义认识论的范围。这就从认识论与科学的连贯派生出另一种连贯,即传统认识论与自然主义认识论的连贯性,三种纲领承认这种连贯性的程度(D′)可表

---

① Stich S P. *The Fragmentation of Reason*[M]. Cambridge,MA:MIT Press,1990:89.

示为：

$$D'(P)：SP＜MP＜WP \qquad (2)$$

也就是说，在与传统认识论的传承关系上，弱纲领给予肯定的程度最高，中纲领次之，强纲领的程度最低。根据式（1）和式（2），三种纲领的立场可以概括为：强纲领最不像认识论，但自然化程度最高；弱纲领最像认识论，但自然化程度最低；中纲领居于这两者之间。

由于三种纲领的立场依赖于各自的实用主义承诺，我们也就可以从实用主义承诺的角度更好地理解和把握三种纲领的相互关系。既然三种承诺都是实用主义的，它们之间也就不乏共同点：无论奎因的承诺、杜威的承诺还是皮尔士的承诺，都是遵循实用主义精神的，表现出一些共同的实用主义特征，如进化的知识观、反本质主义、反基础主义、反绝对论等，这就决定了三种纲领反第一哲学、反对超自然主义的基本立场。在这一基本立场内，不同的实用主义承诺又存在具体的联系和区别，从而使三种纲领表现出错综复杂的关系。

奎因的承诺（CLP）是一种语言学行为主义，而杜威的承诺（CCP）也表现出一定的行为主义特征，它们都存在某种科学主义的倾向。因此，强纲领和中纲领都在某种程度上将认识论同化于科学，尽管其程度不同。在行为主义的范围内，奎因应该不会拒斥杜威的承诺，只不过他的承诺比杜威走得更远，我们也可把 CLP 看成是 CCP 的额外承诺，这也使我们可以理解，强纲领与中纲领存在一个较大的"交集"，CCP 可作为 CLP 的"子集"。由于强纲领的激进态度引起的不满，近来不少学者发出了"回到杜威"的口号，他们认为，回到杜威不仅可以澄清自然主义认识论的基本承诺，也使我们认识到，为了我们的认识（及科学）活动有意义，过多的承诺是没必要的。根据 CLP 和 CCP 的这种关系，物理派和文化派的立场是可以发生改变的。例如，由于注重社会维度中的规范、价值等因素，劳丹最终由强纲领 S_2 滑向了中纲领；而科恩布利斯由于在行为主义的背景下提倡社会解释，则由中纲领滑向了 S_2。

杜威的承诺与皮尔士的承诺（CSP）的关系也是很明显的。无论CCP还是CSP，都存在特定的辩护策略，我们不妨称前者为"地方性辩护"，而把后者称为"先验辩护"，它们都在某种程度上肯定认识辩护的必要性和有效性，尽管其程度不同。这就使我们认识到，中纲领和弱纲领都维护认识论的某种独特之处，前者试图保留认识论的特定领域，后者则强调认识论的特定原则。一般来说，CSP不会否认CCP，只是有条件地承认CCP，我们也可把CSP看成是CCP另一方向的额外承诺。CCP与CSP的这种关系也就为中纲领和弱纲领之间相互转化提供了可能。

至于CSP和CLP的关系，则表现得若隐若现。作为实用主义的创始人，皮尔士对杜威和奎因的实用主义都有影响。表现在认识论上，CSP以观念符号来说明真理的可靠性，CLP则在语言概念体系内探讨知识问题，而符号和语句都属于广义语言学的范围。但CSP和CLP的这种相似性只是形式上的，它们在内容上则很少有共同点。如果把CLP和CSP都看作是CCP的额外承诺，那么CSP和CLP的方向是相反的，所幸的是它们仍处于"同一道路"①上。因此，尽管强纲领和弱纲领维持一定的共同立场，或者说行走在"同一道路"②上，但实际上它们是相去甚远的。

发展趋势

自然主义认识论面临"悖论"困境。在自然主义认识论的领域外，很多学者也对认识论的自然主义方案进行了猛烈的批评和抨击。本节要再一次指出，这些批评大都是针对强纲领（S_1或S_2）的。当然，这些批评同时也危及不同类型的自然主义认识论的共同地位。

---

① 指CLP与CSP都是实用主义的承诺。
② 指强纲领与弱纲领都属于自然主义认识论。

例如,有学者指出,奎因对传统认识论的消除或替代态度是以对它的彻底怀疑和否定为基础的,他"并没有用经验科学的方法来证明休谟论题可通过认识论的自然化来避免的观点,他只是诉诸'绝望论证'"①。凯尔泰斯由此认为,奎因的论证方法与怀疑论并无二致。他论证道:"要使奎因的论证有效,前提是传统认识论有效;只有传统认识论存在,才能得出传统认识论应被抛弃的结论。"②凯尔泰斯把自然主义方案面临的这种困境称为"自然主义认识论悖论"。

其实,这又何尝不是传统认识论的悖论? 关键的问题是我们如何理解"传统"与"自然"的关系。这里也暴露出强纲领的自然主义认识论所受到的强烈反弹。正如我们在前文的分析中所看到的,在实用主义承诺的条件下,不同类型的自然主义认识论是可以相互转化的,这种转化正是反弹的体现。本节把不同类型的自然主义认识论之间的转化关系归结如图 2-3:

```
        CLP          CSP
          ⟍        ⟋
           ⟍      ⟋
            ⟍    ⟋
             CCP
```

图 2-3　三种纲领间的转化

从图中可以看出,分别以 CCP 和 CLP 为条件,强纲领和中纲领可以实现相对应的相互转化;同理,分别以 CCP 和 CSP 为条件,弱纲领和中纲领也可实现相对应的相互转化;由于强纲领和弱纲领各执一端,它们之间则无法实现直接转化。

这就意味着,随着自然主义领域内外压力的加剧,强纲领和弱纲领都将以 CCP 为条件转向中纲领,自然主义认识论将向中纲领汇

---

①　Shatz D. Scepticism and naturalized epistemology [M]//S. J. Wagner, R. Warner eds. *Naturalism: A Critical Reapparaisal*. Notre Dame: Notre Dame University Press, 1993: 117.

②　Kertész A. On the de-naturalization of epistemology[J]. *Journal for General Philosophy of Science*, 2002,33(2): 274.

集。如果这一趋势得以持续，那么我们通常所理解的自然主义认识论概念将发生改变，主流自然主义认识论的实用主义背景也将发生转移，其基本立场将由激进趋向温和。

我们也应看到，早期的激进立场对于自然主义认识论的发展似乎是必要的，也是必然的。为了与传统认识论划清界限，自然主义认识论的兴起似乎必定会以强纲领作为标志。这就使自然主义认识论给人留下极具破坏力的印象，尤其是强纲领表现出的极端性更遭到很多学者的质疑和批评。随着强纲领在改变了的实用主义背景承诺下逐步转向中纲领，自然主义认识论在整个认识论的重构上的建设性意义将进一步显现出来，围绕自然主义认识论的激烈争论有望缓解。

走向何方？

自然主义作为一种认识论进路在当代复兴，反映了当代西方科学哲学在经历了逻辑经验主义的衰落以后，为避免后现代主义带来的相对主义思潮进行的一种积极探索，同时也反映了在科技迅猛发展的情况下，对科学哲学应该如何发展的一种有益的理论尝试。

自然主义认识论在经过几十年的蓬勃发展后，取得了令人瞩目的地位和影响，但也积累了很多问题。如今，认识论的自然化似乎已是大势所趋：认识论需要改造，需要"自然化"，这一点已成为认识论学者的共识。然而，如何使认识论自然化？这里仍有许多问题需要解决。

也许有人还会问，有没有更好的方案呢？据我们所知，可供选择的方案似乎还有两个：其一称为"社会认识论"；另一个则是所谓的"解释学认识论"。几乎与自然主义认识论产生的同时，出现了一股"社会化"认识论的思潮。社会认识论者认为，自然主义纯自然地考察认识过程，忽视了其社会、文化的因素，局限于科学之内进行认识论研究是片面的。这种社会化的认识论强调科学知识的产生是一社会过程，主张从社会心理、公共舆论、文化习惯、政治体制、交往模式等因素来寻求知识问题的答案。粗略来说，科学社会学、知识社会学、科学知识社会学、社会建构论等都是这一思潮的体现。另一有影响的方案是解释学。由于开启 20 世纪的自然主义转向的两位标志性人物——奎因和库恩——的思想都可做解释学的解读，近来不少学者把解释学方法运用于认识论，主张一种解释学认识论。这种解释学认识论以所谓的解释学循环解决理性辩护和知识基础等认识论问题，给出整合解释学的整体性、历史性和语用性维度的某种循环自证。

应该说，认为所有的自然主义认识论都忽视了认知的社会维度是不公允的。通过前文对自然主义认识论三种纲领的分析可以看到，每种纲领都可区分出物理派和文化派，而文化派注意吸收社会科学的成果，其中不乏对知识的社会研究。实际上，与社会认识论相对的只是物理派（或科学派），特别是强纲领的物理派（S_1）。因此，一般来说，认识论的自然化与社会化不是对立的，关键是看我们在何种程度上理解自然主义。根据最宽泛意义的自然主义，人与自然、人与社会、自然与社会、物质与精神都属于自然的范畴，不存在超自然的东西；当然，当代的自然主义者并非否认人与社会、精神与思想等的特殊性。如果把自然广义地理解为自然现象与社会现象的总和，那么社会认识论便可纳入自然主义认识论的范围。

如果要问何种形式的自然主义认识论对"自然化"与"社会化"没有偏见，答案就是我们所说的中纲领。中纲领的物理派与文化派的区分已相当淡化，他们对自然科学和社会科学的成果没有多少偏见，因而对知识问题的社会性是给予重视的。从这一点上说，我们认为中纲领与社会认识论最为接近。这一结论符合我们对自然主义认识论发展趋势的预测。

随着自然主义认识论由强纲领和弱纲领逐渐转向中纲领，认识论的自然主义方案终可与其他方案很好地融合在一起，而不是尖锐对立和相互排斥。例如，虽然解释学认识论的解释进路与强纲领的因果进路关系紧张，但与中纲领的地方性辩护却是相容的。根据劳斯(J. Rouse)对库恩的解释学解读，科学完全不是一种表现和观察世界的方式，而是操纵和介入世界的方式。① 这与杜威把认识主体作为"行为者"的做法是不谋而合的。因此，以杜威的实用主义为背景承诺的中纲领与解释学认识论存在相互合作的契机和可能。

但不管怎么说，中纲领与社会认识论、解释学认识论毕竟不是一回事，社会认识论和解释学认识论也不可能简单地纳入到中纲领。究其原因，尽管中纲领在各种自然主义认识论中是更合理、更容易让人接受的一种形式，它仍有其固有的缺陷和问题，这也许就是中纲领的软肋所在。我们看到，杜威为中纲领提供的实用主义承诺包含了特定的方法论假设，而中纲领在立场上也主张方法论自然主义。然而，近来对科学的文化研究却表明，并不存在所谓科学方法这样的东西，任何成功的科学都是一系列偶然的、也许是不可预测的因素的结果。正如杜威的哲学中存在着对科学技术的危险沉迷，中纲领实际上也未能摆脱对于科学的迷思。这也使我们理解，尽管中纲领对自然科学和社会科学的成果区分模糊，但主要还是把知识作为一种自然现象而非社会现象来看待，对社会维度的关注终究是不足的。

我们也看到，对于科学的迷思被打破、科学的客观性受到动摇等变化直接促成了社会认识论、解释学认识论的产生和发展，社会认识论和解释学认识论是以超越自然主义认识论的姿态出现的。因此，尽管自然主义认识论业已形成浩大的声势，但在认识论的未来走向上，自然主义方案与其他方案相比，并无优势地位可言。

认识论需要改造，自然主义认识论同样需要改造，这里特别需要

---

① Rouse J. *Knowledge and Power*[M]. Ithaca: Cornell University Press，1987：26-36.

注意的是与其他非自然主义方案的密切合作，以发展出可容纳认知、心理、社会和历史等自然主义因素的适当结构。由这种自然主义结构建立起的认识论将更加强调知识的精神性、社会性和文化性。在社会认识论的研究中，社会、文化的因素越来越被发现和重视，甚至科学被理解为特定文化的产物。根据解释学认识论，认识论辩护是解释的过程，而这种辩护是以文化为起点的。可以说，未来的认识论将把知识问题放在人类的文化整体中进行研究，否则认识论将在过度自然化中最终被科学疏远，这一点应该是不成问题的。至于在这种文化导向下，认识论的自然主义方案如何与其他方案实现协调和融合，还有待未来的实践给出答案。

第三章　自然化认识论的心理主义进路

一、自然主义与心理主义

自奎因 1969 年发表其具有里程碑意义的《自然化的认识论》一文以来，在认识论领域，围绕着诸多问题，一场声势浩大的激烈讨论就此展开。一些人开始追随奎因的脚步，认为传统的认识论已面临无可挽回的困境，因此主张将认识论自然化，或者如奎因所言："认识论，或者某种与它相似的东西，应单纯作为心理学的一章，从而是自然科学的一章。它研究自然的现象，也就是物质的人类主体。"而另外一些认识论者，则批评自然化的认识论毫无必要。且不论这种形式的认识论是否合理，这样的讨论本身对认识论的发展来说大有裨益，它有助于我们更深刻地理解认识论中的一些基础问题。

在广泛而热烈的讨论中，有一个问题引起了诸多认识论者饶有兴趣的关注，这便是心理学与认识论之间的关系问题。心理学是否该被引入认识论？为何要引入？引入的具体方式如何？心理学和认识论之间的关系到底该如何界定？围绕着这些问题，不同的认识论者提出了不同的观点和看法。本章试图对此问题进行详细的分析和考察，以期探究出一条合理的认识论研究的心理学进路。

自然主义(naturalism)，简单地说，可以概括为这样一种观点：它认为所有的一切都是自然的，因此认识论上的问题也可以用研究自然的方法来研究。在 20 世纪的大部分时间内，认识论研究主要围绕着这样一个问题而展开，即我们如何才能掌握关于这个世界的知识，或者说，我们为什么应该相信知识？这是知识的辩护问题。自然主义便是对这一问题做出的不同于传统哲学的回答。

哈特菲尔德(Hatfield)区分了所谓形而上学和方法论中的自然主义，这对我们理解自然主义或许有所帮助。方法论上的自然主义是这样一种观点，它认为认识论研究最合适的方法便是与自然科学相同的方法。它与方法论上的非自然主义的观点相对，后者认为，认识过程必须遵循某些特定的规范，而不仅仅简单地遵从特定的自然规律，并且必须以一种先验的方法来研究这些规范，因为它们是支配我们认识这个世界的统领标准。因此，方法论上的自然主义与非自然主义的区别在于在认识论的研究中采取先验方法还是经验方法。

值得指出的是，方法论上的非自然主义者并不支持在所有的表象框架外存在着一个先验事物的观点。曼迪(Maddy)对此有特别的阐述。在他看来，自然主义也即抛弃第一哲学的这样一种观点，或者说，在科学和常识之外并不存在着一个先验的东西用来指导和评价科学和常识。据此，他将自然主义形容为一种"谦逊的哲学"(philosophical modesty)。

形而上学的自然主义和非自然主义的区别本质上也即物理主义和非物理主义的区别。许多方法论上的自然主义者实际上也是物理主义者，但又不全是物理主义者。由于本章的重点不在于此，因此，不多言述。

在历史上，心理主义(psychologism)这个概念意味着很多方面。自 19 世纪以来，心理主义一直占据着各种批判浪潮的核心位置。康德、弗雷格、胡塞尔等都对此进行过反驳。然而，到了 20 世纪中期，心理主义却以一种直觉逻辑和数学、认知主义、自然化认识论的形式重新浮现，并受到越来越多的重视。

心理主义主张从个体的心理经验出发，来解释哲学上的不同概念以及相关的问题。有一种观点甚至认为，心理主义也即自然主义。杜威将心理主义定义为一种试图运用经验心理学的方法和概念来解决哲学问题的观点。他将心理主义视为方法论自然主义的一种，并且假定经验心理学也为自然科学的一种类型，因此，按照他的定义，自然主义显然为心理主义所继承。

与这种将心理主义等同于方法论上的自然主义的观点不同，一些哲学家提出了不同含义的心理主义的概念。安妮（Anne, Bezuidenhout）在《拒绝走向自然主义》一文中指出，心理主义也即这样一种观点："那些对信念负责的心理过程决定了此信念是否得到辩护，这些负责的过程则包括产生、融合以及维持信念的过程。"[1]正是这种形式的心理主义促使一些逻辑实证主义者如赖兴巴哈区分了所谓发现的语境和辩护的语境。他们认为，人们获得信念的过程与我们的认识过程应当区分开来，前者属于发现的语境，后者属于辩护的语境。

二、从康德到弗雷格

康德超验认识论中的心理主义

康德可被认为是认识论历史上最为重要的人物。然而，他的著

---

[1] Bezuidenhout A. Resisting the steps toward naturalism[J]. *Philosophy and Phenomenological Research*，1996，56(4)：743-770.

作却为当代的认识论者所忽略,从当代认识论的发展以及人们对康德的解读来看,康德的思想在很大程度上被人们所误解了。

康德的全部认识论思想可概括为对先天综合知识何以可能而进行的辩护。在康德看来,在人类的一切经验之外,存在着普遍有效而毋需经验辩护的知识。他分别从物理学、逻辑学和伦理学的角度阐述了这一思想。在《道德的形而上学基础》一书中,康德主张净化伦理学和逻辑学,去除其中的经验部分,当然也包括了心理学的因素。他说道,

> 逻辑并不需要经验的部分——也即从实践中得来的作为人类思维的普遍和必要规则基础的部分。如果是那样的话,也便不能称其为逻辑了。所有到目前为止的哲学,若建立在实践的基础上,可被称为是经验的;但是,只要它将其学说仅仅建立在先验规则的基础上,我们将其称为纯哲学。而当后者仅仅属于形式上的时候,便是逻辑;但若局限于特定物体时,它便是形而上学的。①

从这段文字看,康德似乎持的是一种反心理主义的立场。然而,通过我们对康德思想的仔细研读,不难发现,在康德的先验认识论思想中,他不但未将心理学因素排除在外,相反,他正是在利用了心理学的某些功能与要素后,才一步步地构建起他的超验认识论的。可以说,康德的思想在极大程度上依赖于心理学的观点。例如,在关于个体同一的问题上,康德同意休谟的观点,认为内在感觉并不能提供关于持续自我的表征;同样,在他关于时间的表述中,他认为,时间自身并不能被感知。毫无疑问,这些观点具有心理主义的特征。

---

① Kant I. *Foundations of the Netaphysics of Morals*[M]. trans. Lewis White Beck. New York: Macmillan, 1959: 53-55.

也正是自康德开始,心理学开始渗入认识论的研究中,对此,费舍尔(Kuno Fischer)曾说道:

> 理性批判问题应该是形而上学的,还是人类学或心理学的问题是一个受人关注的大问题,也是自康德以来在哲学的发展历史中哲学家们不可回避的问题。①

此传统也一直持续到 20 世纪上半叶弗雷格提出纯粹逻辑,反对心理主义为止。那么在康德的超验研究中,心理学的主张究竟占据何种地位,具有何种作用? 在基切尔的《康德的先验心理学》一书中,他将此概括为两个方面。首先,在康德看来,心理学能提供我们从事认知活动所需要的对事物的清楚明白的描述,它把感知从概念中区分出来。在某些特定的情况下,这个角色由常识和认识论所替代。其次,心理学能够解释从感觉出发,哪些资料对于我们的心智来说是可以利用的。这点也是在康德关于感知的学说中起到核心作用的思想。因为在他看来,视觉所掌握的知识总是短暂和易变的。②

从总体上来说,康德认识论哲学的心理学特征可概括为四个方面。首先,康德对心理学概念和思想的借用对他的哲学思想至关重要,并且是合情合理的,否则,他无法展开其全部思想。其次,超验认识论也不能仅仅等同于心理学,因为它其中也包含了许多属于规范认识论的问题,例如,知识的合法性。第三,近两百年来,尽管人们对康德先验知识何以可能提出了诸多质疑,但心理学发现很好地奠定了这种可能性。最后,康德对心理学的利用是相当缓和的,他并没有提供关于特定心理机制的假设,唯一从心理学汲取的学说也仅被用

---

① Jurgen B M. *Kant's Psychologie*[M]. Berlin: Wilhelm Hertz, 1870: 5.
② Kitcher P. *Kant's Transcendental Psychology* [M]. New York: Oxford University Press, 1990: 298.

于证明大脑对认知的重要性这一假设，此假设至今仍为当代心理学证明是准确的。

弗雷格对心理学的拒斥

进入 20 世纪后，以弗雷格为代表的逻辑实证主义者开始在认识论研究中拒斥心理学的渗透。在弗雷格一篇尚未发表的论文中，他把我们如何获知基本规则的过程描述为一种精神上的过程，并且声称，"在逻辑研究中，我们毋需借助于我们自身"。在这里，他提出了一个重要的命题，即"属于逻辑的问题应当与属于心理学的问题严格地区分开来"。他认为，逻辑学家并不需要通过钻研那些自然的"神秘的"过程来获知逻辑规律，因为我们能够确实地知道这些规律。[①]

在弗雷格之前的哲学发展历史中，人们不仅重点考察关于知识的问题，而且对科学中所显露出来的诸多问题颇感兴趣，其中也自然包括了心理学与生物学上的一些概念。而弗雷格则对这些属于自然科学领域的概念的闯入持强烈反对的意见。在弗雷格的著作中，他提出了以下几个著名的论断：

(1)哲学不是一门自然科学。

(2)哲学的目的在于思想的逻辑澄清。

(3)心理学并不比其他自然科学更接近于哲学。

(4)达尔文的理论并不比其他自然科学的假说与哲学有更大的联系。

弗雷格如此激烈地反对心理学闯入逻辑学，势必会产生这样一

---

① Frege G. *The Foundations of Arithmetic*[M]. 2nd revised ed. Evanston, Illinois: Northwestern University Press, 1974: 145.

个问题，即我们如何才能知道这些基本的逻辑规律是正确的。弗雷格思想的重要意义在于他重新构建了一整套数学知识的理论。那么这套知识的理论基础何在？产生这些知识的方式为何？在弗雷格看来，这些基本的认识论规则早已经由前人所确立，并且作为人类知识的基础而存在，这个人便是康德。他将康德的概念作为有效性的前提，从而很好地回避了上述难题。

弗雷格在他著作中一再反对的，是将我们关于推论的精神过程的描述性特征与规范性特征混淆起来的观点。他认为前者属于心理学的范畴，研究思维事实上如何发生，而后者则属于逻辑学所研究的范围，它告诉我们它们应当如何发生。我们的大部分知识是通过对其他知识的推论而获得，而逻辑学家的职责便是说明那些支配正确推论的规则。

为了反对心理主义，弗雷格批判那种认为真理即多数人的一致意见的观点。他说道："如果真理的一致理论被认为是正确的，那么我们事实上推论的实践便有理由被看作是正确的实践，而这样也抹杀了推论的描述性与规范性的特征。"[①]与此同时，弗雷格对那种认为逻辑学应当忠诚地记录真实思维过程的观点予以反驳，认为那并不是逻辑学所研究的范围。

就这样，弗雷格将心理学排除出了认识论的研究领域，以一种纯逻辑的形式来探究传统的认识论难题，但事实证明，这种把心理学割裂出去的做法并未有效。正如自然主义者所声称的那样，"弗雷格等逻辑实证主义者所开创的事业只是哲学发展史上一个奇怪的片断，它丢弃了哲学的明确的任务和所固有的根源"。到了 20 世纪中期，心理学重新进入认识论的趋势已无法阻挡。

---

① Kitcher P. Frege's epestemology[J]. The *Philosophical Review*，1979，88(2)：247.

三、心理主义的不同方案

心理学研究方法的重新引入

心理学悄无声息地重新进入到认识论。1963 年，盖梯尔的一篇短文《确证的真信念是知识吗?》揭开了这场关于何为知识的辩论的序幕。在这篇仅有两页的短文中，盖梯尔提出了两个反例，它们构成了对传统知识的三元定义的严重挑战。按照该定义，构成知识的三个条件是：首先，一命题必须是真的；其次，认识者 S 必须相信它；最后，S 的这一信念必须是得到确证的。简言之，如果一信念是真的与确证的，则它构成知识。而盖梯尔提出的反例则表明，即使满足知识的真、确证与相信（信念）这三个条件，确证的真信念也可能不是知识。

盖梯尔反例的出现在认识论领域引起的反响，可以从如下这段介绍中窥见一斑：

> 在大致下一个十年（即 20 世纪 70 年代，笔者注）的时间中，认识论的几乎所有进展，都以这样或那样的方式对其做出反应。①

盖梯尔那篇短短的文章，也前所未有地成为引用频率最高的文章。人们认识到，"盖梯尔难题是认识论中的一个核心问题，它为知

---

① Duran J. *Knowledge in Context* [M]. London：Rowman & Littelefieldm Publisher，1994：93.

识分析设置了一个明显的障碍"①。虽然也存在一些否定盖梯尔难题之意义的观点,但主流思潮是朝着解决这一问题的方式发展的。

对盖梯尔难题的反应可以分为以下几种类型。最初,人们采用的依然是一种去心理学的正统研究方法,试图将逻辑条件强加于主体信念之上,以此来排除疑难。到了 20 世纪 60 年代后期,一些人开始从区分信念的产生和维持过程出发来寻求出路。虽然在细节上相去甚远,但他们所持的都是一种去心理学的研究立场。随后,包括戈德曼在内的众多学者打破了这种去心理学的研究传统,开始从一种自然主义的视角来对"盖梯尔难题"进行回应。对知识概念的分析不再局限于对命题之间逻辑关系的分析,转而对包括心理过程在内的过程进行考察。大约到了 70 年代中期,一股强大的心理学研究的思潮已经涌现。

在这里,有必要对戈德曼的因果认识论略作阐述。在 1967 年发表的文章《知识的因果理论》中,戈德曼针对"盖梯尔难题"给出了自己的解答,也即因果论的解决方式。这种因果论的解决方式是从信念与事实之间的联系着眼来保证知识的真。在戈德曼看来,盖梯尔反例的问题在于信念与使该信念为真的东西(事实)是不同的,也就是说,例子中主人公史密斯所相信的东西并不是事实。戈德曼把事实与真信念之间的联系看作是传统的知识分析需要"增加的一个要求"。这一理论的基本思路可简单表述为:对于知识 P 来说,事实 P 应当引起信念 P;假如某人具有的信念并没有因果地与相关的事实相联系,它就不是知识。戈德曼这一理论的关键在于把经验知识等同于由合适的原因,即事实引起的真信念。在他看来,知识的关键在于是什么引起你的信念,而不在于用什么理由来证明你的信念。由此,他表露出取消传统知识分析有关"辩护"要求的意向。

---

① John L P, Joseph C. *Contemporary Theories of Knowledge* [M]. 2nd ed. Lanham: Rowman & Littelefield Publisher, 1999: 14.

　　"盖梯尔难题"的出现也并非将心理学重新引入认识论的唯一动机。过去,人们若要相信 P,当且仅当在人们对 P 的信念与事实 P 之间存在着相互依赖的关系。阿姆斯特朗(David Armstrong)和德雷斯特克(Fred Dretske)抛弃了这种诉诸信念之间逻辑关系的观点,他们认为知觉知识取决于认知者和事实之间的正确关系。后来,他们通过丰富的关于主体的心理机制的实例对此知识理论进行了概括。[①]

　　将心理学重新引入认识论的另外一个重要原因在于当代心理学自身领域内所发生的变化。在行为主义心理学占统治地位的 20 世纪四五十年代,关于心理机制的认识论对话不仅与弗雷格的思想相去甚远,而且也显得与正统心理学格格不入。但自从乔姆斯基提出关于先天知识的观点,认知心理学开始发展起来,从而为讨论认识论问题提供了语言和概念上的基础。在乔姆斯基看来,人有先天的语言习得机制,语言是先天习得而来的。在 60 和 70 年代,众多关于语言学习、记忆、感知及问题解决的著作使得认识论研究有机会超越晦涩的例证而转向心理机制。借助于他们的同行在认知心理学上多方面的贡献,认识论者也得以详细地考察这些心理机制具体为何。

奎因的"替代论"及其批评

　　自奎因 1969 年发表《自然化的认识论》一文以来,展开了一场在认识论领域内的大讨论。奎因在文章中所阐述的观点被后人称为"替代论"(replacement thesis),也即用心理学来替代传统的认识论。心理学替代认识论就像化学替代炼金术一样。

　　在《自然化的认识论》一文中,奎因指出,"认识论关心的是科学

---

① Armstrong D M. *Perception and the Physical World*[M]. London: Routledge and Kegan Paul, 1961; Dretske F I. *Seeing and Knowledge*[M]. London: Routledge and Kegan Paul, 1969.

的基础",而对数学基础的研究包括在其中。这种有关科学和数学基础的研究包括两个方面:一是概念的,或者说是"意义"的方面,其目的是要通过定义使概念的含义明确化;二是理论的,或者说是"真理"的方面,其目的是要通过证明建立一些规律。奎因在文中写道,20世纪数学家与科学家的一种共同努力,是属于还原论的。这表现为在数学上先是试图将数学还原为逻辑,后来又还原为逻辑和集合论;在物理学上则是要将有关外部世界的知识还原为可观察的语句与逻辑、集合论的汇合。这两种还原努力的追求是相同的,都是要使数学或自然科学的概念还原到更为清晰、确定的概念基础上。这种努力用我们现在所使用的术语来说是"基础主义"的,它是笛卡尔认识论理念的运用。

然而,在奎因看来,这些努力都失败了。因为数学上的还原只是还原到集合论,并没有恰当地还原到逻辑,因此缺少必要的稳固性(firmness)与显明性(obviousness)。而对于物理学的还原来说,卡尔纳普试图把外部世界解释为感性质料的逻辑构造,也是不够充分的。奎因把这种基础主义的努力归结为笛卡尔以来的传统。他认为,以往笛卡尔寻求知识的确定性的做法,不论在科学与数学基础的概念或学说研究方面都构成了认识论长久以来的发展动力。但这种追求却已被视作是一种失败,因此,试图赋予自然认识的真理以直接经验的权威,就像要赋予数学真理以基本逻辑的潜在显明性一样,是没有希望的。由此,奎因指出,"一些哲学家从这种不可还原性中看到的是认识论的崩溃"①。

尽管认识论面临着这样的困境,但奎因坚持认为,认识论依然要继续前进,只不过却是要在新的方向与明确的状态下发展,这便是他的用心理学来替代传统认识论的替代论的观点。他认为,从心理学

---

① Quine W V. Epistemology naturalized[M]//Hilary Kornblith ed. *Naturaling Epstemology*. 2nd ed. Cambridge, MA: MIT Press, 1994: 24.

的角度来看，传统认识论的先验性难题便迎刃而解。奎因指出，尽管这样的研究仍然包括某些类似以往理性重构的东西，但这却是可以进行尝试的，因为想象的构造能够为实际的心理过程提供线索。旧的认识论与他的这种新的认识论的显著区别在于，在他的认识论中，可以自由地运用经验心理学的材料。

通过上面的论证我们可以看到，对奎因的自然化认识论来说，最关键的问题在于认识论与心理学乃至整个自然科学的关系问题。这个问题其实就是"科学的统一性"问题。所有的科学统一于自然科学，自然科学所使用的经验方法也就成为所有科学的方法。关于科学（和科学方法）的统一性争论很大，奎因的立场显然是一种科学主义。①

他认为，在传统的认识论那里，认识论包括自然科学，而对他的自然化认识论来说，则恰好相反，自然科学包含了认识论，认识论是作为心理学的一章。这种自然化的认识论"研究我们从事学习的人类主体如何安置（posit）我们的身体，如何从他的质料中投射他的物理性质"②。不过，从某种意义上来说，认识论与自然科学是互相包含的，因为不论是认识论、心理学还是自然科学，它们都是我们自己对来自外部刺激的构造与投射，就像我们过去所指认给我们的认识主体那样。奎因对替代论的辩护似乎证据并不充分，他所给出的理由也不外乎这么几个方面：基础主义还原论的失败，信息输入—信息输出是认知的模式，以及在科学与认识论关系上，传统认识论的先验概念与认识论优先的主张的错误。至于传统认识论中的核心部分，即对知识有效性的确证，则基本上没有涉及，这种论证上的不足也构成

---

① 以自然科学技术为整个哲学的基础，并确信它能解决一切问题的哲学观点。盛行于现代西方。它把自然科学奉为哲学的标准，自觉或不自觉地把自然科学的方法论和研究成果简单地推论到社会生活中。如美国新实在论者要求哲学家效仿科学家；奎因则说，认识论就是生物学对自身的运用。

② Quine W V. Epistemology naturalized[M]//Hilary Kornblith ed. *Naturaling Epstemology*. 2nd ed. Cambridge，MA：MIT Press，1994：24.

后来人们反对替代论的一个理由。

　　由于奎因的自然化认识论主张将认识论看作是心理学的一章，因此在认识论究竟是规范的还是描述的这一根本问题上，他显然持后者立场。我们知道，传统认识论强调的是一种规范作用，它具体表现为对知识确证的标准与条件的规定。它不仅告诉我们应当如何获得信念，而且还告诉我们应当如何评定信念的合理性。而奎因自然化认识论所研究的基本对象，是认识的来自感性刺激的输入与所产生的信念的输出时间的关系，因此他强调的是认识论的"事实的"与"描述的"性质。他在另外一篇文章中写道："为什么不关注构成知识的理论实际上是如何进行的？为什么不接受心理学？"[①]并且，这种研究的较好做法，是去"发现科学在事实上是如何发展与进行的"[②]。我们知道，现代的自然科学，尤其是心理学，在本质上是一种实验科学，是通过实验来观察、描述所发现的心理与自然现象及其活动，从而对其规律做出解释的过程。而传统的认识论则试图去确认或合理地重构科学的有效性。上述对立表明，在奎因的早期思想中，他是反对认识论的规范性质的，虽然有时他的立场显得有些模糊不清。例如，他一方面说"认识论的自然化并不拒绝规范，也并不满足于无区别的描述过程"，但在另一方面他又写道：

　　　　规范的认识论是工程学的一个分支。它是寻求真理的技术学……无疑就像在道德中一样，这里存在着最终的价值。对于未来的目的而言，它是有关功效的东西。这里的规范，如同工程学中的一样，在最终的变量得到表达时，变成为描述的。

---

　　① Quine W. V. Grades of theoreticity [M]//L. Foster, J. W. Swanson eds. *Experience and Theory*. Amherst: Niversity of Massachusetts, 1970: 75.
　　② Quine W. V. Grades of theoreticity [M]//L. Foster, J. W. Swanson eds. *Experience and Theory*. Amherst: Niversity of Massachusetts, 1970: 75.

不过,从其整个论述的用语和倾向来看,把他早期的观点归结为反规范性认识论,大致是不会有问题的。

也正是这种反规范性的倾向,奎因的《自然化的认识论》一文发表以来,虽然产生了巨大的影响,但赞成他观点的哲学家并不多。在金荭权的《什么是'自然化的认识论'》一文中,作者对奎因的替代论进行了反驳。^① 他指出传统认识论与奎因的自然化认识论显然不具有替代性,因为后者从根本上来说并不具有一种认识论所必须的"证据关系",奎因的感性的物质刺激的输入与作为认识结果的输出之间只是一种单纯的因果联系,在这种因果联系中,我们看不到"证据"与"理论"之间的联系。而且,由于放弃了规范性,放弃了恰当规范的确证或证据的概念,奎因的这种认识论主张就与传统认识论毫无共同之处。规范的认识论研究的是"真正意义上"的证据关系,而奎因的自然化认识论研究的则是因果的法则关系,它们两者是不相干的,因此也就谈不上替代的问题。传统认识论与奎因的自然化认识论的根本区别,在于前者是规范的研究,而后者则拒绝乃至完全放弃这种规范。但是,"一旦放弃了确证以及其他的知识评价概念,我们也就放弃了规范认识论的整个框架"^②。

科恩布利斯的"心理学转向"

与上述金荭权对自然化认识论的反驳相比,科恩布利斯则对自然化的认识论进行了辩护,并在此基础上提出了"心理学转向"的观点。在《对自然化认识论的辩护》一文^③中,他认为自然化的认识论对

---

① Kim J. What is Naturalized Epistemology? [M]//J. Tomberlin ed. *Philosophical Perspectives*,2:*Epistemology*. Atascadero,CA:Rigdeview,1998:309.

② Kim J. What is Naturalized Epistemology? [M]//J. Tomberlin ed. *Philosophical Perspectives*,2:*Epistemology*. Atascadero,CA:Rigdeview,1998:309.

③ Kornblith H. In defence of a naturalized epistemology[M]//*John Greco*,*Ernest Sosa*. *The Blackwell Guide to Epistemology*. Oxford:Blackwell Publishers Ltd.,1999.

以下三个认识论的基本问题提供了一个统一的、正确的回答。这三个问题是：

　　(1)什么是知识？

　　(2)知识是如何可能的？

　　(3)为获得知识,我们应当做什么？①

　　对于第一个问题,科恩布利斯认为应当通过对"知识现象"的研究来进行,即通过详细地考察一些具体的个案来确定知识的概念,或者通过对知识赖以产生和维持的各种心理机制的研究,来确立知识所具有的共同性质。他赞成戈德曼关于知识是一个可信赖地产生真信念的过程的论述,因为它阐明了知识所共有的一个合理性质:它是有关信念如何产生的问题,而无需人们提出任何支持自己信念的论证。科恩布利斯认为,在理解了第一个问题的基础上,关于知识如何可能的问题也便容易回答了。这也就意味着自然主义所理解的知识何以可能的问题,乃是关于我们这样的具有生理的、心理的、生物的以及社会状态的主体,在什么范围上如何能够与他们的环境相协调的问题。而对第二个问题的回答又直接蕴涵着对第三个问题的回答,即为了获得知识,我们应当做什么。因为通过对上述机制的理解,我们将很清楚地理解自身认识能力与状态上的优点与弱点,而这必然将有助于指引我们该采取何种步骤,以便能更好地克服自身的缺陷。

　　在对奎因的自然化认识论进行辩护的基础上,科恩布利斯进而提出了"心理学转向"的观点。在他看来,关于信念的辩护问题不能

---

　　① 　Kornblith H. In defence of a naturalized epistemology[M]//*John Greco*,*Ernest Sosa*.*The Blackwell Guide to Epistemology*. Oxford:Blackwell Publishers Ltd.,1999: 360.

独立于信念生成的因果理论来回答。那么这种心理学的转向对传统认识论到底有何影响呢？

在《心理学的转向》一文中，科恩布利斯首先区分了关于知识的去心理主义（apsychologistic）和心理主义（psychologistic）的观点。在他看来，基础主义和知识的融贯理论便是两种明显的去心理主义的观点。基础主义假定我们的知识存在着一个确定的基础信念，正是依赖这些不变的基础信念我们才得以展开辩护过程；而知识的融贯理论则认为，全部的认识规则其实可归纳为一条，这便是融贯规则，只有符合了这条规则，知识才是可能的。持心理主义观点的哲学家则将目光聚集在对辩护过程的描述上，在科恩布利斯看来，这种关于过程的理论早已浮现，尤其是在戈德曼的著作之中。

随着自然化认识论的兴起，心理学的因素进入到认识论领域已经毋庸置疑。无论是哈曼（Gilbert Harman）、戈德曼还是科恩布利斯都反复强调，一个完整的关于辩护的理论必须考虑各种信念之间的心理联系，而不仅仅是因果联系的问题。因此，在科恩布利斯看来，当代认识论者所面临的问题不再是"关于知识的理论是心理学的还是去心理学的"，而是"心理学应该在多大程度上进入认识论"。科恩布利斯认为，关于知识的心理主义理论密切关注信念的形成过程，但这些过程并不为大多数人所了解。同样，在信念的产生和维持上也存在许多起关键作用的机制，而主体却无法直接获得这些机制。在这里，我们便遇到了一个持心理主义观点的人必须面对的问题，在他们看来，某人的信念是得到辩护的，当且仅当产生该信念的过程对该信念的存在负责。如果追溯导致信念产生的因果链，那么我们将发现，信念的产生不仅来自于那些可见的状态之间的转换，同样也来自于对主体来说不可直接达到的精神状态之间的转化。那么，现在的问题是，我们是否应该对这两种状态同时进行考察？

为了回答这个问题，科恩布利斯提出了认识论规则的三个限制。他认为，传统认识论的中心问题在于发现产生确证（获得辩护的）信念的那些认识论规则。但在他看来，认识论规则具有三个限制，可归纳为：(1)适用性限制(the applicability constraint)；(2)先验性限制(the a priori constraint)；(3)必要性限制(the necessity constraint)。^① 他指出："如果所有的认识规则都是衍生出来的规则，那么便会陷入无穷的倒退之中，而这显然违背了认识的适用性限制，因此，必须具有某些基本的认识论规则。"^②这些规则的存在并不因人而异，人们通常所称的那些认识规则便属于这种基本的认识论规则。

在此基础上，科恩布利斯认为，若这三个认识论规则的限制是合理的，那么以一种保守的方式进行的心理学转向便是合情合理的。按照反心理主义的观点，逻辑是用来判断我们信念之间的关系应该如何，而心理学则用来说明这些逻辑上的关系具体为何，两者有着明确的分工。为了反驳此论断，科恩布利斯提出了"认识责任原则"(the principle of epistemic responsibility)的概念，即人们通常对他们所具有的信念负责，这点是毋庸置疑的。我们想要知道的是，为了确证我们的信念形成过程是得到辩护的，我们是否仅仅应当考察可见状态之间的转换，还是应当在信念形成过程的整个心理学描述中，将范围扩展到所有精神状态之间的转化。在科恩布利斯看来，后者不仅毫无必要，而且也绝无可能。对任何一个认识主体来说，并不需要其对整个心理学理论都有所了解，而只需阐明各种信念之间的转换即能保证辩护的可靠性。那么，信念之间的何种转换导致了辩护呢？假设某人相信命题 P，并且在此基础上相信命题 Q。我们进一步假设 P 为相信 Q 提供了好的理由，但认识主体并未意识到这一点，是否可以说从 P 到 Q 的转换对辩护来说是充分的？根据认识责任原则，这种推论显然并不充分。从这里我们不难看出，科恩布利斯

---

① Kornblith H. The psychological turn[J]. *Australasian Journal of Philosophy*，1982，60 (3)：240-241.

② Kornblith H. The psychological turn[J]. *Australasian Journal of Philosophy*，1982，60 (3)：240.

反对推论是辩护的充分条件,在他看来,信念是得到辩护的,当且仅当它是可靠产生的,或者说真信念是心理过程的产物。这点也与戈德曼对知识的分析大致相似。

科恩布利斯认为,当代认识论的心理学转向对认识论的理论化有着重要的影响。假设认识责任原则是正确的,也即我们对自身具有的信念负责,而这些信念产生于我们的内在心理过程。那么为了履行我们的认识责任,我们是否需要检查这些过程中的每一个步骤?科恩布利斯以一个在工厂工作,并对他产品的质量负责的工人为例。他认为,这个工人并无必要掌握产品制造的整个细节,也并不需要定期去检查机器的每一个零部件以确保此装置的正常运作。定期检查产品的缺陷也许是一种最为合理的方法,倘若发现了缺点,也意味着机器需要大修,若没有发现任何缺点,则意味着机器正常运作着。就信念的产生而言,同样也是如此。因为我们对自身所具有的信念负责,所以"履行这种责任的方式之一便是发展一种完整的心理过程的理论以及一种使这些过程得到确证的理论。显然,这种要求无法做到"①。因此,我们只需要监控我们心理过程的产出,也即对错误信念的检查,而信念产生的具体方式则可抛之脑后。倘若发现了错误的信念,则促使我们去修正获得信念的方式,而这并不要求我们去掌握关于获得信念的过程的相关知识。同样,这也适用于我们内在的认知习惯,如果我们的某些认知习惯导致了错误的信念,那么这也将促使我们放弃这些习惯。

根据认识论规则的适用性限制,只有当信念是在认识论规则的指导下展开的,该信念才能被称作是得到辩护的。这里也就面临着一个倒退的困境。当我们说我们的信念需要在认识论规则的指导下获得时,这些认识论规则本身同样也需要被确证。为此,一些支持适

---

① Kornblith H. The psychological turn[J]. *Australasian Journal of Philosophy*, 1982, 60 (3): 247.

用性限制的认识论者提出了一种较为温和的观点，认为人们并不需要相信这些规则，也可以在它们的指导下获得信念。他们指出，判断某一特殊的信念是否得到辩护的，我们只需观察得出此信念的实际推论过程即可——这也正是引进心理学的原因所在——然后我们对这些实际的推论过程进行研究，看其是否符合了特定的认识论规则，如果符合，便可以说推论过程是在认识论规则的指导下发生的。这种温和的观点很好地解决了上述问题，从而为适用性限制做了很好的辩护，但显而易见，它背离了适用性限制的最初动机。因此，科恩布利斯并不赞同这种立场，在他看来，认识论规则的第二个限制（先验性限制）很好地回应了上述责难。倘若认识论规则先验地为人所知，人们便无需通过运用这些规则来确信它们的真伪。

虽然科恩布利斯的心理学转向理论对当代认识论的发展产生了重大影响，但他也并非完全忽略了对传统认识论问题的关注。如他自己所言，他一方面赞同奎因对概念分析所持的怀疑主义立场，另一方面，他对戈德曼将认知心理学引入认识论亦深表赞同。在他看来："适当的自然化认识论在性质上必将是经验的，但同时它与几百年来推动认识论发展的传统问题又具有很大的连续性。"[1]他又认为："知识是一种自然现象，而认识论的本质也正是这种自然现象，认识论不是研究知识的概念，而是研究知识本身。"[2]

戈德曼的标新立异的 Epistemics

戈德曼作为一位横跨多个领域的哲学家，著述颇丰。他对认识论、心灵哲学、认知科学、形而上学以及科学哲学均有较深的研究。

---

[1]　Kornblith H. Naturalistic epistemology and its critics[J]. *Philosophical Topics*，1995，23(1)：237-255.

[2]　Kornblith H. Naturalistic epistemology and its critics[J]. *Philosophical Topics*，1995，23(1)：237-255.

其中,影响最大的莫过于他发表的一系列关于认识论的论著。例如,早期发表的关于知识理论的论文《知识的因果理论》(1967)、《什么是确证的信念》(1979)等,以及那本卷帙浩繁的认识论著作《认识论与认知》,在这本书中,戈德曼详尽地考察了认识论的方方面面,内容丰富,观点鲜明,可谓是认识论领域内的鸿篇巨作。

虽然戈德曼在认识论领域内著述众多,前后观点也不尽相同,但是本节试图探讨的是戈德曼关于认识论与心理学的关系,以及心理学在认识论中应发挥何作用的问题的论述,对与该主题并无太大关联的内容暂不做考察。

戈德曼认识论思想的核心在于他提出了一个崭新的 epistemics 的概念。一方面,他唯恐人们指责其所从事的事业并非属于认识论的领域,另一方面,他又希望与传统认识论保持距离,因此,戈德曼在认识论(epistemology)概念之外另立门户,提出了 epistemics 的概念。除了在术语上有一定的连贯性之外,戈德曼的认识论思想与传统认识论也有着重大的连续性。与过去的许多认识论思想一样,它也试图探寻指导我们智力活动的规范。与传统认识论或者说 20 世纪分析哲学的主要区别在于,戈德曼的认识论思想与认知心理学有着密切的关联。epistemics 的基本前提便是:"若没有详细的关于精神过程的信息,那么人们试图提供关于智力活动的主张将是徒劳。"①而因为这些精神过程大部分是通过认知心理学的研究而得来的,因此,认识论必然要与关于我们信息处理机制的经验研究联系起来。

当然,戈德曼关于认识论的思想实际上远为复杂。在《认识论与认知》一书中,他明确地将认识论划分为个体认识论(individual epistemology)与社会认识论(social epistemology)两大部分,前者需要借助于认知科学的帮助,或更精确地说,是认知心理学的帮助。而

---

① Goldman A I. Epistemics: The regulative theory of cognition[J]. *The Journal of Philosophy*. 1978,75(10):509-523.

社会认识论则更多的是汲取不同的社会科学和人文科学的营养,它们为社会认识论提供了深入的科学以及文化的社会体系的模型、事实和洞见。然而本节主要考察的是戈德曼关于认识论与心理学的关系问题,因此,只涉及对个体认识论的分析,对社会认识论的考察则暂不列入本节的范围。

那么传统认识论与心理学究竟为何能够紧密地联系起来呢?其依据何在?戈德曼归纳了以下三点。

第一,传统认识论关于我们认知生活的模式过于简单。首先,传统认识论的概念以及分类显得贫乏和不够牢固。认识论原则告诉我们在不同的情况下具有何种不同的信念,但这种关于信念的概念过于粗糙。那么融入了认知心理学的认识论能在何种程度上更好地提供这些概念呢?让我们具体来加以考察。

众所周知,传统的认识论认知模式可以归结为"在特定的环境 C 下,相信命题 P"。我们该如何理解这句话呢?哲学家们区分了正在发生的信念和倾向性的信念,用心理学的术语来说,它们分别对应了有意识的事件和记忆中储存的事件。如果我们说 S 在 T 的时候倾向性地相信 2 加 2 等于 4,我们并非指 S 在 T 时有意识地相信这个命题,而是指他在 T 时准备从记忆中找回此信念。假设存在一个命题,即"我午餐时碰到的那个男人叫普雷斯科特"。当我搜寻记忆,试图回答"我在午餐时碰到的那个男人叫什么名字?"时,我几乎一片空白,但一旦当某人提起名字普雷斯科特,我立马便记起他就是我午餐时所遇到的那个男人。简单来说,我对这个名字存有"认知记忆",但是,我并不能随意自如地从记忆中找回这个名字。通过以上事实,我们是否还能相信上述的传统认识论模式?在戈德曼看来,普通的术语"信念"所揭示的内容过于简单,因为关于记忆存储的强度往往不尽相同,而且从记忆中获取信息的程度也有差别。一种充分的认识论应该提供一种更为详尽的关于信念的分类。

而分析哲学不仅忽视了记忆储存与唤回的复杂性,它甚至未能对正在发生的信念与倾向性的信念之间的区别进行过系统地考察。这是从一种批判角度的观点来探讨的。因为接受一个给定的信念与把它存储在记忆中两者之间有着很大的区别。而认识论就应该对所有的这些区别有所反映。一种传统的忽视上述联系的原则称为"完全证据需求"（total-evidence requirement）。这种原则提出了一种"可用性原则"，其所谓的可用性是否指当你接受某一陈述时，那些信念便能马上出现在你的头脑中？或者说，它是否包括那些当你尽力搜寻时便能重新找回的信念？还是甚至包括那些仅由识别记忆唤起的信念？显然，"可用性原则"[①]这一陈述本身显得有些模糊，而且在实际应用中不甚清楚。

奇硕姆的《知识理论》[②]一书对一些当代分析认识论的研究方法进行了阐述。在该书的第 15 页，他提出了一个理智要求的概念，大概意思是指：当某人持有某一命题，并且相信其为真时，他应该"尽全力使它发生"。那么，人们应该采取哪些方法来满足这个要求呢？奇硕姆对此并没有直接说明，但实际上他所阐述的认识规则中隐含了答案。他通过对认知主体的考察，指出这些方法大致与人们的思维原则相类似。虽然奇硕姆的主张在某种程度上有其合理性，但是在笔者看来，这种对原则和方法的分类有些狭窄，因为在具体的认识活动中，除思维方法外，尚需运用到其他许多的方法，而这显然为奇硕姆所忽视了。

借助人们的空间想象是获得真理的一种方法。近期的一些心理学研究支持了这样一种直觉的观点，即许多精神过程包含了对图标的表征。比如说，若给定特定的几何学问题，人们可以通过对想象对

---

① Carnap R. *Logical Foundations of Probability* [M]. Chicago：University of Chicago Press，1950：322；Hempel C G. *Aspects of Scientific Explanation* [M]. New York：Free Press，1965：64.

② Chisholm R M. *Theory of Knowledge* [M]. Englewood Cliffs，NJ：Prentice-Hall，1977.

象在脑海中进行旋转而解决此问题。这种空间想象的认知方法基本上为 20 世纪的认识论者所忽视了,因为他们将大部分的注意力都放在了对由语言学所构成的纯粹逻辑过程的研究上。应用特定的记忆技能来防止遗忘是另一种相关的获得真理的方法。我们经常会遗忘掉我们前面某一时刻所获得的信息,因此我们若采纳奇硕姆的建议,我们便能尽可能地消解这种遗忘。这种方法同样为大部分分析认识论者所忽视,虽然亚里士多德等经典哲学家对此曾有提及。[①] 因为这种记忆技能是通过认知心理学家对记忆的研究而提出的,因此认识论显然包含了心理学的研究成果。[②]

第二,我们的认知能力有限。认识论的目的在于改善我们的认知活动,也就是说认识论规则和建议必须能够为我们所遵循。我们可以将认识论规则分为理想化的和可实施的,前者为我们的认知活动指定了理想的行动方案与目的(人们并不一定能够认识到这些方案和目的),而后者指在只需给定人们所普遍具有的某一资源条件下,我们能够实际执行的行为。传统的认识论往往只从理想的角度来考察人们的认识活动,而不管人们是否有能力来遵循他们所提供的认知规则。在戈德曼看来,这种做法并不妥当。认识论需要顾及人们认知系统的能力以及局限性,而这便需要描述心理学的帮助。传统的认识论,包括分析哲学在内,之所以忽视了人们的认知局限,一方面是因为他们过于注重理想的认知模式,另一方面则是对规范的可实施性缺乏考虑。

其实,戈德曼对分析哲学也并不是持完全批判态度的。在他的《认知的规范理论》一文中,他写道:"我并不否认认识论与逻辑(或者可能性理论)的关联。逻辑真理,包括理论模型和理论证据均有助于

---

　　①　Sorabji R. *Aristotle on Memory*[M]. Providence,RI:Brown University Press,1972:64.

　　②　Klatzky R L. *Human Memory*:*Structures and Processes*[M]. San Francisco:W. H. Freeman,1975:168.

阐述我们的认知建议。"①但是,在戈德曼看来,过去的认识论者经常夸大认识论和逻辑之间的关系,而单凭逻辑并不能直接产生认知原则。戈德曼认为,认识论规则必须考虑认知者在认知活动中所遇到的限制,而逻辑并不考虑这一点,同时,一个精确的认识论规则还必须指出我们在哪里以及如何获得信息,而这依靠逻辑真理同样无法达到。

让我们回到关于记忆的话题,我们同样也会发现传统认识论是如何忽略了我们有限的认知能力的。科学哲学通常假设我们在特定时间通过对全部信息的考察来获得单独的可观察的事件并得出推论。但是心理学的研究则提供了另外一幅不同的图景:我们记忆中储存的不仅仅是单独的事件,而且还有对过往事件的有组织的概要。更为特别的是,我们经常按照是否具有代表性或者典型性来储存经验。这一点在林兰克思(J. J. Franks)和布兰弗德(J. D. Bransford)的实验中得到了证明,在他们的实验中,主体首先被展示具有简单几何数字的卡片,然后他们再观察一些不仅仅包括先前看到的数字,还包括先前并未呈现的数字原型的测试卡片,结果发现,主体更加容易地将有一致图形原型的数字认成先前出现的数字,而不是实际看到的数字。显然,在他们记忆中已经形成了对典型式样的记忆图形,并且他们很容易将原型卡片与这些图形匹配起来。这个实验也说明了我们的认知能力并不总是按照传统认识论的那一套理论所展开,实际情况往往会复杂许多。

上面的两个原因中其实已蕴涵了将认识论心理化的第三个原因,也即认清我们自身认知系统的缺点和瑕疵的重要性。近期在认知心理学上的一些研究便将目光聚焦在研究这些缺点和瑕疵上。

一位网球运动员为了提高其运动水平,弄清楚其打球时的缺点

---

① Goldman A I. Epistemics:The regulative theory of cognition[J]. The *Journal of Philosophy*. 1978,75(60):514.

是至关重要的。同样,为了改善一种政治制度,必须先掌握其最显而易见的缺陷。与此相类似,如果我们想要提高我们的智力活动,对我们来说,改善那些最需要改进的特性非常重要,我们需要仔细检查我们本身的认知倾向,以便发现在尚未经过某些特殊训练和指导的情况下,它们是如何运作的。如果在认知过程中我们会犯错误,那么具体是什么错误?回答这类问题通常需要来自经验心理学的指导,它们能更好地为我们的心灵指引方向。

在笔者看来,戈德曼将心理学注入认识论的三个理由都是关于心理活动层面的,从这点来看,认识论与心理学的关联是毫无疑问的。但是,我们也应该意识到,智力活动并不仅仅只关乎心理层面。智力问题的解决还经常涉及以演说、文字、图表和方程式记录下来的著作,对实验装置的具体操作以及诸如计算机在内的机器的交互作用,许多认知活动的提高都来自这些活动及其过程的学习。因此,认识论并不仅仅只涉及心理学的因素。但是,我们也应该看到,这些物理活动仍然与心理活动关系紧密。首先,引进这些物理行为的目的在于指导我们的心理状态,用以产生信念或者理解。其次,人们也需要合适的心理活动来指导我们的物理行为,哪些行为应该执行?何时执行?按什么顺序执行?这些问题自然地将心理学与认识论紧密地联系在了一起。

尽管戈德曼着重强调了心理学在认识论中的地位,但显然认识论不单仅仅从经验科学而来,或者说从经验科学和逻辑中得来。这里不做过多的介绍。总的来说,戈德曼的认识论并不包含以往认识论所包含的全部内容,比如说,它并不处理对知识的分析问题,以及如何应对怀疑主义。但是,若只考虑到认识论的规范与说明性质,本章认为戈德曼的认识论提供了一个较为合适的构架。

心理学对认识论的作用

在《认识论与认知》一书中，戈德曼试图改变认识论的发展方向，并且重构认识论的领域。在他看来，认识论就应该是一门包罗各门经验学科在内的跨学科，而不仅仅属于纯粹的、先验哲学的领域。

戈德曼在书中写道，在认识论发展的历史中，心理学的理论一直占据着重要地位。从洛克、休谟再到康德，在对知识的寻求中，都主张评定我们自身的认知能力和局限，这点也与上面提到的戈德曼将心理学引入认识论的原因之一相吻合。尽管在 20 世纪上半叶，认识论经历了反心理主义的转向。在以弗雷格为代表的逻辑实证主义以及日常语言学派那里，心理主义在所有的哲学分支内都被悬搁了起来。弗雷格反对将逻辑和数学心理化，认为所有合法的哲学都是逻辑科学，日常语言哲学则主要研究自然语言，采取的是一种行为主义的立场，而否定与内在心理活动之间的关系。在这一时期，卡尔纳普也将认识论与心理学严格地区分开来，而赖兴巴哈更是区分了辩护的文本与发现的文本，发现的文本被归入心理学的范围，而认识论则关乎的是合法性问题，是属于逻辑的领域而非心理学。在他们看来，认识论是用来阐明逻辑科学，或者分析认识论的概念，因此，认识论的主要形式便成了逻辑确证，"S 知道 P"这样的分析形式以及关于辩护和确证的理论。所有的这些研究都与经验研究丝毫搭不上边。

戈德曼其实并不全盘否定这些理论。在《认识论与认知》一书的第三章中，他分析了知识的理论，在第四和第五章则阐明了一种关于辩护的理论，所有这些与上述理论之间存在一定程度的关联。戈德曼所反对的是那种将认识论与心理学完全割裂开来的立场，他认为，正确的关于知识、确证和其他相关认识论概念的理论都应该涉及关于信念生成的经验研究。同时戈德曼又指出，他在认识论中提倡心理主义，并不代表在逻辑内也提倡心理主义，在他看来，论证的有效性问题并不是心理学所关心的。

那么心理学对解决传统的认识论问题究竟有何帮助呢？在戈德曼看来，心理学能有效地帮我们回击怀疑主义的攻击，因为它通过阐释诸如感知是高度可靠的这样的论断来应对怀疑主义的责难。怀疑主义也许会质疑感知的可靠性，其理由逃不脱那些熟悉的论断，如知觉幻象的存在等，另外一个责难则认为感觉有时候也是有欺骗性的，因此并不经常是可靠的。戈德曼对这些批评做出了自己的回答，他认为借助心理学能够减弱这些论断的力度，因为我们的感知系统虽然大部分时间会汲取正确的信息，但并不排除在特定的情况下也会犯错的可能性，而心理学能够在承认其可错性的前提下，证实感知的基本可靠性，从而还原为这样一个问题：可错性或者单纯的可靠性是否是辩护的充分条件。

心理学与认识论联系的方式

在另外一篇重要的文献《认识论与心理学的关系》[①]中，戈德曼认为，尽管最近许多认识论者重新将认识论与心理学联系起来，但是具体该如何联系，并没有达成一致意见，而且在心理学对认识论发展方向有何影响上仍有疑义。造成这种情况的原因可归结为在认识论目的上的分歧。一般对认识论的目的存在着三种互不冲突的观点，描述认识论（descriptive epistemology）、分析认识论（analytical epistemology）和规范认识论（normative epistemology）。按照一般的看法，如果采纳第一种观点，则必然承认心理学在认识论中的重要地位，相反，若持第三种观点的立场，心理学是否与认识论有关则值得怀疑了。但是，戈德曼在其文章中指出，心理学不只在描述和分析

---

① Goldman A I. The relation between epistemology and psychology[J]. *Synthese*, 1985, 64(1)：29-68.

认识论中起重要作用,其至对规范认识论也有重要的贡献。下面我们将简单对其观点进行阐述。

首先,考察描述认识论。在认识论研究中,对文本的解释经常要涉及对知识来源的考察,也即如何获得知识的方法,这也容易理解认识论为何必须与获得知识的心理过程相联系。然而分析哲学家们却试图湮没这种哲学的描述性。如英国经验主义者哈姆林(D. W. Hamlyn)指出:"认识论与心理学不同,它不关心人们为何坚持某一信念以及他们如何坚持这一信念。"①在他们看来,认识论关注的是观念的有效性、辩护和逻辑性,而心理学则探讨的是观念的产生。但即使我们承认这种区别,也并不意味着可以否定历史上的哲学家们对心理和认知过程的兴趣,他们的认识论观念至少可以说部分是描述的。

毫无疑问,奎因的自然化认识论是描述性的,因为他将认识论作为经验心理学的一章。另一种将认识论描述为一门经验学科的学说是皮亚杰的"发生认识论"(genetic epistemology),它是一门研究知识增长机制的学问,其中包括了对个体的心理和认知机制增长的研究。第三种为坎贝尔(Donald Campbell)的"进化认识论"(evolutionary epistemology),也可称作描述认识论,因为它具有心理学的、社会学的和进化论的性质。可以这么说,描述认识论是一个关于主体的概念,而心理学则是此概念中的一个必要组成部分。但戈德曼同时指出,有些关于知识、合理性和方法论等哲学问题仅凭纯粹心理过程的描述并不能解决,因此必须把它们同经验描述区分开来。

接下来考察分析认识论。对分析认识论来说,主体的主要任务为阐述一些核心的认识论概念,如知识、合理性和辩护等。尽管它们是属于分析性质的认识论概念,但其中也包含了精神的以及心理学

① Hamlyn D W. History of epistemology [M]//Paul Edwards ed. *The Encyclopedia of Philosophy*. New York: Macmillan, 1967: 27.

的性质。比如说，知识的概念包含了信念的概念，而信念显然属于精神层次上的概念。再者，若前面所提到的关于知识的因果理论是正确的，更有理由认为在对知识的分析中，精神的和心理学的因素渗透其中。在戈德曼《什么是确证的信念》（1979）一文中，他认为知识的一个必要条件是得到确证的（获得辩护的）信念，"历史可靠主义"（historical reliabilism）的学说也捍卫了这种观点。其认为，存在许多不同的信念形成过程，并且它们在可靠性上存在着不同程度的区别，越是可靠的过程便越容易获得真理。可靠主义的理论可被称作一种自然化的知识理论，但这种自然化的认识论与奎因的自然化认识论又有所不同，因为它所提倡的概念并不为奎因所认同。

但值得注意的是，精神和心理过程是知识的来源并不意味着认识论必须诉诸经验科学。如果认识论仅仅作为一门分析概念的学问，那么它只对知识的概念和得到确证的信念的概念感兴趣。因此，若认识论的主要目的在于分析，那么心理学似乎无明显的理由进入认识论领域。然而，在戈德曼看来，分析一个概念也即辨别或者概括某种心智表征，而这理应属于心理学的范围。从另外一个角度来看，分析由语词的意义所构建，而公共语境下的语词最终还是从生产和理解它们的心智表征中而来。因此对语词意义的分析最终仍然可在应用心理学的范围内被构建。

但是正如许多分析哲学家所坚持的，认识论并不仅仅只讨论特定的语词意义及其用途，它也探讨研究的正确方法，研究形成信念的合法程序。认识论，甚至包括分析认识论，也应对那些指导智力活动的规则和原理有所关注，而对这些规则和原理的辨别并不属于经验心理学的范围。心理学是一门实证科学，而不是规范科学，因此，经验心理学并不能代替认识论，于是，这样一种观点应运而生，认为心理学应该脱离认识论，至少应该脱离认识论中的某一部分。

规范认识论指的是一种关于规则给予和原理陈述的认识论。正如我们所看到的，认识论经常关注合理性和不合理性、确证与否以及得到辩护的信念和未得到辩护的信念。这里提到的"合理的"和"不合理的","确证的"和"不确证的"以及"得到辩护的"和"未得到辩护的",都是一种评价性的和规范性的表述形式。比如说,我们之所以认为这些目标信念是得到辩护的,是因为我们确信认知状态的变化遵循了正确的认识论规则。在《认识论与心理学的关系》一文中,戈德曼列举了多条认识论的基本规则。一个常见的似乎很合理的观点是:认识论的目的在于达到真理并且避免错误,而只有遵循了正确的认识论规则,才能够做到这点。①

规范认识论如何才能与心理学联系起来呢?在戈德曼看来,经验心理学进入规范的唯一途径便在于对比不同规则的过程中。那么经验心理学又是如何进入这个过程中的呢?戈德曼在文章中指出,人们能不能够遵循不同种类的规则是由心理学所决定的,这样,规范认识论也便与心理学紧密地联系了起来。

总的来说,戈德曼的认识论思想仍属于一种自然化认识论的立场,但从其自然化的程度来看,相比前面所论及的奎因和科恩布利斯来说还是温和了许多。我们从戈德曼的著作中可以看出,首先,对认识论是否应该与心理学结盟,戈德曼持肯定的立场,从他分析的三个原因中我们可以很好地洞察到这点。其次,对比奎因主张将认识论完全自然化,并把认识论看作是自然科学的一个分支的激进观点,戈德曼主张保留认识论的规范性质。他将认识论区分为描述性认识论、分析性认识论和规范性认识论,并且分别从这三个角度考察了心理学为何必须进入认识论。最后,关于心理学对认识论的具体作用,戈德曼认为主要在于能够有效地回击对怀疑主义的质疑。在《认识论与认知》一书中,戈德曼详尽地考察了怀疑主义的来龙去脉,并且针对其对认识论的批评做出了自己的回应。他认为将心理学引入认

---

① Goldman A I. The relation between epistemology and psychology[J]. *Synthese*, 1985, 64(1): 29-68.

识论，非但不会导致怀疑论的倾向，相反，它能很好地解决认识论所遭到的责难。因此，概括来说，戈德曼的认识论思想可被称为是心理主义的。

邦约尔的三种不同形式的心理主义

虽然支持自然化认识论的哲学家不在少数，但是仍然有部分哲学家对此持有怀疑与否定的态度，其中又以邦约尔为代表。在他看来，虽然自然化的认识论包含了一些值得被重视和保留的见识与观点，但是这并不意味着认识论能够或者需要被自然化。在《反自然化认识论》一文中，邦约尔通过考察奎因的自然化认识论以及基切尔描述的自然化认识论的两个特征，进而得出自己的结论：自然化的认识论，尤其是包含了拒斥先验辩护的自然主义，不仅论证的证据不够充分，且是自我毁灭的。①

认识论的本质究竟是什么？在邦约尔看来，主要有二：一是判断我们是否具有好的理由认定我们关于世界的信念是正确的，二是若上述问题的答案是肯定的，那么这些理由是什么？为什么它们是好的理由？而其中第二点也是认识论的核心问题。邦约尔之所以花较大的笔墨讨论了基奇尔的自然化认识论学说，原因在于他认为基奇尔所论述的自然化认识论所对应的学说为分析哲学，或者说，所谓的"语言学转向"，是不正确的。基奇尔曾撰文指出这些学说是"哲学史上一个奇怪的片断"②，并且断言自然化的认识论象征着一种回归到"笛卡尔、洛克、莱布尼茨、休谟、康德以及米尔斯"所指称的自然主义。但是在邦约尔看来，笛卡尔实际上并未明显地依赖于一些类似

---

① Bonjour L. Against baturalized epistemology [J]. *Midwest Studies in Philosophy*，1994，19：284.

② Kitcher P. The naturalists return[J]. The *Philosophical Review*，1992，101(1)：53-114.

于心理学的经验结果之类的东西,因此严格意义上来说其并非自然主义者,同时,他从传统认识论的立场来反对自然化的认识论,这种传统认识论指的是更古老以及更深层次的理性主义传统的认识论,也就是说,在邦约尔看来,与先验辩护相关的问题远比是否为心理主义来得重要得多,也更为根本。

在《反自然化认识论》一文中,邦约尔首先考察了奎因的自然化认识论思想。奎因在其《自然化的认识论》一文中,将认识论重建为心理学的一章,他认为传统的认识论已经或多或少地陷入无可救药的地步,因此必须为一种更加可行的认识论,也即自然化的认识论所替代。然而,邦约尔批判了这种观点,在他看来,奎因所理解的传统的认识论是相当狭窄的,因为它只涉及了逻辑经验主义所指的认识论,这种观点认为认识论包括了两个相关联的目标:一是解释相关的概念,如以经验术语来解释身体的概念(认识论的概念方面);二是在此解释的基础上,证实关于在感觉经验基础上的客观世界的信念是否正确(认识论的真理方面),而在奎因的眼中,这两个目标并未达到。

邦约尔指出奎因的上述论证存在着诸多问题。其中相对较小的一个问题便是奎因关于传统认识论的"概念方面"和"真理方面"同等重要的图景夸大了前者的重要性。在他看来,即便认识论"概念方面"的目标无法达到,也并不意味着传统的认识论需要被自然化的认识论所替代。而且,更为重要的是,奎因的论述极大地混淆了认识论"真理方面"的强概念和弱概念。根据自笛卡尔而来的强概念,认识论的目的在于获得我们关于这个世界的信念的某种确定性,从而确立其绝对的真实性。而根据认识论"真理方面"的弱概念,认识论也显得较为温和,它的目的主要在于揭示:我们有理由相信关于这个世界的信念可能为真。当然,完全的确定性也是值得期待的,但却不是本质的。而奎因只是片面地根据笛卡尔无法达到对确定性的追求而同样断定那种较温和的目标无法达到,显然,这是以偏概全的想法。

通过对奎因自然化认识论的深入剖析，邦约尔指出，奎因的自然化认识论关于我们是否具有这个世界的真信念的回答无论如何并未给出令人信服的理由。如果我们轻信其自然化认识论是我们所能选择的最佳方案，这只会导致彻头彻尾的怀疑主义。我们具有一整套的信念，也即我们接受用以描述外部世界的一套语词体系。其中部分的信念描述了它们是如何由观察所产生的，也即感官的刺激。但是我们并无任何强有力的理由认为这些信念中的任何一个是正确的。而正如许多哲学家所坚持的，知识必然要涉及对这些理由的占有，因此，我们并不拥有知识。针对这种怀疑主义的指责，奎因回答道，怀疑主义来自科学内部，因此也只能由科学来解答。他认为，自然化的认识论很好地处理了来自怀疑主义的挑战，因为它将认识论看作是一门经验学科，从而与科学本身有着密切的关系。

然而，在邦约尔看来，这种辩护并不充分。首先，虽然怀疑论者经常诉诸各种不同的幻想来推动他们的怀疑，但是幻想本身并非怀疑主义的根本要素，怀疑主义最根本的可怕之处在于挑战获得各种信念的原因充分与否，而这并不需要诉诸幻想。这种挑战质疑那些所谓的知识：信念所赖以维系的理由和辩护是否充分证明它的正确性？奎因的自然化认识论并没有很好地回答这个难题。更为重要的是，假如我们将注意力放在较低层次的怀疑主义，也即上述所说的诉诸幻想的怀疑主义，那么我们会发现，自然化的认识论对其的回答忽略了一个重要的问题——理由和辩护。正是因为在对科学和常识的辩护上不能给出积极的回答，自然化的认识论在面对怀疑主义的责难时虚弱无力。

在《反自然化认识论》的第二部分，邦约尔考察了基奇尔描述的自然化认识论的两个特征的其中之一，即对"去心理学"认识论的拒斥。在这里，有诸多的问题需要整理。邦约尔认为，虽然种种的迹象表明，心理学的概念和心理学的理论与认识论相关，但是并不意味着可以构建一种心理化或自然化的认识论。

在《自然主义的回归》一文中,基奇尔指出,到了 20 世纪 70 年代的中期,一股强大的将认识论心理化的学说力量已经涌现。然而在邦约尔看来,虽然基奇尔的论证看似很严谨,但是他的结论并不能使人们从争议中走出来。邦约尔认为,在历史上,并未有知名的认识论者或哲学家认为仅仅依靠个人信念之间的逻辑联系便能产生辩护,信念的产生或多或少需要借助于心理学上的因素。因此,在这里他提出了"最低限度的心理主义"(minimal psychologism)的概念,并且确信其是毫无异议的。在基奇尔看来,如果一定要把这种心理主义的认识论和传统认识论区别开来的话,它们也相差无几。

第二种心理主义称为"概念的心理主义"(conceptual psychologism),在邦约尔看来同样是无可辩驳的,同时他也指出,这种心理主义与传统认识论的立场并不冲突。正如基奇尔所提到的,不同的哲学家都认为,知觉依赖于因果联系,举例来说,"一个人相信 p 当且仅当在他的信念 p 与事实 p 之间存在着依赖的关系"。同样的观点也可明显地套用于内省与记忆,在某种程度上逻辑推论本身也同样适用。而信念的因果联系必然要涉及心理学的因素。但这并不意味着认识论必须依赖经验心理学的结果,在邦约尔看来,这种"概念心理主义"仍然与自然主义者在认识论上的主要结论无多大关联。

除上两种心理主义之外,尚有第三种心理主义值得重视,这种被邦约尔称为"改良的心理主义"(meliorative psychologism)的观点同样无害于传统的认识论。通过重新考察基奇尔的"改良认识论计划"——一项用以提高人类认知功能可靠性的计划,我们可以看出,它的主要功用是在实践中提供给人们以正确的认知模式,而在这种认知模式中,心理学的因素是需要的。但是,所有这些观点,只是一再地重申有必要将认识评估应用于实践中,而并不要求解释这些评估是如何达到以及如何得到辩护的,因此并无充分理由支持任何形式的自然主义。

既然这三种不同形式的心理主义与区分传统认识论与自然化的认识论之间并无必要的关联,在邦约尔看来,两者分歧的焦点便集中于知识是否具有先验基础上。这并非本章的关注点,因而在此不再赘述。

纵观其《反自然化认识论》一文,邦约尔层层推进,一步步地对自然化认识论进行批判。而三种不同形式的心理主义,即最低限度的、概念的、改良的心理主义,则是为了支持其反自然主义的观点而提出的。因此,我们可以说,邦约尔本身是赞同认识论应该不同程度地接纳心理学的因素,但是借此就认为认识论应该自然化,或者说应该将认识论等同于经验学科,则显得论证不够充分。相反,他基本上走的还是传统认识论的道路,在小心翼翼地将心理学上的概念引入认识论的同时,赞成保留传统认识论中先验的概念,而不是如奎因般激进地将认识论中的先验因素统统抛弃,使认识论彻底地沦为一门经验学科。事实上,自然化的认识论发展到今天,伴随着自身遇到的责难越来越多,邦约尔的这种观点日益得到拥护。

四、心理学与认识论结盟

自然化认识论从 20 世纪 60 年代末发展至今,已悄然地走过了 50 多个年头。从最初奎因的替代论,再到科恩布利斯的心理学转向,以及戈德曼温和的自然化认识论,其发展似乎已经陷入停滞不前的地步。自康德以来,心理学一直对认识论的发展方向起着重要的作用,只是到了 20 世纪初,以弗雷格为代表的逻辑经验主义者才将认识论与心理学割裂开来,以纯逻辑的形式来思考认识论。到了 60 年代初,当认识论发展遇到怀疑主义的挑战,而逻辑经验主义无法解决时,心理学重新进入认识论便是水到渠成的事情了。

当代自然化认识论对心理学与认识论的关系问题已经有了大量的阐述,但是我们应该看到,那些自然主义认识论者基本上都是将心理学与认识论应该结盟作为一个基础命题,并且在承认此命题的基础上再进一步地阐述各自的认识论主张,而在诸多具体细节问题上,并未有太过深入的研究。这也是当代自然化认识论研究中略显薄弱的环节。因此,在自然化认识论今后的发展中,深入讨论心理学与认识论的关系问题,以及心理学能在哪些方面对认识论的发展提供动力等问题上,需要当代认识论者投入更大的精力。

我们还应该看到,认知心理学在当代的迅猛发展可以很好地为自然化认识论的继续发展添柴加油。认知心理学作为当代心理学的一个主要研究方向,其中许多的研究成果能够为认识论的发展所利用,比如,语言学习、感知、记忆以及问题解决等理论。借助于认知心理学上的这些理论成果,认识论的发展必能开辟出一片崭新的开阔天地,从而更好地帮助我们认识自身的认知能力。

第四章　规范性重建

规范性问题历来是自然主义认识论者受到挑战的领域，甚至很多反对者以此来质疑自然主义，因此解决规范性问题对于自然主义者来说就显得相当重要了。

本章的目的就是在自然主义认识论背景下为规范性寻找立身之地。本章首先对奎因的将认识论置于科学之下的观点做了分析。奎因认为在科学之外没有做出评判的基础，我们只有接受科学本身。这是对传统认识论的一种挑战，奎因的这种自然主义认识论观点引出了规范性是否在自然化认识论中具有作用的问题。

在《自然化的认识论》一文中，奎因明确地表达了认识论具有描述性功能的观点。但我们可以看到，当我们试图为描述性观点做出一个基本的论证时，事实上这也就陷入了一项规范性活动中。在认识论中，我们是没法避开规范性问题的。

其次，本章讨论了试图用工具理性来说明规范性的途径。这种途径认为，我们可能不具有一种绝对的理性观点。规范性只能被定义为，当结果确定后我们应该做什么的工具理性，但工具理性还是需要用一个绝对的理性的观点定义本身。由于工具理性的有限规范性不能用工具性的术语来解释，因此这种有限的规范性是失败的。而且工具理性也没能解决休谟难题，反而陷入其中。

最后一条试图解决规范性问题的途径是用附生性概念来说明规范性和描述性的关系。附生性试图为规范性和描述性提供一种依赖关系，同时保持他们各自的自主性。本章考察了弱的、普遍的和强的附生性。就提供依赖关系而言，弱的和普遍的附生性不足，而强附生性作为唯一一种可能的选择，也并不能提供一种依赖关系，而只是一种持续的关联关系。由于附生性概念本身是有问题的，因此它也不能够为规范性问题的解决提供出路。

那么如何为规范性寻找到解决途径呢？本章将引入温和第一哲学的视角，试图从中为规范性提供解决出路。但这种温和第一哲学并不是必须的，而只是一种可能的途径。本章为这种温和第一哲学设定了四条标准。前两条是说任何温和第一哲学都是可错的和可修正的。第三条是说，必须提供一条外在于科学的视角来评价科学。最后一条则是科学必须能够为认识论提供启示，而同时认识论也必须为科学提供启示，而且不能循环。这样一种温和的第一哲学就能在自然主义认识论中为规范性提供一个外在于科学的基础，从而使规范性不至于完全来自描述性的科学。

而另外一条可能解决问题的出路，是引入规范性的建构主义和有关规范性的假设，外在于科学的文化、社会或者假设和自然基础将一起建构起规范性。对一个共同体来说，共同体设定的关于科学理性的规范和其他规范的本质是一样的。共同体建构起了这个规范，并普遍接受了这种规范，那么对这个共同体来说这些规范就是客观的，具有规范性力量。在假设中，规则也可以具有规范性。假设我们是自然力量（mother nature）的产物，我们所采用的规则就是最优化的了。而不管是文化基础还是假设基础都是非绝对的、可错的。这样就为规范性提供了一个外在的非绝对基础，从而在自然主义认识论中为规范性留下了发展空间。

一、自然主义认识论的规范性问题

什么是规范性问题?

规范性问题是关于应该接受什么样的知识的问题,因此需要有一个对知识进行评价和辩护的基础。传统认识论认为,这个基础是高于/外在于自然科学的,是外在的基础。在休谟那里,对知识的辩护基础就是经验论。卡纳普(Carnap,Rudolph)也认为对自然科学何以可能的解释是从感觉经验和逻辑中推导出来的。而到了自然主义认识论那里,这种对知识的辩护就受到了挑战。

认识论有一个二元化的结构。一方面是由对如何获得知识进行说明和解释的概念或意义的理论组成,另一方面是由对知识辩护的规范组成。自然主义认识论者否定了传统认识论者对认识论这两个方面的关注。自然主义认识论只关注对科学知识来源的说明和解释,而否认有任何先在于科学,用来对科学知识进行辩护的基础。这就暗示了认识论作为对科学或知识的辩护的作用消失了,它的作用就只剩下对科学如何从感觉经验中获得知识进行说明和解释。

进而,自然主义认识论者消解(dissolved)了哲学和自然科学之间的边界。哲学和自然科学具有同样的认识论地位,虽然它和自然科学在抽象性和普适性程度上还有一定的区别,但它已经丧失了先在性。"第一哲学"的地位在自然主义中被否定了。

那么,这是否意味着在自然主义认识论中就不存在规范性的问题呢?

规范性异议

要回答这个问题,我们首先从反对自然主义者的观点出发,来论证规范性并非完全从认识论中被祛除。自然主义者关于祛除认识论中规范性的观点历来受到其他认识论学者的反对。这些反对者将其称之为"规范性的异议",^①大致的论证如下:

(1) 规范性是认识论的本质特征。

(2) 相应地,科学是描述性的。

(3) 自然化的要点就是认识论与科学是融合的,相应地,认识论接受科学的理论和方法。

(4) 因此,自然化就祛除了认识论的一个本质因素。

(5) 结论:认识论不能自然化。

这种论证的最大困难之处在于没有说清,如何理解"规范性是认识论的本质特征"这一最为重要的前提条件。根据前面提到的认识论的二元结构,可以将这个前提分为两个问题来看:(1)在对知识的说明或解释中是否包含了这个要素?(2)在知识的确证(validation)或辩护中是否包含了这个要素?

对第一个问题的回答又可以分为两个层面:一是对知识澄清的过程有规范性特征吗?二是知识的概念本身是规范的吗?毫无疑问,就第一个层面的问题而言,回答是否定的。我们当然会评价知识的澄清过程,但这种评价是自然化的,其中所包含的规范性可以用工具主义的或假设的说明来解释。传统上,对概念的澄清被认为可以产生先验知识,但这种规范性显然与这里所包含的规范性是不同的。而且,知识的澄清过程能产生先验知识的论断和它的真实性是两个

---

① Janvid M. Epistemological naturalism and the normativity objection [J]. *Erkenntnis*,2004,60(1):35-40.

不同的话题。

第二个问题，即知识的概念本身是规范的吗？传统上人们将知识视作一个规范的概念。但自然主义者并不赞成这种传统的对知识的 JTB 定义，他们认为在这个定义中还应该包含非规范性的维度。自然主义者认为，传统定义中的合理（good）（理由）应该改为"充分"（sufficent）（理由）。"合理"的理由只是"充分"条件的一种速记（shorthand）的方式，是对满足充分条件的一种工具性评价，它应该从自然主义的观点引申出来。因此知识概念就不完全是规范性的，还有一个非规范性的工具性层面。

关于第二个问题，许多人强调确证的领域不包含信念的起源，但却与我们应该具有哪些信念或者我们应该做出何种知识论断有关，这是确证的关键任务。而为了找到确证的规范性特征就必须区分辩护情境和发现情境。① 金荏权（Kim，Jaegwon）以这种方式进一步深化了异议，他认为"认识论是一个规范性的规则，就像规范伦理一样"。相反，科学只能在发现情境下描述和解释经验事实，而不能判断什么信念是我们应该具有的，或者什么样的论断是真正得到辩护的，这是解读规范性异议最为普遍的一种方式。

但是，强调这种区分并不能将规范性引入确证的领域。这种区分只是指出了（在何种条件下信念得到辩护的）辩护理论和（人们在何种条件下接受信念是得到辩护的）辩护的心理或社会学的理论的区别。只有前者是属于确证领域，但这个辩护理论和后者一样都是描述性的，它们只是涉及了科学研究的两个不同领域。例如，区分数学是一个关于自然数的理论和对人们是如何计算的说明是不能得出数学本身是规范性的结论的。

---

① （Hans Reichenbach）用术语"发现情境"和"辩护情境"来表示一个科学论断是如何发现的与如何得到辩护的过程。（见 Reichenbach H. *Experience and Prediction*[M]. Chicago：University of Chicago Press，1938：7. ）

这种区分没能将规范性引入确证领域。相反,自然主义认识论者要用这种区分来对认识论在本质上是规范性的前提进行批判。他们认为,如果辩护理论并不比经验事实有更高的认识论地位,那么认识论的实践就不需要包含这种理论。

对于认识论应当研究什么的问题,自然主义者提供了一个全新的解释。就像奎因在《自然化的认识论》中提到的那样,认识论仅仅研究如何从贫乏的输入(meager input)到奔涌的输出(torrential output)。如事实果真如此,认识论的确证的功能也就被抛弃了。

另一种将规范性作为认识论本质的方式是,对我们大多数的信念事实上是得到辩护的这样一种偏爱。特别是面对怀疑论做出回应时,我们更需要使我们接受的信念得到辩护。这是被大多数传统认识论所接受的一种解读方式。尽管这种方式看起来是合理的,但它却不能由此得出规范性是认识论的本质特征的结论。前文已经对确证的领域和确证的过程做了区分,只有后者才具有这种偏爱,而确证的领域是完全没有的。如果只具有这种偏爱是衡量是否具有规范性的标准,那么规范性就不是认识论的本质,因为至少在一个认识层面上并不包含这种偏爱。

其次,一些自然主义者认为,自然主义比传统认识论更接近将规范性归于认识论的目标。他们的区别只是在于,自然主义者否认将认识论放置于知识论断的领域之上。因此,这种解读异议的方式比第一种更加失败。

至此,这种对规范性的异议完全失败了,甚至规范性是认识论的本质这个前提也受到了置疑,从而否定了认识论地位高于科学的传统观点。但即使是这样,自然主义者依然没有放弃对规范性在认识论中的作用和地位的探寻,他们认为自然主义比传统认识论能更好地发挥认识论的规范性作用,只不过是选择的方式的不同。那么基于如此考虑的自然主义者是如何来说明他们认识实践中的规范性问题的?

二、三条解决规范性问题的策略及其困境

规范性问题是自然主义认识论不可回避的一个问题。自然主义者应当如何使规范性融入自然主义中呢？这里将论述以往处理此问题的三条主要策略以及它们所遇到的困境，为下文寻找规范性的出路提供借鉴。

一、消解主义：将规范性消解于描述性中

（一）奎因的消解主义

自然主义认识论在对自然真理知识进行辩护时，放弃了外在于科学的基础。作为自然主义认识论公认的教父，奎因最先提出了这个观点。在他的早期作品中，奎因就否定了外在于科学的辩护方法的存在，这样他就消解了传统意义上的认识论的规范性。自然主义认识论关注的是一种个体如何获得信念的纯粹的描述性的解释，而不是对这些信念的辩护。这是第一种消解主义的策略，虽然奎因自己并不认可消解主义，但从他作品中显然可以看出这种倾向。

虽然规范性被消解了，但奎因并没有否认规范性在自然主义认识论中的地位。针对一些批判，奎因在后期开始关注规范性在自然主义认识论中的作用的问题，论证了传统的规范性在自然主义认识论中的地位：

> 认识论的自然化并没有放弃规范性，而满足于对获得知识过程的描述。对我来说，规范的认识论是科学工程的一个分支，是追求真理的技术……当最终的要素（如终极价值、目的、预言）

得以表达时,规范性就成了描述性。①

在对海瑞(Lauener Henri)的回复中,奎因写道:

> 规范性也被自然化了,但没有被丢弃。……规范的认识论在自然主义中是一种科学的工具,也是一种预测感官刺激的工具。它是科学的方法。②

这两段引文足以说明奎因试图在自然主义认识论中为规范性寻找一个位置。

但奎因的这种转变是否成功呢?没有了外在的辩护基础,奎因又如何使规范性得到显现?我们先来看科恩布利斯在他的论文《什么是自然主义认识论》一文中提到的有关认识论的三个基本问题:我们应当如何获得信念;我们事实上是如何获得信念;我们获得信念的过程与我们应当获得信念的过程是否一致。③ 在传统认识论中,第一和第二个问题是区分开来的。第一个问题是有关辩护的情境,而第二个则是发现的情境。

奎因认为"经验主义既是科学方法的规则又是一种科学发现"。他的这个观点说明了科学论断的描述性和辩护的规范性是相互融合的,这使其和科恩布利斯的第三个有关规范性的问题联系起来了。这样规范性就没有从自然主义认识论中消解掉,而是和科学的描述性并存。描述性和规范性不像传统观点所认为的那样有明显的区别。

奎因表达的有关规范性观点中还包含了工具性的层面。他说:

----

① Quine W V. Reply to White[M]//E. L. Hahn, P. A. Schilpp eds. *The Philosophy of Quine*. LaSalle, IL: Open Court, 1986: 663-665.

② Barrett R B, Gibson P F. *Perspectives on Quine*[M]. Cambrige: Bassil Blackwell, 1990: 229.

③ Kornblith H. Epistemic normativity[J]. *Synthese*, 1993, 94(3): 1.

"存在终极价值是毫无疑问的,就像在道德中一样;这是有关终点、真理或者预言的功效的问题。"①换言之,规范不是终结于自身中的,它们是获得真理或预言的工具,这个观点和认识论的自然化是一致的。对于奎因来说,外在于科学实践的认识论规范是不能用来为科学的可靠性做辩护的,规范只能为科学的目标服务。由于规范是在自然的情境中建立的,所以规则就自然化了。理论上的认识论自然化,成为了理论科学的一部分,所以规范的认识论也自然化,成为科学的一部分,也就是参与感官刺激的技术。如果规范的认识论成为科学一部分,那么它就和蓝图或者期望没有什么区别了。例如,蓝图或期望告诉我们应该怎样去建造一座楼房或者一辆汽车。而只有在你有建造一座特定的楼房或者汽车这样一个特定目标时,它们才是规范的。因此对建造某物来说,期望就是工具性的,是为了得到建成的目标而做出的。那么它们在终极意义上就不是规范的,因为我们可以选择不建造楼房或汽车,或者选择以另一种方式建造。因此当终极参量加入进来以后,这里所说的规范性就成为描述性。

针对以上的观点,科恩布利斯在 1993 年的《认识论的规范性》一文中表示了疑问。他相信奎因没有在自然主义认识论中放弃规范性的要素,但是,他并不清楚这种规范性的来源。奎因只是将规范性和真理或者预言这样一些终极目标结合起来了,认为规范是为其服务的。科恩布利斯则认为这个提法有很多问题,因为奎因没有做过一个社会调查,不是每个人都有获得真理的目标,有些人甚至认为真理并不是认识论的终极目标。②

奎因关于规范性自然化的论断引出了他是否承认休谟难题的问题:即如何从"是"推导出"应该"。休谟讨论了伦理判断和自然描述

①　Quine W V. Reply to White[M]//E. L. Hahn, P. A. Schilpp eds. *The Philosophy of Quine*. LaSalle, IL: Open Court, 1986: 664-665.

②　Kornblith H. Epistemic normativity[J]. *Synthese*, 1993, 94(3): 359.

之间的关系,他认为我们不能从描述性的论证中得到"应该"的论证。那么奎因又如何解决描述性和规范性融合的难题呢? 他试图回答这个问题,但结果并不理想,休谟难题在奎因那里并没有得到解决。

奎因是第一个将这个问题引入当代著述中的,也是第一个试图将认识论消融于科学之中的人。他重新定位了认识论和科学,将认识论作为心理学的一个分支。同样,也有其他人试图将认识论置于科学之下,但只不过是将其置于不同的科学之下而已。例如,波普尔(Popper, Karl)将认识论置于进化论中,而丘吉兰德(Churchland, Paul)则将它置于神经科学中。那么我们究竟应该将认识论置于哪种科学之下呢? 退一步说,即使这个问题解决了,前面的休谟难题依然悬而未决。

(二)消解主义的问题所在

普特南在评论奎因的立场时,认为他是纯粹的认识论的消解主义。奎因让我们要放弃辩护、合理的理由等概念,重新分析"证据"的概念("证据"成为引起我们获得科学信念的知觉刺激)[①],这实际上就排除了自然主义认识论者所谓的规范性研究,甚至是方法论研究。

而面对后来的责难,奎因试图通过澄清经验方法的规范性来解决自然主义的休谟难题。在《自然化的认识论》一文中,他将辩护完全置于经验主义情境下来看待。在这个情境中的辩护是基于经验主义的科学的确证。由于科学既不能通过感觉经验得到辩护,也不能通过感觉经验得到概念的解释,奎因认为唯一的选择就是在感觉经验的基础上获得有关世界的信念。这是一种因果或者起源的解释,在这种解释中,没有任何规范性的空间。

这里奎因关于经验方法是规范性的论证是有问题的,我们会追

---

① Putnam H. *Reason, Truth and History*[M]. Cambridge: Cambridge University Press, 1981: 224.

问：为什么它是规范的？如果没有方法来为科学辩护，那么它怎么可能是规范的呢？哈克认为，奎因是将科学的认识论地位变得平凡了，从而降低了人们对认识论的期望度，而且他并没有澄清在实践中什么是真正的经验主义。奎因所选择的"激进的经验主义者"的行为科学不是一个很好的经验主义的选择。它不像心理理论一样成功，原因是它太经验主义化了，也太反理论化了。

奎因认为应该放弃对科学的确证和辩护。但是，他后来又论证经验方法是规范性的，这样至少他接受了一个对科学的实用性的辩护。即使它只是辩护的一种实用形式，但它也是一种确证，因此也是规范性的。我们也可以把它看作是科学的一种基础辩护的形式，在这种形式下，科学只有有了成果才具备合法性。我们可以看出，奎因也赞同，如果没有理由，就无法接受科学的合法性。在这种情况下，他就进入到了对科学的基础辩护的形式中，从而和之前他放弃科学基础辩护的观点是相互矛盾的。

从奎因保留实用性辩护的观点可以看出，实际上他在后期走向了一种工具主义的立场，工具主义是一些自然主义认识论者为在自然主义认识论中提供有限的规范性所采用的一种方式。下面就看看这种有限的规范性是否成功。

二、工具主义：有限的规范自然主义

许多自然主义者并没有放弃认识论的规范性作用，但他们试图限制它。他们反对传统认识论中将理性概念看作"绝对的"，取而代之的是"工具"、假设或者策略性的概念，这样理性就可以用方法—结果的术语，用信念确保结果的能力的术语来理解，这就是工具主义的立场。工具主义在自然主义认识论中扮演起重要角色，这个角色的作用就是赋予了规范自然主义（normative naturalism）一个基础。

马菲和劳丹是工具主义的两个重要代表，下面我们就以他们的观点为例来检验一下工具主义是否能为规范性在自然主义认识论中的地位提供解释的基础。

(一)马菲的实在论

通常认为,认识论中的规范性特征阻碍了它的自然化进程,因为如果认识论概念在本质上是描述性的,或者如果认识论判断是事实性的,又如果认识论性质还原为描述性,那么它如何在认知活动中扮演规范性的角色呢? 如果认识论价值是描述性事实的一个方面,那么它如何激发或者引导认知行为?

以上是对规范自然主义者所面临的难题所做的一个清晰的总结。作为一个规范自然主义者,马菲试图来解决这些难题。他首先肯定了认识论在我们的生活中有一个核心的、不可否认的规范性地位,而为了保留认识论的规范性层面,需要对认识论本身进行一个全新的解释。于是他用"自然主义认识论的实在论"(naturalist epistemalogical realism,NER)重新解释了认识论。对他来说,NER通过将认识论与描述性事实联系起来,对认知行为的认识论层面提供了一个科学的、经验或后验的解释来保留并解释认识论的规范性。下面我们来看看他的具体论述。

先来看看 NER 包含的核心概念:

(1)语义的实在论(semantic realism):真理应该用非认识论上的和非规范性的术语来定义。它包括了马菲所说的"非平凡相应理论"(non-trivial correspondence theory)。

(2)以真理为核心的认识论:认识论的最终结果或目的就是要最大化真理,最小化错误。认识论的价值就是由这个目的所决定的。

(3)认知主义(cognitivism):认识论判断在认知上是重要的,它在基础的非规范性含义上能够具有真理的价值。

（4）非相对主义（non-relativism）：辩护是信念的一个特征，它起源于一个产生真理的认知过程当中。从这个层面上讲，辩护是可靠主义的一种形式，也就是说，一个信念是否得到辩护要看它是否产生于一个可靠的过程。马菲认为辩护是非相对的，因为它是客观的，不依赖个人或社会所接受的证据标准或实践。

（5）认识的外在主义：认识论依赖的是一个外在的立场。

（6）认识的实在论：认识价值是一个理论非相关、证据实践非相关的事实。认识论论证仅仅与存在的客观特征有关。

（7）自然主义有限论（naturalist definism）：认识论的论证应该完全用描述的术语定义。将辩护定义成一种无懈可击的可靠性（undefeated reliability）。而可靠性就是一种基于经验主义的非规范性的概念。①

归纳起来，NER 的策略就是：认识论是以真理为核心的，它的目的是最大化真理、最小化谬误，而真理可以表达为非规范的认识论判断。因此以此目的的认识价值就是一个描述性事实，这种认识价值保存了认识论的核心的评价功能。而认识论的论证，比如辩护，也是用描述性的术语来定义的。这里辩护的一条标准——无懈可击的可靠性，就是经验的、描述性的。

NER 否认了认识论中的规范性是其本质。这里认识论的首要目的是给予信念一个描述性的地位，其次才是引导信念。这就使认识论像科学一样，是一种理论活动，是对信念做出理论评价的活动，

① Maffie J. Recent work on naturalied epistemology[M]. *American Philosophical Quarterly*，1990，27(4)：335-336.

而评价的标准就是无懈可击的可靠性。在给出了这样一个评价的描述性标准后,他认识到在这标准之内和它本身都没有包含一个传统的绝对的"应该"(ought)范畴。

为了使评价与描述性联系起来,他区分了价值赋予(valuing)和评价(evaluating)。价值赋予是一个包含了估价、希望、期望的态度的过程;评价则是包含了评估、衡量的活动,是一个将基本概念或标准用于特定客体的过程。例如,我们能区分黄色和蓝色的袜子,但却不需要被迫去穿这一双而不是另一双。前者就是一种客观评价,而后者就包含了价值的赋予。因此价值赋予就是一种规范性,而评价则是描述性的。

那么这样的认识论如何来获得规范性? 马菲的 NER 理论还假定了一个工具理性,这是一个最基本的假定。在他看来,工具理性是实践性的,是"建议、引导或者为行动寻找理由,为行为寻找指导方针",因此,必须转向工具理性才能获得规范性。①

真理在工具性意义上是有价值的,它能创造出满足我们需求的东西。对真理的辩护和接受也应该用同样的方式来看待。即使辩护不是一个绝对的规范,它同样也是有价值的,因为它符合了我们的需求。既然真理和辩护都是有价值的,那么从工具性层面上来讲它们就是规范性的。这就是说,如果我们给予真理和认识论上的辩护以价值,那么我们就应该相应地规范我们的行为。认识论的描述不包含一个绝对的"应该",它只在工具性层面上是规范的。

> 如果单就认识论中的"应该"来看,它们既不是指示也不是建议,但如果在工具理性的框架中,它们就能起到指示

---

① Maffie J. Recent work on naturalied epistemology[J]. *American Philosophical Quarterly*, 1990,27(4): 340.

和建议的作用了。①

　　合适的方法能促进目标的实现,但不合适的方法却不能实现目标。那么,这种关于方法的事实就起到规范的作用:它们引导、指导、影响我们的决定。在我们实现目标时,这些事实代表了应该做什么或怎样做的事实。②

　　人类是被实现目标的方式所引导的,因此,工具主义是一个关于人类经验的事实。工具理性的规范性是一个有关人类心理和进化的自然现实。因此,规范性需要的是自然主义的基础,而不是一个本体论的基础。规范性就在人类主体中,而不是在认识论对象中。规范性的作用是纯粹心理上的,不需要体现在可靠性的客观标准中。因此,规范性就和工具理性联系起来了。

　　马菲还将认识论与合理性(rationality)区别开来。认识论是理论性的和描述性的,而合理性是实践性和激发性的(motivating)。他说:"从认识论角度上来讲有合理的理由、应该做什么是一个理论问题;而从合理性角度,有合理的理由、应该做什么就是一个实践问题了。"③认识论是解决为什么有足够多的理由来为信念辩护的问题。辩护的标准是经验的、描述性的、非规范性的和可靠的。而合理性解决的是信念是否具有合理的动机激发的问题。认识论从"最大化真理和最小化谬误的客观立场"来评价信念,合理性则从"根据背景信念,是否实现目的的主观立场"来评价信念。认识论的目的比其他目的都要合理,这个目的不是随意的,而是扎根于人类生活的情境,有经验的支持。

---

　　①　Maffie J. Recent work on naturalied epistemology[J]. *American Philosophical Quarterly*,1990,27(4):339.

　　②　Maffie J. Recent work on naturalied epistemology[J]. *American Philosophical Quarterly*,1990,27(4):346.

　　③　Maffie J. Recent work on naturalied epistemology[J]. *American Philosophical Quarterly*,1990,27(4):341.

尽管认识论是描述的,但在工具理性的情境中,描述事实和引导或者动机结合在一起,也就有了规范性的作用。

(二)劳丹的规范自然主义

劳丹是首先提出了"规范自然主义"术语的人。他认为规范自然主义是一种元认识论(meta-epistemology)。也就是说,认识论是有规范性作用的,但同时对经验证据也是敏感的。[①] 他确信他能在规范自然主义中为 is/ought 的区分找到一条途径。他从工具理性、自然化元方法论和自然主义价值论三个层面来构建他的规范自然主义。

1. 工具理性

为了引伸出他的工具理性概念,劳丹区分了方法论和理性两个概念。劳丹认为方法论和理性是两个不同的实体,必须区别开来。就他看来,在科学史中将方法论和理性合并起来是不对的。在科学史上科学家们有着不同的目标和背景信念。由于这些变化,方法论也要随之发生变化,因为方法是用来满足个人目的的。而他们行为的理性不能只由是否符合他们的目标来决定。

这种对理性和方法论的严格区分提供了一个工具论的理性观点。不论理性是什么,它都是情境相关的。当我们说一个主体是理性的,就是说他在以他认为能够达到目的的方式行动。对以这样一种方式决定一个人行为的理性是否充分的问题,尽管不同的哲学家会有不同的观点,但很少有人会否认这是决定理性的一个必然条件,就是说,理性是工具性的。[②] 前文已经说到,马菲直接将理性和工具性等同起来了,但劳丹回避了对这个问题的正面回答,尽管如此,两人的结果却是一样的。

---

① Laudan L. Normative naturalism[J]. *Philosophy of Science*,1990,57(1):44.
② Laudan L. Normative naturalism[J]. *Philosophy of Science*,1990,57(1):45.

2.自然化元方法论

之后,劳丹又将方法论也自然化了。他为方法论设定了几条规则:指出错误的理论;利用可控实验来检验因果假设;采用简单理论。而他的自然主义元方法论就是对接受或反对这些规则的辩护提供一种解释。①

他认为这些规则的语法结构(grammatical structure)并没有包含一个宣称性的(declarative)或者描述性的论证,而只不过是一种要求而已。要求是一个绝对论证,是绝对的、无限制的。这里的规则是不受限制的,比如,倾向简单理论。从语法上来说,将复杂的理论向简单化方向的发展是毫无疑问的,当然也有例外。劳丹认为这些论证形式的语法和语义为科学哲学家和认识论者带来了很大麻烦,因为"对这些要求的辩护找不到一条可接受的定义","对于他们成为真理的条件的考察是一种错误,因为他们和一般的论证太不一样了"②。

这些文法结构能够为"is"和"ought"的区分提供支持。但在规范自然主义中,"语法是没有用的,甚至是误导性的"③。语法不能为规范自然主义提供帮助,因为它指向的是绝对规则,而这并不适合自然主义的框架。方法论规则是被推崇的,因为它能帮助个体获得其认知目的,但它不能以绝对的形式(categorical form)提出。当规则是用绝对的形式提出时,如"one ought to do X",而不是以假设性的形式(hypothetical form),如"if one's goal is Y, then one ought to do X",那么它就"系统地掩盖掉了其辩护的途径"。赋予规则"ought"的应该是和它们相符合的特定目标,这样,规范性就是将规则或策略与

---

① Laudan L. Progress or rationality? The prospects for normative naturalism[J]. *American Philosophical Quarterly*,1987,24(1):23.

② Laudan L. Progress or rationality? The prospects for normative naturalism[J]. *American Philosophical Quarterly*,1987,24(1):24.

③ Laudan L. Progress or rationality? The prospects for normative naturalism[J]. *American Philosophical Quarterly*,1987,24(1):23.

目标结合起来了。①

> 我认为所有方法论规则都是用假设性规则而不是绝对性规则构建起来的。方法论规则应该采用假设规则的形式，这种形式的前提是有关目的的论证，而结论是行动的省略（elliptical）表达。②

劳丹在这里用了"省略"一词，"省略"在这里是指可以让句子更加完整的个别词语的缺失。换句话讲就是，绝对形式的构建是省略的，省去了能使其更加易懂和揭示其假设性的核心的必然性术语。这些必然性术语是假设性规则的"if/then"的形式。这和劳丹之前的观点——用工具理性来定义理性是不充分的，但却是必要的——是一致的。

总而言之，劳丹是将工具理性作为理性的本质和核心，他相信将规范性与自然主义结合起来的唯一的可能方式就是用假设性规则的形式表示绝对性的论证，因为绝对性规则会掩盖理性的工具性核心。

之后，劳丹提出了如何检验方法论规则的问题。为了检验它们，就必须有一个先验的方法论规则，这就会导致循环或恶性回归。劳丹认为，如果能够建立"所有方法论共享的，得到辩护或证明的规则"，将这个规则作为检验方法论的中立的方法，那么这种恶性回归是可以避免的。这种中立的规则其实就是工具理性：

> （R1）如果某种特定的行为 M 持续地促进了特定的认知结果 E 的实现，但过去的行为 N 却失败了，那就可以假

---

① Laudan L. Progress or rationality? The prospects for normative naturalism[J]. *American Philosophical Quarterly*，1987，24(1)：23.

② Laudan L. Progress or rationality? The prospects for normative naturalism[J]. *American Philosophical Quarterly*，1987，24(1)：23.

定未来遵循了这样一个规则:"如果你的目标是 E,你就必须做 M"的行为比遵循"如果你的目标是 E,就必须做 N"规则的行为更能促使这些目标达成。①

劳丹在这里论证了这个规则是被所有的科学哲学家所普遍接受的,因此它是一个中立的规则。同时他认为这个规则是从经验中而来的,所以独立于"哲学常识社会学"(the sociology of philosophical consensus)。②

可以看出,元方法论在劳丹的论证中也自然化了。它的规则不是绝对的,而是可以从经验中得到的工具理性。

3. 自然主义价值论

劳丹承认他采用的认识论的路径使所有问题都集中到了认识论方法和认识论目的两者的关系当中。他认为科学的目的是随着历史改变的,但若果真如此,那么目的的相对主义问题就突显出来了。针对这一问题,劳丹提出了一个自然主义价值论(axiology)的观点。③

波普尔在《科学发现的逻辑》一书中强调了认知目的在科学理性中的重要性。劳丹认为,在为方法论规则辩护中,这些目的是处于核心地位的。规则只是达到目的的方法,只有在科学的目的中它才能得到显现。④

那么如何来选择这些目标呢? 如果缺乏理性地分析目标的方法,那么科学目标的转变就只是一种对时代潮流的反应。波普尔倾

---

① Laudan L. Progress or rationality? The prospects for normative naturalism[J]. *American Philosophical Quarterly*,1987,24(1):25.

② Laudan L. Progress or rationality? The prospects for normative naturalism[J]. *American Philosophical Quarterly*,1987,24(1):26.

③ Laudan L. Progress or rationality? The prospects for normative naturalism[J]. *American Philosophical Quarterly*,1987,24(1):47.

④ Laudan L. *Science and Values* [M]. Berkeley:University of California Press,1984:48.

向于用目标或价值的内在一致性作为选择的标准。如果目标或价值无法达到内在一致,就无法为其支持某些认知目的而放弃其他目的提供理性基础,更不要说接受一个相反的目的的情况了。

而劳丹认为有很多工具可以用来对目标进行理性的评价。这里他列出了两种评价的方式:第一是目标的可实现性;第二是这个目标与我们的实践和判断中所蕴含的价值的一致性。^①

一个目标如果没有相应的可以实现的基础,也就是说,这个目标在物理上是不可能实现的,那么它就是乌托邦。由于工具主义是理性的核心,那么一个物理上不可能的目标就不符合理性的标准,这是第一种评价目标的方式。

第二种评价目标的方式是:这个目标与我们的实践和判断中所蕴含的价值是否一致。这个标准关注到了隐性目标和显性目标之间的矛盾,也就是理论与实践之间的矛盾。

> 无论是显性还是隐性的价值的转变都是有一个先在的基础。我们可以保留目标,并据此来设定事实判断与行为,也可以根据行为和事实判断来接受新的显性价值。无论是什么方式,驱使价值进行转变的动力是建立在理性理论的基础上的,从而来避免不平衡的状态。^②

劳丹的两种评价目标的标准其实是一种证伪(falsification)的形式,是为了消除目标的弱点和不足,而不是指出正确的目标。由于有很多目标可以符合这些标准,因此我们就会认为这些标准太弱了。劳丹认为这样的讨论是一个好现象,因为它为科学家反对规则提供

---

① Laudan L. *Science and Values* [M]. Berkeley:University of California Press,1984:48.

② Laudan L. *Science and Values* [M]. Berkeley:University of California Press,1984:55.

了合理的基础。但同时,他又认为这些讨论是不合理的,因为它们是建立在只有一组规范的认识论假设前提之上的。

> 有人或许会问:"网状式(reticulational)的分析是如何能够指出在这些现存的目标中哪一个是正确的呢?"对这个问题,我无法做出回答,但是我认为这个问题是建立在不合理的假设上的。对研究来说,没有单一的"正确"的目标,参与到很多原因和目标的研究中才是合理的。那些想象对自然的研究只受单一价值论引导的人是无法获得多样性的潜在目标和应用研究的。①

这里,劳丹提到了科学理性的网状模式。"Reticulate"这个术语原本是用来形容基于对不同人群基因的重新组合基础上的所发生的革命性的改变。劳丹把这个术语用于科学理性,也就是说,一个网状模式将科学理性看作是一个革命的过程,关于什么是理性的观点是随时间改变而改变的。

(三)西格尔的批判

针对劳丹的观点,西格尔(Siegel,Harvey)提出了批判。在《自然主义、工具理性和认识论的规范性》一文中,他对工具理性进行了讨论。西格尔认为,规范自然主义者是希望将认识论的规范性限制在工具主义中的,因为这样它就可以自然化了。但他认为规范性是不能被限制在工具主义之中的,规范性的绝对形式也是同样需要的。因此西格尔提出了两个批判:第一批判是,工具理性不能够说明认识论的规范性,因为它没法检验目标是否值得追求。第二个是,工具理

① Laudan L. *Science and Values*[M]. Berkeley: University of California Press, 1984: 63-64.

性是建立在一个理性的绝对性概念之上的。也就是说，如果没有理性的绝对性概念，那么就无法理解工具理性。[①]

针对西格尔的第一个批判，也就是工具理性是无法评价目标的合理性的观点，劳丹提出了他的自然主义价值论，试图用两条标准对目标进行评价。而西格尔在他的文章《劳丹的规范自然主义》一文中对劳丹的两个标准具有规范性作用表示疑问。他问道，为什么一个乌托邦的目标就是不理性的呢？有时候一些乌托邦的或者不能实现的目标能激发人到达更高的高度。劳丹让读者接受理性是一种工具主义的观点，用这种对理性的概念的分析来支持乌托邦的标准。而西格尔指出，理性是作为合理理由来使用的而不是工具性的，这就是说，如果有合理的理由，同样可以追求一个乌托邦的目标。如果劳丹的论证是正确的，那么就有接受理性是工具主义的观点的合理理由。问题是"这些用来为理性概念辩护的理由不是工具性的。它们没有显示接受工具主义概念会有利于我们的目标"。西格尔认为从中可以得出两个结论：首先，工具主义不是理性的全部，因为它本身无法被工具性地辩护。而且，理性是作为合理理由的，而工具理性只是其中之一。其次，劳丹反对乌托邦的策略是建立在理性的工具性概念之上的，而这是不充分的。对乌托邦目标的批判显示了只有当追求目标的理由是唯一的工具性时，乌托邦的目标才是不合理的。[②]

劳丹的第二条标准论证了，如果目标和科学共同体所采取的价值不一致时，此目标是要被放弃的。西格尔认为，在没有一个如何解决目标与实践冲突的完整方案时，这个标准是非强制性的。

他论证道，第二个标准的力量是来自一个有关目标和行为冲突的问题。但是，我们可以通过改变目标或者改变实践来解决这个问题。

---

① Siegle H. Naturalism, instrumental rationality, and the normativity of epistemology[J]. 1992：36.

② Siegle H. Laudan's normative naturalism[J]. *Studies in History and Philosophy of Science*, 1990,21(2)：308.

如果我可以改变我的显性目标或者判断和实践，那么对它们不一致的批判就不会为价值论带来挑战，而是无法确定目标与实践/判断的范围。如果认为实践是第一位的，那么目标就要重新设定，这就会给价值论带去挑战。劳丹认为我们可以通过坚持我们公开的意见使行为适应它来面对这个挑战。如果是这样，那么这个批判就不能作为一个价值论挑战来理解了。[①]

从以上讨论可以看出，劳丹的从理性的工具主义的观点中得出的对认识论目标评价的两个标准是不充分的。

而余下的讨论将集中到西格尔对工具理性的第二个批判中，也就是工具理性是依赖于理性的非工具性概念这个论证中。

哪种方式是获得特定认识论目标最好的方式？什么是决定这种方式的标准？这些问题是西格尔对那些将规范性还原到工具理性中的自然主义者提出的疑问。决定最合适的方式的过程是通过收集证据的过程来完成的。

当证据被收集和评价时，就会产生这样的结论：方法 M 对获得认识论目标是有效的，方法 M* 则不是。因此我们应当利用方法 M，但是接受这个结论的证据是不能用工具性的术语来理解的。[②]

由此来看，西格尔认为无法用工具理性的术语来描述确定最合适的方法的过程。西格尔问：在论证我们的证据是否支持结论时我

① Siegel H. Laudan's normative naturalism[J]. *Studies in History and Philosophy of Science*, 1990,21(2): 309.

② Siegle H. Naturalism, instrumental rationality, and the normativity of epistemology[J]. 1992:39.

们在寻求什么更深远的目的吗？答案是否定的。我们只能寻求最好的证据理论，寻求对规范性或认识论的最好的理论说明。

在西格尔看来，工具理性是寻求经验证据的，从而来决定哪种方法是获得目标的最有效的方式。如果有证据证明一种方法是达到目标的最有效的方式，那么就有合理的工具性理由来使用这种方法。但对证据和确定哪种方式最有效两者之间关系的评价过程则是一个非工具性的过程。

> 辩护的证据和产生辩护的主张（包含工具性功效）的关系是一种传统的主张/信念与理由/证据的关系。因此工具自然主义者就需要对证据支持或认识论辩护采取一个非工具性的说明。需要"绝对性的"、证据的规范理论来使工具主义得以实现。①

西格尔的论证说明了规范自然主义者试图将规范性还原为工具理性的做法是不成功的。因为工具理性本身就是依赖一个非工具性的、规范性的绝对形式。工具理性是规范性中的一种，但它不能说明所有的规范性。

西格尔清楚地说明了他并没有提出一个特定的规范性理论。他指出自然主义者将规范性完全建立在工具理性之上是不充分的，它还需要有一个规范性的绝对概念。自然主义者没有为工具理性判断本身能被理性地接受提供一条可行的途径。②

---

① Siegle H. Naturalism，instrumental rationality，and the normativity of epistemology[J]. 1992:39.

② Siegle H. Naturalism，instrumental rationality，and the normativity of epistemology[J]. 1992:41.

(四)对工具理性的评价

自然科学是工具主义的源头。科学方法是一个描述的过程,它描述和解释了世界的自然原因。如果工具主义是以科学方法为模型建立的,那么它也是一个描述的过程。这样工具主义也遇到了之前消解主义所遇到的问题,就是如何做出"is/ought"的区分,如何从"is"中得到"ought"。我们先来看一个例子。现在有一个人的目标是从波士顿去奥斯汀的吉姆餐厅,然后他就会看地图找到去奥斯汀的最佳的方法。这是一个描述的过程,也是工具理性的一个例子。然后你会问是什么赋予了"然后"部分规范性? 工具主义者的回答是:目的,加上有关达到目标的不同方式的事实。

如果工具理性的规范性是从目标中获得的,那么就不需要有"is/ought"的区分了,因为目标是由个人设定的。那么规范性也只能是为这个特定目标服务。我们通过看地图找到走高速71是最快的方式来决定我们到达的方法,这是一个描述的过程,与此同时,也赋予了到达目的地和快速到达以价值。这样"is"和"ought"就是同时产生的,都是为了当时的目标,因此没有区别。从中可以看出工具理性没有解决"is/ought"的区分问题,却反而使自己陷入其中。

工具主义没有提供评价目标或者对他人提出建议,也没有为我们提供应该寻求的另外的目标的方法。工具理性中的规范性和描述过程是完全不同的,工具理性没有从描述过程中获得它的规范性。

下面我们就分别对马菲和劳丹的观点进行评述。

马菲的自然主义认识论观点是建立于一个非认识论和非规范性的真理概念之上的。认识论的目的就是最大化真理和最小化谬误,最大化真理和最小化谬误的过程是一种评价的方式。为了证明有关认识论是一个非规范性的描述的规则的论断,其前提就是评价必须是描述性的。马菲认为评价类似于区分黄色和蓝色袜子,但问题是当我们区分真理和谬误时,我们不只是在区分两个物理实体。

马菲试图通过区分评价和赋予价值两个概念来证明评价是一个描述过程。他认为规范性的任务是主观的,它驱使我们行动,这和赋予价值是主观行为的定义相符,因此赋予价值是规范的。而规范性是主观的,驱使我们行动这个定义本身就是有问题的。如果一个人穿了一双黄色的袜子而别人硬说是蓝色的,那么我们会觉得这是一个错误的论断。我们会找来目击者来告诉这个人这的确是黄袜子,我们会收集证据来证明这个人的信念产生了错误。那么这个人的蓝袜子的论断就不能在完全主观的基础上得到辩护。而且规范性是不需要驱使人行动的,它只是关于信念是否有足够的证据来得到辩护。

马菲为了做出区分,就将评价与做出经验区分等同起来。但是,评价包含的东西比做出经验区分要多,它也是一个关于信念是否有足够的证据支持的问题。评价和赋予价值都是规范性的任务,因此,马菲的区分过于细致。

马菲后来接受了这个批判,但仍然认为这并没有影响他关于规范性是和自然科学一致的观点。因为,辩护就是无懈可击的可靠性。无懈可击的可靠性是信念的理论评价的一个客观标准。如果信念是从一个可靠的过程中获得的,那么就能得到辩护。而之前关于蓝色袜子的信念的例子是一个不可靠信念的例子,它不是产生于一个可靠的过程。那么是什么使无懈可击的可靠性变得客观?这似乎是不可能的。

马菲的另一个问题就是对目标的评价。他认为认识论只有在工具理性下才是规范性的,工具理性是人类的一个心理和进化的事实,人类倾向于用促进他们自身目标的方式行动。但问题是要决定应该追求哪个目标。希特勒有一个非常清晰的目标就是铲除在欧洲的所有犹太人,为达到这个目标而想要追求最有效的方法,但这个目标显然被认为是不可追求的。工具理性可以做的就是评价方法的有效性,决定它在产生希望的成果时是有效的。而工具理性没有评价目标合理性的方法。人们试图为他们自己的目标行动,并不代表着除了工具理性之外，所有其他的理性都被终结了。

劳丹也是试图用工具理性为认识论的规范性在自然主义中设立地位。他认为工具理性对定义理性来说不是充分的，但却是个必要的条件。对工具理性的需求解释了劳丹为什么拒绝来自语法的证据，因为它指向了一个绝对的理性。劳丹认为绝对理性是错误的，他指出所有的绝对性的论证都能转换成假设性的论证，但他并没有充分解释它们为什么必须这样转换或这种转换在绝对论证中为什么保留了规范性作用。

工具理性的本质是决定获得特定目标的合适的方式。劳丹将此应用到科学的历史中，认为背景信念和目标是因人而异、因时而异的，因此，方法论也会改变。但是，在所有科学时期科学家们都有一个共同的目标，那就是对真理的追求。伽利略通过他的望远镜来发现宇宙的真理；开普勒也试图解释行星的运动；牛顿用重力定理来解释自由落体运动，这些人都有试图发现真理的动力。劳丹跳过了对科学目标的内容的变化的论证，将工具理性错误地应用于对方法论革命的解释中。

由于方法论随着目标改变，那么就必须有一个检验方法论的辩护标准。他认为这个标准是被科学哲学家所普遍接受的，也有可能成为一个中立的规则，它是从经验中学习来的，和哲学的共识的社会学无关。这个论断是不正确的，如果没有人类经验，那么社会学能做什么？科学是人类经验的一部分，规则怎么就能逃出社会学的分析呢？

劳丹试图提供一种回避争议的中立规则。那么这个规则是什么呢？劳丹提供了一条自然主义价值论的途径，他所提出的两条规则至少有最低程度的规范性作用，而我们需要对不同价值和规范做一个社会学研究，但这是一个描述性的研究。那么，问题又来了，我们如何从一个描述性的论证来获得一个"ought"的论证，即在什么基础上将规范性的作用归于自然主义价值论？

反对乌托邦的标准是指，如果一个目标不能获得，那么就应该放弃。但我们怎么确定是不可获得的呢？例如，二十年前一个科学家要证明化学合成，会被看作是不可能的，直到用一个海底机器人去挖掘海沟才发现在这些海沟有此类生态系统存在。这些生态系统不是利用光合作用的，因为阳光照不到海底它利用的是化学合成。因此我们不能确定现在不能获得的目标在将来是否可获得。

劳丹的第二条标准和理论与实践的一致性有关。为什么理论和实践的一致性有规范性的作用？我们可以看到一群科学家并不是按照他们所鼓吹的那样来行动，那么是在什么自然主义基础上说他们应该按照他们所鼓吹的行动呢？而且自然主义价值论又是如何逃脱目标或实践改变问题的呢？改变的潮流使他的两个标准无法适用于评价目标。因此，劳丹的自然主义价值论在解决目标的相对性问题中是不成功的。

西格尔对工具理性做出了一个十分有洞察力的分析。他的论证的有力之处在于，工具理性不能被工具性地辩护，但却依赖于一个绝对性的观点，对理性的充分的解释必须包含绝对性的层面。西格尔的结论是，认识论的自然主义者需要对证据或接受做出一个非工具性的和非自然主义的说明来得出工具理性得到辩护的结论。但可惜的是他没有对这个理论进行陈述。如果真如西格尔所说的那样，那么劳丹等人的试图通过工具理性将规范性归于自然科学的努力就是不成功的。

由此可以看出，工具理性不是一个将认识论的规范性和自然科学结合起来的有效途径。那么下面我们就来检验另一种试图将规范性归于自然科学的方式——附生性。

三、附生性：探讨规范性与描述性的内在关系

附生性（supervenience）的概念是指在说明两个实体的关系时，

既保留了各自的自主性,同时也建立了双方的依赖关系。将附生性赋予自然主义认识论,就是用来说明规范性和描述性之间的关系。规范性依赖于描述性,但同时又是自主的。那么我们就来看看附生性是否真的实现了这个承诺。

(一)哈瑞和他的规范伦理

哈瑞(Hare,R. M.)的《道德语言》一文是有关语言分析的,在其中他试图对语言中如何运用价值术语做出说明。[①] 换言之,他对价值术语在语言中(例如,good)的功能进行了分析。他指出:价值术语在语言中有一个特定的功能,那就是赞扬(commending);所以它们就不能用另外没有这个功能的语词来定义。否则,我们就被剥夺了实践这种作用的功能。这样看来,哈瑞也接受了自然主义休谟问题的合理性,因为他认为如果用描述性的术语来定义价值术语就会使其失去赞扬的能力。[②]

哈瑞认为,“没有命令性(imperative)的结论可以正当地从不包含命令的前提中得出”[③]。他认为这个规则对伦理来说是最为关键的。这个规则导致的结果就是没有一个道德判断是关于事实的纯粹论证。

我们可以看到,在哈瑞的分析中有两个关键点:他做出了对价值术语如何在语言中运用的分析,以及在伦理中对自然主义休谟难题的合理性的接受。在理解他的“附生性”概念时,这两个关键点是很重要的。

在对语言的分析中,他找到了规定性(prescriptive)语言和描述性语言的区别。规定性术语和描述性术语在语言中的功能是不同

①　Hare R M. *The Language of Morals*[M]. Oxford:Clarendon Press,1952:91-92.

②　Hare R M. *The Language of Morals* [M]. Oxford:Clarendon Press,1952:92.

③　Hare R M. *The Language of Morals* [M]. Oxford:Clarendon Press,1952:28.

的,他试图通过定义一种关系来解释这两个范畴的实际功用。这个关系就是他所谓的附生性。

他认为伦理的自然化理论的基本问题是去除了价值判断中的规定性成分。他们试图从事实论证中派生出规定性成分,哈瑞认为他的理论不会犯这个错误,他可以通过附生关系来说明事实论证和价值判断,从而避免这个错误。他没有解释价值判断的来源,因为他只是对语言的实际应用做出分析。

哈瑞在不同段落中运用了附生性这个概念,其中有一段是这样描述的:

> 我想用一个例子来说明价值术语的最典型的特征之一。这个特征就是例如"好"的价值术语可以通过它的"附生性"或者"因果性"的特征来表示。现在有一幅挂在墙上的画 P,而在这幅画旁边有另外一幅画 Q,假设 Q 是 P 的复制品或者 P 是 Q 的复制品,但我们却不知道事实到底是怎样,只是知道这两幅画是同一个作家在同一时间画的。那么在我们对这两幅画做出评价时就不能说 P 是好画,但 Q 不是。[①]

在这个段落表述中,哈瑞将"附生性"和"因果性"等同起来了,价值术语是自然特征的结果。这个观点和心灵哲学的随附(epiphenomen)现象的观点很类似,意识是大脑状态的结果。不同的是哈瑞没有论证自然特征创造了价值术语,价值术语只是与自然特征有某种依赖的关系。

在《作为哲学概念的附生性》一文中,金茬权认为,哈瑞将附生性用到了现代。他说哈瑞和其他道德理论家并不是唯一使用附生性概念的人。在 19 世纪三四十年代,附生性被频繁地用到突生进化

---

① Hare R M. *The Language of Morals* [M]. Oxford: Clarendon Press, 1952: 81-82.

(emergent evolution)的讨论中。哈瑞或许是直接或间接地从他们的文章中获得了附生性的概念。突生进生论是指，当大脑的某种生化过程达到一定复杂程度后，意识就会突生出新的特征。[①]

关于物理特征能够产生精神特征的突生进化论的观点没有得到哈瑞的认同。但如果附生性与因果性等同，那么它和突生进化论中附生性的概念就没有区别了。这种相似性在于，一旦语言中加入了评价性术语，那么它们与物理特征术语的关系就是相同的。如果物理特征没有发生改变，那么价值特征也不会发生改变。

在哈瑞看来，"好"是一个附生于它的物理特征的价值术语。在比较具有相同物理特征的两幅复制品时，不可能一个是坏的而另一个却是好的，因为在物理特征和价值特性之间是有附生关系的。只有当这两幅图画在物理特征发生变化时才能在价值特性上区分它们。[②] 但价值特性与物理特征不是同一的。如果价值特性与特定的物理特征相一致，那么就会重新回到自然主义休谟难题中去，价值特性也就失去它的赞扬作用了。

哈瑞用了另外一个例子来说明他的观点。"比尔是一个好人"，但如果有另外一个人和他处在相同的环境中，表现也相同，而他却不是好人，那么说比尔是好人就在逻辑上说不通了。也就是说，即使某人有一些特定的特征，也无法说他在道德上就是善的。

> 判断一个人是不是善的与他是否具有某些特征的判断在逻辑上并非没有依赖性，它们之间存在某种关系，但不是继承或者意义一致关系。我们以前对非道德意义上的善的讨论帮助我们去理解这层关系。对一个人的特征的论证

---

① Kim J. Supervenience as a philosophical concept[J]. *Metaphilosophy*，1990，21(1/2):3-4.

② Hare R M. *The Language of Morals* [M]. Oxford: Clarendon Press，1952: 81-82.

（小前提）加上判断道德与否的特殊标准（大前提）就产生了对一个人的道德判断。"好"同时具有描述和评价的意义，后者是主要的。了解它的描述性意义就是了解它的判断标准。[①]

那么哈瑞到底是怎么来定义语言中描述性与评价性的关系的呢？他既要保留它们的某种依赖性，又要避免一致性。他说"好"同时具有描述和评价意义，了解其描述意义就是了解判断的标准。这个观点似乎和他要避免的一致性非常相似。因此，虽然他试图要对这种关系做出定义，但其实质上并没有说清楚，他的回答更像是一个大融合的回答。

哈瑞试图通过"附生性"的概念来避免一致性的自然主义休谟难题。他将附生性与因果性联系起来，认为评价性是描述性的结果。但这是什么样的结果呢？是一种他想回避的因果或者一致（causation）关系呢，还是纯粹逻辑上的因果关系？在何种情况下规则性能获得其作用？哈瑞关于附生性的思想影响了后来的自然主义认识论，金茌权直接将哈瑞在规范伦理中对附生性的应用作为对自然主义认识论的一种辩护：

在我看来，认识论的附生性成为信念在规范认识论中的基础。我们不需要从科学中获得其他新的灵感来认可认识论概念和其他价值概念的自然主义规则存在。规范伦理也是类似的：在规范伦理中，道德特征是附生于非道德特征的。除非我们否认规范伦理作为一种可行的哲学理论，不

---

① Hare R M. *The Language of Morals* [M]. Oxford：Clarendon Press，1952：146.

然规范认识论就是一种可行的方向。[①]

(二)戴维森的附生性概念的应用

戴维森在 1980 年的《精神事件》中将附生性引入了当代心灵哲学的讨论中。我们就来看看他的附生性概念和哈瑞以及金在权的附生性概念有何不同。

他在最开始的一段中论述到："假定精神事件的因果依赖和无律则(anomalousness)都是不可否认的事实,那么我的目标就是解释这是如何可能的。"[②]他和哈瑞一样都是从给出两个范畴开始的。在哈瑞那里,是语言的评价和描述作用,而戴维森则给出了精神事件的因果依赖和无律则。

从无律则这一范畴出发,戴维森采用了"无律则一元论"(anomalous monism)的立场,[③]这个立场包含两个论断:(1)精神事件等同于物理事件;(2)精神命题和物理命题之间不存在严格的法则性(nomological)定律。第一个论断表述的是本体论的一元论,因为只有在本体论中才能允许存在如下的可能性,即并非所有事件都是精神性的,而又坚持所有事件是物理性的。精神事件和物理事件之间是一种个体等同(token identity)。第二个论断表述的是认识论的无律则性,它否认在命题之间存在严格的心—物法则。

而从精神事件的因果依赖范畴出发,戴维森提出了他的附生性概念:

① Kim J. What is "Naturalized Epistemology"? ［M］//ed. James E. Tomberlin. *Philosophical Perspectives*. Atascadero, CA: Rigdeview, 1998:400.

② Davidson D. Mental events［M］//*Essays on Actions and Events*. Oxford: Clarendon Press, 1980: 207.

③ Davidson D. Mental events［M］//*Essays on Actions and Events*. Oxford: Clarendon Press, 1980: 214.

虽然我否认了心理—物理法则的存在，但精神特征在某些层面上和物理特征是相依赖或者附生的。这种附生性意味着不可能存在在物理特征上完全一样而在某个精神特征上是不同的两个部分，或者说一个物体不可能在物理特征没有改变的前提下改变精神特征。依赖性或者附生性不会通过法则或定义产生还原性。如果产生了，那么就要将道德特征还原为描述性的了，我们有充分理由相信这是不可能做到的。[①]

从以上的段落中我们可以看到，戴维森认为精神和物质不是一种因果关系，而是一种附生关系。这种附生关系包含了依赖、决定和非还原。戴维森关于附生性没有包含还原性的观点是建立在规范伦理的应用之上的。他认为有合理理由相信道德特征是不能被还原为描述性的。那么戴维森的合理理由是什么呢？他和哈瑞一样没有说明附生关系的真实本质到底是什么，只说是一种不包含还原性的依赖关系。戴维森使用附生性概念的底线是要避免评价到描述或者精神到物质的绝对还原。而这种附生性关系却不是用来说明精神事件和物理事件的，而是精神谓词/属性与物理谓词/属性之间的附生性。如果我们仍然要谈论精神事件和物理事件之间的附生性，那么这里所说的精神事件和物理事件也不可能是事件本身，而是同一事件的两个描述。那么，附生性就不是一个本体论的关系，而是一个认识论的关系，它属于思想描述的范畴。

(三)金荃权对附生性的分类

考察了上述学者对附生性概念的应用，附生性这个概念到底应

---

① Davidson D. Mental events [M]//*Essays on Actions and Events*. Oxford: Clarendon Press, 1980: 214.

该如何解释呢？金荃权认为，对附生性的研究有一定的困难，因为它只在哲学中得到运用，而没有在哲学之外运用过。因此没有一个超哲学的完善的应用体系来指导这种研究。为了能更好地理解附生性这个概念，金荃权在总结了之前学者对附生性的应用后，给出了附生性的三个基本成分：共变、依赖以及非还原性。针对这三个成分，金荃权对附生性做了分类，试图找到一种附生性来作为规范自然主义概念的基础。

首先是弱附生性。金荃权这样定义弱附生性：A 弱附生于 B 当且仅当以下的情况是必然的：对任何 A 的特征 F 来说，如果对象 X 具有 F，那么就存在 B 的特征 G 是 X 所具有的，相对而言，任何一个对象 Y 具有 G 特征那它就具有 F 特征。[①]

他举例说，例如两个人有同样的特征 B 集合，如诚实、有爱心，但缺少勇气，那么他们就必然都是好人或都不是好人。又如，如果一个人是好人，而另一个不是，那么他们在 B 集合中的某个特征是不同的。金荃权认为，弱附生性和哈瑞以及戴维森所用的概念是相近的，但他认为它并不能得到应用。[②]

在弱附生性的必然性定义中，金荃权并没有说明这种必然性到底是逻辑的、形而上的或是法则性的。他允许其有多种变化，从而产生不同的概念模型。但是即使是给必然性以最强的、最富逻辑性的定义，弱附生性也是无法引起人们的兴趣的。它的问题就在于它只是给出了相关性而不是依赖性。必然性在这里只是刻画了 A 中的特征和 B 中的特征有相关性。

弱附生性声称任何一个具有 A 中特征 F 的物体也同

[①]　Kim J. Concepts of supervenience [J]. *Philosophy and Phenomenological Research*，1984，45(2)：163.

[②]　Kim J. Concepts of supervenience [J]. *Philosophy and Phenomenological Research*，1984，45(2)：163.

样具有 B 中的 G 特征,概括来说,如果一个物体具有 G,那么它具有 F。但这种普遍化只是暂时的,缺少作为模型的意义。而附生特征是依赖于它们的原生特征的(subvenient properties),弱附生性没有抓住这一点。①

金茬权认为,弱附生性要求的只是在一个特定的世界不存在这样两个物体——具有 B 中的原生特征却不具有 A 中附生于这个原生的特征。在一个世界中,一个诚实、努力的人是好人,但在另一个世界中却可能是魔鬼了,这个例子就满足弱附生性。

弱附生性只表达了依赖的概念。这个关系可以表述为:如果你在一个给定的世界中以相同的方式确定了两个对象的基本特征,那么你就确定了它们的附生特征。但这只能说基本特征决定了附生特征,而远远不是依赖的关系。

金茬权认为依赖的关系体现了一个作为模型的作用。例如,做一个好人就需要依赖于一些特定的特征,有了这些特征,一个好人的模型就出来了。他认为这些特征和成为一个好人之间的关系是超出一致性的关系的。

第二种是所谓的普遍(global)附生性。金茬权在他的《非还原物理主义的神话》一文中对戴维森的无律则物理主义提出了批评。戴维森将他的无律则物理主义建立在附生性概念基础之上。金茬权认为戴维森观点的主要问题是定义了一种既是非还原的又是依赖的附生性关系。这种非还原的关系是指,一个事物附生于另一个却没有被还原成它。而依赖的关系则是前者依赖于后者,或者后者决定了前者。在金茬权看来,如果一种关系弱到不可还原,那么这对于建立一种依赖关系来说就更是太弱了。同样,如果一种关系强到足以提

---

① Grimes T. The myth of supervenience[J]. *Pacific Philosophy Quarterly*, 1988, 69(June): 153.

供依赖性,那么它对显示还原性来说是足够强了。①

金荏权将这种不可还原性的依赖关系称为普遍附生性。在他看来,普遍附生性在具体世界中的体现就是心理物理附生性,即凡是不能从物理层面上被辨识的世界也就不能从精神层面上被辨识。

在不同世界中,心理物理附生性是普遍的,而不是世界中的个体之间的可辨识或不可辨识的特征的对比。金荏权认为,普遍附生性提供了不可还原性的层面,在这个例子中的表现就是精神对物理的不可还原性。那么就剩下最后一个应当回答的重要问题——普遍附生性是否为精神与物理创造了一种依赖关系,这种关系强到足以来确认它为物理主义。对此,金荏权的答案是否定的。

他假想出一个与真实世界有些微小物理区别的世界,例如,在这个世界中有一个氢原子稍微偏离了轨道,但在精神层面这个世界却是可以与现实世界有着天壤之别的:

> 这样的或者类似的反常世界的存在不会与普遍附生性的限制相抵触。它们从物理层面上不是不可辨识的,同样在普遍附生性定义下,它们也能在心理特征上与现实世界有着很大的区别。②

金荏权认为,对于提供精神与物理的依赖关系,这种普遍程度上的不可辨识问题过于粗略。

格莱姆斯(Grimes,Thomas)指出,虽然普遍附生性能很好地保留自主性,但在表达依赖性上却太弱了。普遍附生性指出,如果两个世界不能在物理上被辨识,那么也就不能在精神上被辨识。如果一

---

① Kim J. The myth of non-reductive materialism[C]//*Proceedings and addresses of the American Philosophical Association*. 1989:40-41.

② Kim J. The myth of non-reductive materialism[C]//*Proceedings and addresses of the American Philosophical Association*. 1989:40-41.

个世界有一个原子稍微偏离了轨道,那么这两个世界就是可以被辨识的,而且有可能其中一个世界是没有任何心理或者意识活动的。在这种普遍附生性的定义之下,这种关系是一种一致性,并不是依赖性。[1]

金荏权认为,普遍附生性并不能提供如戴维森所说的不可还原的物理主义。对世界的依赖关系的讨论几乎没有确证性的内容,除非它们处于局部依赖的关系中。如果不是建立在特殊心理物理依赖的证据和相关性基础之上,那么很难想象如何得到普遍附生性的证据。一旦我们提到了这种依赖关系,就会设计心理物理法则。这为心理特征还原到物理特征提供了可能性。综上所述,金荏权认为附生性是无法体现不可还原的物理主义的。

与弱附生性和普遍附生性相对,还存在一种强附生性。金荏权对它的定义如下:A 强附生于 B 只有当对 A 中的 X 和特征 F 来说,如果 X 具有 F,那么 X 就必然具有 B 中的一个特征 G,同样,任何 Y 具有 G,也必然具有 F。[2]

它与弱附生性的本质区别在于,弱附生性允许 A 中的特征和 B 中一个与之联系的特征在不同的世界中可以不同,而强附生性则不允许。在强附生性中,A 中的特征与 B 中的特征的联系不是偶然的或者暂时的,而是必然的。格莱姆斯指出金荏权并不要求在强附生性中的两个必然的本质是同一的。

与许多附生性支持者所采纳的附生性相比,强附生性显得更强。如果 A 强附生于 B,那么 A 中的任何特征都与 B 中的特征是同延的(coextensive)。这能为 A 还原到 B 提供可能,但却丧失了 A 的自主性。我们认为,最可取的附生性的概念是他所说的既能保留自主性

---

[1] Grimes T. The myth of supervenience[J]. *Pacific Philosophy Quarterly*, 1988, 69(June): 153.

[2] Kim J. Concepts of supervenience [J]. *Philosophy and Phenomenological Research*, 1984, 45(2): 165.

同时又能提供依赖性的附生性概念。但弱附生性除了提供相关性以外就太弱了，而强附生性则太强以至于无法保留自主性。

(四)对附生性的评论

将附生性应用于认识论中，其目的在于保留规范性的前提下将认识论自然化。附生性提供的是两种特征之间的依赖关系，同时也保留各自的自主性。问题在于，附生性是否能实现它的承诺呢？金茬权认为，在本体论上这个承诺是不可能实现的。在心灵哲学问题上，金茬权是一个还原主义者，如果附生性不能在有关心灵哲学问题上阻止还原论，那么我们凭什么能相信他的附生性能阻止从评价性到描述性的还原呢？

尽管金茬权在本体论和语言层面上对附生性的应用做了区分，但他仍然不能逃避本体论问题。在将附生性应用于认识论时，他延续了哈瑞在伦理学中对其的应用。正如我们所看到的，通过分析语言的实际应用，哈瑞试图在不承认自然主义休谟难题的前提下定义描述性语言和规范性语言之间的关系。但问题是，当附生性被应用到语言中时，它是否能够避免在本体论上产生的问题。

附生性最大的问题在于，这个概念本身是有问题的。弱附生性和普遍附生性不能够说明依赖性，而最多只是一种相关性。而强附生性是否预示了依赖关系呢？其实它与弱附生性的区别在于，它在定义中用了两次"必然"，从而加强了两者的附生关系。金茬权故意不说明这两个必然性的本质。那么第二个"必然"是否显示了依赖性呢？如果弱附生性和普遍附生性只是显示了相关性而不是依赖性，那么增加一个"必然"也只是增强了这种相关性而没有显示依赖性。第二个"必然"的增加只是避免了偶然性，却没有避免偶然的相关性，它只是表示一种必然的相关而已。因此这个定义只显示了一种持续的关联性(conjunction)。

在经验论中，休谟认为在不同的表象之间的关系是一种持续的关联性。附生性概念似乎用现代的形式重塑了这种因果关系,而不是像它所宣称的那样提供一种依赖性,同时又保证自主性。

如果附生性只是建立了一种相关性或对应性,那么它是否能将规范性与自然主义认识论联系起来呢? 附生性的提出是为了使规范概念与自然主义规则之间建立一种依赖联系,从而使规范性不被还原到描述性特征上去。但是,它本身却无法提供这种依赖性,因此也就无法解决自然主义的休谟难题。

三、自然主义认识论的规范性问题的出路

(一)温和自然主义:重塑第一哲学的地位

前文对三种策略的考察,证明了它们在解决自然主义的规范性问题上都存在各自的缺陷,因此也都不是理想的解决途径。它们都试图从自然科学内部来为规范性进行说明,这显然会陷入自然主义的休谟难题当中。在规范性重建问题上,我们是否真的不再需要有一个在科学之外的视角了呢? 或者说,还是需要这种视角,只是这种视角不像传统认识论所认为的那样绝对? 下面我们将引入在自然主义认识论中重建规范性地位的两种可能的途径,从而为自然主义认识论寻找出路。

哈克的温和自然主义的观点

苏珊·哈克在她的文章《奎因自然主义的两面性》一文中指出:奎因否定了第一哲学。作为一个科学自然主义者,奎因不允许在科学之外有任何的视角,他强调观察能带来真理,而这个事实也是由科学自身所确证的。针对这种极端的自然主义观点,哈克提出了温和

自然主义的概念。温和自然主义是介于传统先验论和极端自然主义的一种形式。[1] 它同样关注科学的认识论地位问题,只不过需要一种科学之外的标准和规范来作为其基础。

哈克对科学是否有一个特殊的认识论地位提出疑问,她用一个肯定和一个否定对其进行了解答。她肯定了科学的重要作用,认为它从观察中获得了有力的、具有解释作用的假定。但除了这个作用,科学方法就不是一种可靠的、有效的研究方法。同时,科学对"时尚、政策宣传、偏爱和权利追求"也不是完全免疫的。[2]

为了进一步说明科学的作用,她将科学与填字游戏进行了类比。她认为填入填字空格中的字母之间是相互依赖的。如果我们确信其他空格中填入的字母是正确的,那么我们就对填入的下一个字母也就有了正确的信心。有了一个空格的突破,填入其他空格也就很容易了。科学也是类似的,不同的经验信念之间是相互联系的,它们之间形成了一个信念网络,而科学为这些经验信念的综合做出了重大的贡献。

虽然哈克肯定了科学在经验证据综合中的作用,但她认为在科学中所确立的这些经验证据的标准是可错的、可修正的,也是不完美的,因此标准还必须在科学之外得到确立,这是温和自然主义的核心所在。

和奎因的极端自然主义相比,哈克否定了常识和科学的等同。她的信念网络中包含了常识和科学。科学只是这个网络中的一小部分,而整个网络中还有其他的可以用来评价科学的基础。

和传统认识论相比,温和自然主义有一个共同的观点,那就是必须在科学之外找到一条评价科学的途径。在这个意义上说,温和自然主义是传统认识论的一种回归。在很多方面,传统认识论和温和

---

[1] Haack S. The two faces of Quine's naturalism[J]. *Synthese*, 1993, 94(3): 350.

[2] Haack S. The two faces of Quine's naturalism[J]. *Synthese*, 1993, 94(3): 351.

自然主义都有相近的共识。但传统认识论和温和自然主义的区分还是存在的。温和自然主义肯定了科学在某些方面对认识论标准的发展是有贡献的,而不是完全否定了科学的认识论地位。遗憾的是哈克并没有为温和自然主义和传统认识论的区分做出一个解释,这也许是因为她本身就是从奎因的自然主义出发来寻找途径的。

西格尔关于在温和自然主义中重塑第一哲学的策略

为了对温和自然主义有一个更清晰的理解,我们就来看看西格尔在他的《经验心理学、自然主义认识论和第一哲学》一文中的讨论。[①]

和哈克的观点一样,西格尔认为需要有一个外在于科学的视角来对科学进行评价,而科学对这个视角的建构也是起到一定作用的。有了这个视角,就可以避免科学基础主义(scientific fundamentalism)的挑战。因此,西格尔同样采用了一种温和自然主义的立场。他所要做的就是在这种温和自然主义立场上重新树立第一哲学的地位。

在《经验心理学、自然主义认识论和第一哲学》一文中,西格尔指出奎因试图将认识论消融于经验心理学中是具有误导性的。经验心理学只是告诉我们"因果联系和信念的获得"[②],而这个过程赋予了所有的理论,所以我们不知道哪些理论是我们应该支持的,而哪些是应该反对的。因此,如果要寻求一种区分辩护和未得到辩护的理论的方法,那么我们就需要一个非经验的辩护理论。

而奎因是反对这种外在于科学的视角存在的,他反对从科学之

---

① Siegel H. Empirical psychology, naturalized epistemology, and first philosophy [J]. *Philosophy of Science*, 1984, 51(4): 671.

② Siegel H. Empirical psychology, naturalized epistemology, and first philosophy [J]. *Philosophy of Science*, 1984, 51(4): 674.

外来对科学进行哲学辩护，主张任何有关辩护的问题都必须从科学中进行解释。因此奎因否定第一哲学、传统认识论以及先验认识论（transcendental epistemology）。①

针对奎因这个立场，西格尔做出了自己的分析。

首先，西格尔对奎因的无第一哲学的论断进行了检验。西格尔认为奎因没有清楚地解释第一哲学的概念，这就为我们带来了理解的困难。如果第一哲学意味着存在一个绝对的基础，那么自然主义认识论者反对第一哲学就是正确的。但是，这并不意味着我们就是从科学中对其进行解释和评价的。一个外在的辩护并不一定意味着它就是绝对的。西格尔认为辩护可以是一门元科学（metascience），换句话说，就是对科学的辩护不需要从任何科学理论出发，它是一个从元规则（metacriteria）出发对科学方法进行分析的实践。因此这种元科学的存在就为第一哲学的存在提供了可能性。

从否定第一哲学出发，奎因对传统认识论也进行了否定。奎因对传统认识论的反对是建立在这样一个观点之上的：传统认识论让我们必须相信知识是确定的、不容置疑的。而西格尔认为奎因这种解释传统认识论的方式是错误的，他不能够解决自然主义认识论和传统认识论之间的矛盾。为了避免循环论证，传统认识论者才寻求用来评价科学的独立的标准。但这并不意味着这些标准比科学更确定或更能令人接受。也有可能这些标准会比一些科学判断更不确定，更不易接受。② 因此，据此来反对传统认识论是不公平的。

反对第一哲学就意味着我们不能超越概念体系结构来对科学进行评价。西格尔认为这种对第一哲学的反对和对先验论

---

① Siegle H. Naturalism and the abandonment of normativity[M]// W. D. Donohue, R. Kitcher eds. *The Philosophy of Psychology*. London：SAGE Publications Ltd.，1996：3.

② Siegle H. Naturalism and the abandonment of normativity[M]// W. D. Donohue, R. Kitcher eds. *The Philosophy of Psychology*. London：SAGE Publications Ltd.，1995：8-10.

(transcendentalism)的反对是一样的。在西格尔看来,奎因对先验认识论的反对针对的是我们不能超越所有的概念体系结构。奎因认为,虽然我们不能超越所有的概念体系来获得一个中立的观点来看问题,但是我们却可以超越一个特定的体系。为了实现这个目标,我们就必须采用一个元批判的视角,即使这个视角只是暂时用来超越特定体系的。奎因试图通过论证常识是一种元科学来获得这种可能性,但这只有在我们采用了科学主义的前提下才能成立。[①] 而且如果概念体系是可以改变的,那么这也是一种先验论的表现。所有的理论化过程都是在特定的概念体系中进行的,我们就可以在这个特定体系中提出科学问题,这样就实现了超越,也就可以从中提出有关科学理论的认识论地位的问题了。

对奎因的反对第一哲学的观点进行批判后,西格尔认为奎因的批判不够成熟,第一哲学还是有存在的可能性的,但这里所说的第一哲学和传统的观点相比不完全相同,西格尔将其定义为温和第一哲学。西格尔指出第一哲学不是绝对肯定的,它只是起到了规范或者为特定的科学论断提供启示的作用。[②] 它是一种不依赖任何科学理论的视角,采用这种视角,我们就能够弄清科学论断是如何从一个外在于科学的视角中得到辩护的,也能够在不发展辩护理论的前提下,澄清"科学论证和方法所具有的辩护力量"。

至于第一哲学与科学相比哪个更确定,西格尔觉得这不是现在我们要解决的关键所在。重要的是要找到一个外在于科学的视角来分析科学的认识论地位,而不是来讨论哪个更确定。他提出的温和第一哲学,放弃了确定性,却能够评价科学的独立性。

---

① Siegle H. Naturalism and the abandoment of normativity[M]// W. D. Donohue, R. Kitcher eds. *The Philosophy of Psychology*. London:SAGE Publications Ltd,1996:5.

② Siegel H. Empirical psychology, naturalized epistemology, and first philosophy [J]. *Philosophy of Science*, 1984, 51(4):672.

温和自然主义的四条标准

在《先验辩护和自然主义认识论》一文中,戈德曼给出了先验辩护的六条标准:(1)非经验的;(2)必然的;(3)抽象的、永恒的、客体的主题;(4)不可错的;(5)确定的;(6)不可修正的。[①] 这也是传统认识论中第一哲学的标准,而从以上对哈克和西格尔观点的考察中,我们可以看到温和自然主义或者温和第一哲学对这些标准做了很大的改变。它确立了自己的规范标准,为科学和认识论的结合带来了可能。

那么到底怎样的温和自然主义可以容纳规范性呢? 本章为温和自然主义设立了四条标准,要强调的是这四条标准只是定义温和自然主义的必要条件,但并不是充分条件。

第一条是应该认识到所有的人类知识都是可错的。奎因和其他认识论者摒弃了在绝对确定性的基础上建构知识,这是正确的。作为人类认知者,我们的知识是有局限的,我们大部分时间是处于无知的状态中。为知识提供一个绝对确定的基础目标只是一种不切实际的理想。可错性的标准简单来说就是人类是不可能获得绝对确定性的立场。

第二条标准和第一条可错性密切相关即可修正性:知识的可错性使得它在规则上是可修正的。这在科学中是一条很普遍的常识性原则,但是,它却没有被应用到第一哲学的建构中。我们可以将科学比作需要修理的一条船,那么可修正的第一哲学就是在科学这条船旁边浮动的船坞。这个比喻形象说明了第一哲学不是在底部的、不可动摇的,而是浮动于水面之上,是可以修正的。可修正的第一哲学认为,任何观点都可以在进一步的证据或更好的论证的前提下得到

---

① Goldman A I. A prior warrant and naturalistic epistemology[M]//*Philosophical Perspectives*, 13: *Epistemology*. Oxford: Blackwell, 1999: 5.

修正。那么这就允许了从科学外部对科学进行评价的视角的存在。

第三条标准是必须用外在于科学的视角来评价一些科学的基础问题。奎因认为，外在于科学的视角是不可能存在的，即使是常识也不能作为这样一种视角，因为常识也是一种科学，是初级的科学。这是一种极端经验论的观点。事实上常识包含了一个对发现自我的世界的理解，运用常识我们可以看到自然是如何运作和反应的；而科学是指当我们经验到时才能够接受其为真。实在所包含的比我们所经验到的要多，因此它们是不同的，而这样一种区分就为评价科学的外在视角提供了可能性。

最后一条标准是科学能够为认识论提供启示，而认识论也同样能为科学提供启示。这里的关键词语是"提供启示"（informing），而不是"派生"（deriving）。这个标准的目的就是要避免从描述性中派生规范性来，从而避免休谟难题。而这个相互提供启示的过程不是循环的，而只是要说明科学在规范性过程中是有一定作用的。例如，统计数据本身是一个描述的科学过程，而它为规范性规则形成提供启示。这个例子很好地体现了以上的标准。

综上所述，任何一种温和自然主义或者第一哲学都是和可错论结合在一起的。因为人类是局限性的生物，也就是说，我们所持有的任何一个信念都是可错的。我们不可能获得任何关于知识的绝对的确定的观点。即便是像上帝的概念或者生物进化论，也可能出错。但要强调的是，这种可错论的观点不会导致怀疑论，而只是说明一个事实：我们所相信的比我们有证据能够证明的要多，但并不意味着我们不拥有证据。因此我们要做的就是收集可获得的证据并据此来做出判断。

第二条为规范性重建提供可能途径是规范性的建构主义（normativity constructivism）和规范性的假设（hypothesis concerning normativity），在这条途径中，规范性的基础同样不是完全来自于科学本身，而是需要科学之外的视角。与温和第一哲学很相似,这个视角也是非绝对的、偶然的、可错的。

(二)规范的建构主义:规范与规范的建构

规范既有在哲学上的应用,又有其普遍的应用,但不管是怎样的应用,它所蕴含的意义却是一样的,那就是它是一种标准。规范地行动就是要符合标准地行动。一般来说,规范概念接受了一种行为的方式,告诉我们哪个行为是可行的、必须的或者禁止的。而认识论规范是其中的一种特殊形式,告诉我们如何才能最佳地形成我们的信念并依赖这些信念行事。在认识论规范下,信念如果是理性的,那么它至少是对的或者是可行的。

哲学家并不想将这些认识论规范看作是一般的文化规范。但在弗里德曼(Freedman,Karyn L.)的规范建构主义中,他却将这种规范或者理性看作是一种文化的标准,是和其他社会规范处于同等层面的。认识论规范与就餐礼仪、性行为规范没有区别,认识论规范也是被建构的。

他采用的规范的建构主义有几条标准,那就是,历史偶然性(historical contingency)、讽刺的(ironic)但不是任意的(arbitrary)。[①]例如机场必须被建在郊区而不是市中心这个规范,这个规范是由于城市本身的面积问题而偶然产生的。但它绝不是任意的,有一定的理由来做出这个规范,比如机场在市中心会增加噪音和污染。并且虽然我们知道规范是建构的,但我们却也无法去改变它,这就是讽刺性。

那么规范到底是如何被建构的呢? 规范不是通过任何深思熟虑(deliberate efforts)而被建构起来的,而是通过人类以及其他事物的相互作用的过程被创造出来的。规范的来源就是一个文化体系中的

---

① Freedman K L. *Naturalized epitemology and the construction of normativity* [D]. Toronto: University of Toronto, 2001: 152-154.

愿望、需要和目的。规范通过共同体中多数人的认同被建立起来,目的是方便人类的生活,使我们能成功地互动。这是所有规范的建构过程,包括理性规范。它们都是在一个社会和历史情境中发展起来的。通过人类与环境的互动,它们及时得到了改进,以符合当时的理论、需求和目的。在我们的生存过程中,我们会发现什么规范是这个社会所流行的,然后我们进一步去完善从传统中继承的规范,摒弃那些对我们无用的规范。

从以上的分析,我们可以看到理性规范是情境相关的,但这个解释中还有一个很重要的层面不能忽视,这就是对一个特定情境来说,理性规范是客观标准,是得到客观确证的。这样的说明避免了局部的相对主义。

在一个文化体中有合理的和不合理的理性方式,但由于理性规范是客观确证的,那么我们就能区分个体认为的合理理由和他所处的共同体所认为的合理理由。那么一个信念是不是理性的,在特定情境中就是一个客观问题。

理性规范和它的客观确证性之间的联系是一个构成的(constitutive)关系:一个规范只有当它是一个客观标准时才能算作是规范。而这个客观标准是由共同体达成主体之间的共识产生的。这对所有的规范都适用,包括认识论规范。例如,依据一个人的头发长短来判断一个信念是否可以接受,这在任何文化体系中都不是一种理性规范,因为这种规范没有达成共识。但是根据占星术来判断信念却是一个理性规范,因为有足够多的成员认可了它,从而使它成为了一个客观确证的实践,最终成为一个规范。

理性规范与客观性之间这种紧密的联系提供了一个引入新理性规范共同体的要求。这种新的规范可以是对前规范的微小改变,也可以是重大改变。因此,当首次实践一种形成信念的方式时,它就不是理性的了。当这个新的实践被成员所接受,变为客观的确证的实践时,它最终才能成为一种理性规范。这种限制意味着不是每种获得信念的方式都能成为理性规范。

这种解释为科学变革的争论带来了新的思路。在库恩看来,一种科学传统到另一种科学传统的转变不是一个理性的事件。规范的建构主义观点在某种程度上支持了库恩的这种对科学革命的解释,但二者对原因却有不同的解释。对建构主义者来说,不仅没有可以用来评价科学革命的超历史或者超情境的理性规范,而且更为重要的一点是,对理性规范的不管是微小还是重大的改变在当时都是不理性的,这是由于理性是一个被共同体所接受的实践,而改变只是被一个个体或者少数个体所接受的,而不是整个共同体。

普遍的认识相对主义

上面已经阐述了规范建构主义的一些观点,从中可以看出规范是被建构起来的,是历史偶然的,但在一个特定共同体内它却是客观的,能够起到规范性作用,这样就涉及了普遍的认识相对主义(global epistemic relativism)。普遍的认识相对主义就是指,一个信念得到辩护就是说它符合了持有这个信念的共同体的理性规范。在不同的文化体系中理性规范是相对的,但在任何一个文化体系内,它们却是客观的。①

普遍的认识相对主义认为理性规范是相对文化而言的。规范的建构主义已经解释了为什么我们要采用普遍的认识相对主义的观点。因为理性规范和社会的或者其他的文化规范是没有区别的:它们都具有历史偶然性,但不是任意的。建构主义说明了认识论实践的多样性要比一个普遍或超历史的理性概念要好得多,而且它可以在不陷入相对主义或者主观主义的陷阱中实现这一切。它允许我们

---

① Freedman K L. *Naturalized epitemology and the construction of normativity* [D]. Toronto:University of Toronto,2001:158.

认为存在着合理和不合理的理性思维。我们能够用建构主义来对一个人自己认为的理性和他所处的文化体系中真正的理性进行区分。

普遍的认识相对主义让我们可以在规范是相对文化的这个有限的意义上来建构规范性。在任何认识论体系中，任何概念或者理性规范都不是普遍的，也就是说，一种文化体系中的理性规范并不比另一种文化体系的要合理或者不合理。我们可以为一个信念进行理性的辩护，处在不同体系中的别人也可以使一个相反的信念得到辩护。

不存在对规范性论断的绝对的辩护，并不是说就不存在辩护。规范性论断只要符合一个文化体系中主流的理性规范就得到了辩护。通过在一个体系的不同个体之间进行交流，规范性论断可以得到丰富和完善，但这对其他体系却起不了作用，除非在两个个体之间有重叠的理性规范。理性的说服来自一些共享的理性标准，而普遍的认识相对主义则告诉我们理性的标准是相对文化而言的，规范性评价缺少来自文化以外的力量为其辩护。这也是它会遇到困境的原因。

要解决这个困境，找到一种有效的划分不同文化体系的方式就显得更为重要。初看起来，这似乎很容易，文化就是由一群具有共享规范和价值的人所组成的。区分不同文化主要看它们的目标和成员的需求，以及能够让成员相处的共同价值和规范。

但事实上这些分析并不能很好区分文化体系。原因是文化有不可避免的多样性和重叠性——任何文化中还包含着亚文化、跨文化。如今全球化的趋势再加上任何的文化都不是排外的，使得这个问题更加复杂。就拿预言家的例子来说，她被要求接受她所处的科学文化体系所设置的理性标准了吗？还是她被要求接受在占星术文化体系中盛行的认识规范？在这个例子中，到底哪个理性规范是盛行呢？我们应该怎么去理解她的认识实践呢？

而决定理性规范最好的方式是通过实验和证伪。事实上，如果我们的规范性评价没有事实依据，那么我们就可以假定在预言家和我们之间没有重叠的理性规范。但如果我们的规范性判断是有说服力的，那么我们就能假定在我们之间至少有一些共同的理性规范。

在我们的科学传统中，根据占星术来形成信念是非理性的，因为它没有满足这样一种理性规范：只有当一个行为或者信念有合理的证据支持，它才是理性的。因此，预言家就是非理性的，因为她没有很好的证据支持。但在她自身特殊的亚文化体系中，根据占星术形成信念就是一种理性的规范。在这种文化中，预言家的认识实践就是理性的。

只有通过实验和证伪才能决定我们的评价具有什么样的规范性力量。只有这样，我们才能知道我们的规范性论断是否对预言家产生了影响。如果她深受占星术文化影响，那么我们就没有办法说服她。我们也许会疑惑，通过设计怎样的理性规范的等级结构，我们才能到达目的呢？这是否是为了寻找终极辩护打开了一种尝试，从而来证明我们的理性规范才是正确的标准？据此，当预言家无法接受我们的建议时，她就是非理性的？但是，由于没有"正确的标准"存在，我们永远也无法获得这种终极辩护。我们也不需要这种终极辩护来使规范性论断得到辩护或者使它们有意义。因为它们只要符合做出这些论断的个体所处的文化体系的理性规范，那么它们就得到了辩护，也具备了规范性力量。

建构主义与自然主义

那么规范的建构主义与自然主义认识论之间又有什么样的关系呢？建构主义者认为，将自然主义和规范的建构主义等同起来是讽刺性的。自然主义将认识论置于科学之下，因为后者更加成功。而建构主义则告诉我们，成功只是规范自我证明的一个过程。科学的成功也是由它自身的规范标准设定的。

将自然主义认识论和规范的建构主义进行比较是有讽刺性的，

但却是很有启发性的。我们只要记住理性规范对那些坚持它们的人来说是最佳的,每个文化体系都尽自己的努力使规范得到最好的传播。科学理性规范只是历史实践的一部分,但对我们来说它却是特殊的。在我们的科学文化中,科学理性是理性的主要内容。在自然主义者的文化中,他们认为解决认识论问题的最好的指导方法是由自然科学给予的,因此也就不需要其他理由就可以为科学方法和规范转化到认识论中做辩护了。这样就解决了自然主义认识的规范性问题。只要这个文化共同体普遍接受这个规范,无论是自然方法还是理性规范都可以作为其规范因素。

莱肯有关规范性的假设

莱肯(Lycan,William G.)认为有一个需要重视,但没有得到重视的事实就是:在自然主义中认识论价值还是存在的,不管是逻辑中还是认识论中的核心概念都是具有规范性作用的。

在认识论中,我们可以对一个没有得到辩护、不合理的、不可行的、不理性的推论做出一个价值判断:这个推论不应该被得出。这里的"应该"不是一个道德上的"应该",它具有独特的认识论价值。

既然存在一个价值判断,那么我们就很难将认识论辩护定位在"一个封闭的因果秩序中,也就是真实的世界中"[①]。这个困难和伦理学试图将道德善恶置于自然秩序中是一样的。

那么如何来为这个认识论价值寻找自然基础呢?

针对一些心理科学家通过经验心理学的方式来说明非理性思考的问题,莱肯做出了自己的回应。心理学家认为,人类显示出系统的非理性是由于他们将自身纠缠于从"is"获得"ought"中。莱肯认为,

---

① Lycan W G. "Is"and "ought" in cognitive science[J]. *Behavioral and Brain Sciences*, 1981, 4(3): 344.

应该先弄清楚到底是否真的有合理的理性和不合理的理性的特殊区分，为此他提出了一个假设作为认识论价值的自然基础。下面就来看看他具体是如何论述的。

莱肯认为，在推论中我们会将一些演绎和归纳的规则作为基础。而发现这些规则是什么、怎样描述它们就是一个经验的任务。在我们完成了上述的任务后，我们会继续问：为什么要遵循这些规则而不是其他的规则呢？他认为对这个问题的解答是：这些规则不需要从基础的规则中得到，在假设中它们就是基础的。那么接下来必须回答的问题就是：这是一种怎样的假设？为什么在这样的假设中遵循这些规则行事是合理的、可行的和有用的？

针对这些问题，莱肯对他的假设做出了说明。他假设我们自身是一个良好的发展进程的产物，其中幸福、生存和繁殖是它的核心。这个进程到底是上帝的杰作还是一个简单的生物进化过程并不重要。① 莱肯使用了自然力量的概念，认为它是创造这个进程的最终力量。

根据他的假设，信念是我们能够得以生存和使生活变得更为容易的工具。那么这个慈善的自然力量给予我们的是怎样的认知倾向，从而帮助我们形成最有用信念呢？他认为首先要知道的是我们自身的化学构成限制了她做出更多的选择。自然力量只赋予了我们的头脑一小部分空间来满足我们的认知需求。根据这个假设，自然力量只能让我们具有有限的关于基本原则的储量，根据这些基本原则我们就可以对即时的环境输入进行扩充和做出判断。而这些原则为了更加有效就不得不牺牲一些细节。因此，在莱肯的模型中，由自然力量创造的我们更偏爱简单的假设规则，因为这些规则更容易操

---

① Lycan W G. "Is" and "ought" in cognitive science[J]. *Behavioral and Brain Sciences*, 1981, 4(3): 345.

作,可以使我们从很少的材料输入中就能推测出很多论断来。① 同时,自然力量还是要求我们用理性思考,如果不经过理性思考就改变我们的想法,那么就会带来不稳定性、混淆性。

那么这样的假设又是如何为规范性提供自然基础的呢?

> 我的假设是:我们的基础的认识论规则、习惯,不管它们所带来的结果怎样,它们都是合理的规则。因为它们是由英明和慈善的自然力量赋予我们的。我们生存了这么长时间,而且是以一种美好的方式存在,这就足以证明我们是被很好地设计出来的。因此,即便有环境和生理上的限制,我们使用的基础的认识规则依然是很有用的。我认为这就是认识论规范概念的"自然基础"。"理性的推论""最佳的解释"等概念最终反映了人类设计的最优性。②

莱肯认为,当我们的最优化的信念形成体系运作起来时,我们就是完全理性的,这个体系不会因为缺少能量或者受到认知噪音的干扰而停止运作。从本质上说,莱肯提出了一个外在于科学的设计论证(design argument)的视角来作为认识论的规范性的基础。这就暗示了基础的规范性认识论规则是在自然世界中建立的,它们是良好的自然发展过程的产物。但这个设计又是如何来面对"适应性"(adaptationis)③的问题的呢?

莱肯认为,设计人类认识特性的设计本身,它的一些特定特征是可以得到改进的。自然力量可以用更好的材料来建构认知者。比

---

① Lycan W G. "Is"and "ought" in cognitive science[J]. *Behavioral and Brain Sciences*,1981,4(3):345.

② Lycan W G. "Is"and "ought" in cognitive science[J]. *Behavioral and Brain Sciences*,1981,4(3):345.

③ 此处的"适应性"是生物进化论中的概念,用来表示事物为了生存所发生的一些变异。这里用它来指代设计本身的改进。

如，赋予我们更大的脑袋，那么就有更多的储存能力和记忆。但即使有这样那样的设计缺陷，莱肯仍然坚持认为自然力量已经尽可能做到最好了。

综上所述，莱肯的假设是：规则是规范性的，因为它们是根据设计计划被建构进世界体系中的。他试图用他的假设来解决自然主义的休谟难题，为规范性找到一个自然基础。与之前提到的温和自然主义一样，这样的假设也预示了不存在一个绝对的、确定的基础，因为人类是有局限性的生物，自然我们的认知能力也是有限的，所以任何知识都是可错的。

四、展　望

从对自然主义认识论的规范性问题的讨论中，我们可以看到很多自然主义者并没有像他们的批判者所认为的那样放弃了认识论的规范性，相反他们却为规范性在自然主义认识论中寻找一个容身之地做出了很多努力。但是，我们也看到了其中的不足和缺陷。无论是消解主义、工具理性还是附生性，都试图将认识论的规范性与科学的描述性联系起来，规范性的基础完全来自于科学本身。那么它们在面对自然主义的休谟难题时都无法解决。

笔者认为，我们还是需要有一个超越科学的视角来作为规范性的基础的，至于这个外在的视角是什么，还是有很大争论的。这里提供两个模型，需要强调的是，这只是一种可能性的探讨，体系的进一步建构还是将来需要思考的问题。

第一种途径是对极端自然主义和传统认识论进行改造，采用一个中间的立场，就是温和自然主义。但历来对温和自然主义的说明都含糊不清，为了使其更具备解决问题的可能性，本章对其提出了四个标准，也就是可错性、可修正性、必须有一个外在科学的视角来评价科学的基础问题以及科学与认识论相互之间的非循环启示。在这样的自然主义中,温和第一哲学是作为规范性基础的一个外在的视角,这个视角不是绝对确定的,它允许错误和修正。当然在规范形成过程中科学也是起到一定作用的。那么规范性也就和自然主义以及认识论都结合起来了,这就不会像之前的几条途径一样遇到休谟难题,从而成为解决了自然主义认识论的规范性问题的一种可能。

而第二条途径是从对规范性本身的改造出发的。规范性可以是被建构起来的,这需要一个外在的文化、社会、历史的视角,但这个视角也是具有偶然性、跟情境相关的,而不是一个超历史、超经验的绝对视角。同时在一个科学共同体中,规范性的建构不可避免会受到科学因素的影响,那么也就有了它的自然基础。如果从外在的视角做出一种接受的评价,那么传统的规范性概念如理性规范,甚至也可能被自然方法所取代。而规范性也可以依据一种外在的假设作为其基础,这个基础也是可错的、非绝对的。假设规范性是由自然力量的设计而建构进整个世界的,这也说明了规范性离不开自然基础。因此规范性就可以在自然主义认识论中得到重建。

当然,这两条途径只是两种可能,我们也不否定存在其他的可能。而且在对这两条途径分析过程中,我们也发现了一些问题需要留待解决。比如温和自然主义的必要标准是否还可能有其他?如果有,又会是什么?在规范性的建构主义中,对规范发展的解释就涉及了规范性建构不是任意的。它们是与共同体中个体的需求相符合的,帮助人们操纵世界,达到目标,因此是有合理理由的,但这种解释也导致在规范如何发展过程中的一个循环。接受特定规范的"合理理由"本身是通过已经在共同体中流行的规范来规定的,而流行的规范标准也规定了对这个共同体来说什么是"合理的"。弗里德曼将这种循环比作一个可以解鞋带(boot-strap)的形式,它描述了规范以何种方式对自己的发展负责。他认为这种循环对建构主义者来说是不存在问题的。他们没有从共同体外的标准出发来衡量规范,规范的标准是在社会情境中被创造出来的,并通过一个循环的过程对自身的发展负责。但笔者认为这个解释还是不够清晰,它没有说明到底如何解释这个循环,而只是说这个循环过程可以被接受而已。还有其他诸如如何划分文化体系,终极辩护是否真的不再需要等问题都是需要进一步思考解决的。

而莱肯的规范性假设中提到了规范性是建立在一个设计基础上的,那么我们就不可避免会遇到意向性问题,而意向性也预示了要有一个个体代理(personal agent)。莱肯说我们不需要去追究这个代理到底是上帝还是生物进化,但事实上这个问题还是需要解决的。我们必须弄清楚这个代理到底是什么,而不是像莱肯所说的那样一个模糊的自然力量的概念。

第五章　经验中的先验[①]

一、研究的思路

近些年来,"先验能否与自然主义认识论和谐共处"这一问题在认识论甚至分析哲学领域一直争论不休。本章以这一问题为出发点,探讨认识论自然化过程中的先验话题。本章旨在呈现自然主义认识论温和的、开放的本性,澄清先验本质上是认识论概念并存在于经验范围内,进而阐明其在自然主义认识论中起着不可或缺的作用。不同于经验之外的先验真理,这种经验范围内的先验辩护概念能结合先验和经验各自的优点,同时也让我们更好地理解在经验环境中先验是如何与经验科学保持和谐的。

①　本章原为笔者所指导的学生王漪的博士论文《经验中的先验》和硕士论文《自然主义认识论背景下的先验性》中的一部分,收录时做了修改。本章的部分观点见王漪.自然主义认识论背景下的先验性[J].自然辩证法研究,2007,23(10):12-17;王漪.如何理解先验知识?[J].自然辩证法研究,2010,26(4):1-5;以及2007年浙江大学硕士论文《自然主义认识论背景下的先验性》和2010年浙江大学博士论文《经验中的先验》。

　　本章的主要工作是分析并澄清自然主义认识论和先验这两大概念，摒弃它们传统的点缀和包装，展现其真实的面貌。自然主义认识论是以经验科学作为研究对象的认识论；先验作为一种认识论概念，在知识和科学理论获得的过程中具有不同于感觉经验的辩护意义，它的理性洞见为认识提供了不依赖于经验的相对可靠的和确定的支撑。

　　本章所阐明的先验是认识论意义上的先验辩护概念，不同于以往建立在科学之上或之外的先验真理。先验辩护事实上存在于科学甚至在我们的日常生活之中，它与经验辩护最大的区别是认识来源的不同。这种以辩护为本质的先验概念，作为一种朴素的概念存在于科学活动的每个角落，尤其是存在于数学和逻辑之中。

　　自然主义认识论经常被认为是一种极端的经验主义，排斥先验知识等形而上学概念的存在。以奎因为代表的激进的自然主义认识论者确实明确表达了这一倾向。1969 年，奎因发表了《自然化的认识论》，把认识论引向自然主义方向，提出"为了发现构成知识及其获得的基础，我们必须诉诸行为主义心理学以及对科学的历史探究"[1]，从自然科学内部，利用自然科学的发现和方法来说明科学的合理性，抛弃第一哲学或传统认识论的目标[2]。

　　我们可以这样理解，自然主义认识论反对传统认识论，主要是针对其建立在科学之上的形而上学预设，认为应当从科学内部去确定知识并解释其合理性。传统认识论正是具有这一特性，它为知识预设了一个普遍的原则。一般地，从这一原则出发依赖于逻辑方法可以推断出分析真理，即先验真理。奎因用整体主义的科学观否定了逻辑实证主义关于分析命题与综合命题的区别，同时也否定了不受经验所检验的先验命题的存在。他将综合命题所持有的经验内容作为

———————————

① 尼古拉斯·布宁，余纪元. 西方哲学英汉对照辞典[Z]. 北京：人民出版社，2001：660.

② 无论是第一哲学还是传统认识论都试图站在自然科学之外为科学的合理性提供某种辩护。

遍及认知系统的任何语句的组成部分。这一转折足以使得传统经认识转向自然主义认识论,将自然科学作为对实在的一种探求,这种探求可以有误并进一步修正,但它不服从任何超自然的裁决。在本质上,自然主义认识论是一种朴素的认识论,表达了自然科学家们尊重科学的坚强信念,即使科学是可错的,也不放弃将其作为知识获得的唯一标准。

虽然越来越多的学者自称为是自然主义认识论者,但他们的一些理论已与奎因特有的自然化理论相去甚远。奎因否定传统认识论而一味诉诸心理学的做法遭到了许多哲学家的质疑和反对。因为奎因不仅反对传统认识论的形而上学预设,也反对传统认识论的规范性思想,按照戈德曼的思想,奎因"抛弃了传统认识论中最有特色的部分"①。因此,奎因的认识论常被称为是激进的自然主义认识论或非规范自然主义认识论,它把认知放在一个纯粹描述的系统中予以考察,赋予其一定的科学地位。

从这一意义上讲,传统认识论在当代并非一无是处。虽然它的形而上学特征被普遍否定,但是它的规范性思想,以及它的寻求信念为真的理由并确定何种理由是合理的思想,仍然被保留并在分析哲学界得到进一步推广。

戈德曼的自然主义认识论观点旨在寻找自然化认识论与传统认识论的交集。他将认识论分为描述的和规范的。但是有一点不可否认,尽管自然主义认识论者寻求与传统认识论的交集,他们似乎都一致地认为传统认识论的形而上学预设对科学认识来说是多余的。科学不需要任何预设为其认识做指导。

虽然认识论者们放弃在科学之外找一个基础为科学立法,但如上文所说,他们也意识到科学内的规范仍然必不可少。因而,科学内部的基础仍然需要确定,也就是说仍然需要探求某些有确定性的知

---

① 阿尔文·I.戈德曼. 认识论[M]//欧阳康. 当代英美哲学地图. 北京:人民出版社,2005:216.

识为科学带来可靠保障。先验作为一种自明性的认识来源在科学研究活动中可以提供这种基础和规范。

事实上,即使是倾向于自然化科学化思想的科学工作者们仍然在科学活动中使用一些理性的自明的先验理由并按照某种传统认识论的原则进行推理和分析,并形成一整套无须实验证明的信念体系。人不是一台机器,而是有意识的生物体,他不仅具有经验的能力,也有直觉判断和理性思考的能力。后者区别于机器使得人的活动更具有创造力和突破性,这种能力完全可以在科学内部被挖掘到。

这种先验概念并非存在于科学之先,也就是说,并非通过先验,人才有了认识科学认识世界的能力。在认识科学的过程中,它与感觉经验共同起着为科学提供可靠性知识内容的作用,区别仅在于认识的来源不同,一种是内在理性提供的,另一种是外在感觉经验提供的。因此,本章所讨论的先验概念①很大程度上已经修正了康德对先

① "先验"这个词的英文应当是"a priori"或"the a priori",德语是"a priori",先验性指的是"priority"。"a priori"本身不是一个名词,但"the a priori"已经演变成名词了。在本章中,先验作为是与"经验"相对的名词。将"a priori"翻译成"先验"是为了强调它的最本质含义:先于经验的。也是沿用康德对先验知识提供的描述:先验知识"并非依赖于这个那个经验、而是完全不依赖于任何经验所发生的知识"。另外一个重要原因是为了配合现在一些认识论者对"a priori"在经验范围内的讨论。他们倾向于将"the a priori"作为一种辩护类型,在经验范围内进行先验辩护。"先天"这个词似乎与经验关联不是很大,有疏离感,因而在此不借用"先天"作为"the a priori"的中文翻译。并且本章的题目是"经验中的先验",试图想说明先验这一概念存在于经验之中。

"a priori"不适宜翻译成"先验知识",因为现在的英美分析哲学家们所说的 a priori 大多是一种认识论的概念,不是作为真理性的知识类型存在。(克里普克做了详细的论证,"先验的"是认识论概念,"必然的"是形而上学概念。)但是如果没有明确说是"a priori justification"也很难将"a priori"擅自翻译成"先验辩护"。所以将"the a priori"翻译成"先验知识"或"先验辩护"都是不合理的。

当本章提到"自然主义认识论中存在先验"的"先验",既有指"先验知识",又有指"先验辩护"的含义。本章将数学和逻辑作为一种先验知识,而先验知识的本质是先验辩护,辩护的方式就是直觉、内省和纯理性。但是在讨论先验存在的过程中,有些自然主义认识论者不谈先验知识,而仅仅谈先验辩护,不是所有的自然主义认识论者都愿意涉及先验知识这一概念。所以不能仅仅表述成"自然主义认识论中存在先验知识"或者"自然主义认识论中存在先验辩护"。本章想探讨的是自然主义认识论中存在先验这一概念,它既包括先验辩护也可以是先验知识。

验概念的定义,去除其形而上学特征和建构色彩①,还原其作为认识论概念的本质特征。先验概念作为认识论概念而与必然性等形而上学概念划清界限,其本质是不依赖于经验的辩护类型。"不依赖"并非意味着先验与经验绝对对立,只是想说明"先验"在任何命题中呈现它的普遍性;不依赖于经验也并不意味着,没有经验体验的人能够获得先验,因为获得先验需要理解如下的论断:经验,甚至某种相当特殊的经验对于先验可能是必需的,经验需要为先验提供相关概念并且维系整个命题的有效性。先验是以经验作为其认识范围的,但这并不是说它有直接的经验内容,只能说它具有经验的认识起源。

从根本上说,经验与先验并没有任何本质冲突之处,这也是众多自然主义认识论者所强调的。自然主义认识论提倡不存在高于自然科学自身的真理仲裁者。没有比科学方法更好的办法来研究科学命题,不需要、也不存在如形而上学之类的基础哲学来规范科学或科学方法。但是科学是开放的学科,并不是封闭式的。所以这就意味着,哲学家等一切与科学相关的人都可以参与到科学活动中来。作为认识论概念,先验一直存在于自然科学研究之中,本质上是一种认识的辩护形式,如直觉、内省和纯理性,等等。数学和逻辑可被视为先验知识,先验知识本质上是获得先验辩护的知识,但不是所有获得先验辩护的知识都是先验知识。先验概念为知识的确定性提供相对可靠的基础。但同时先验辩护也是可错的,因为先验并非具有"必然性"和"不可修正性"这些形而上学性质,它可以随着经验发展而进行自我更新或者修正。正如雷伊所说的,"是否存在先验知识是一个经验问题"②,在经验中修正先验并不代表着抛弃先验。自然主义认识论内部关于先验是否存在的争议主要是对先验的不同解读造成的。我

---

① 奎因所批判的先验知识正是带有很强的形而上学色彩,作为脱离于经验,普遍有效且不可修正的先验知识。

② Rey G. A naturalistic a priori[J]. *Philosophical Studies*,1998,92(1/2):25.

们不应该为先验这一认识论概念套上更多的枷锁，使其丧失原本最朴素的性质而否定它的存在。这就是本章的主旨①，试图说明先验存在于自然主义认识论之中，它植根于经验，本质上作为一种辩护的类型而存在，它从未离开过认识论舞台。

本章大致的脉络为：首先，介绍先验概念的演变过程。其目的是将先验知识还原为认识论概念，去除或至少回避其本体论和形而上学意义。这一部分的演变脉络是从休谟、洛克和莱布尼兹到康德，对先验概念进行确定，然后再从康德到罗素和克里普克（Kripke, Saul Aaron），对先验概念进行提炼和修正，还原其认识论的本来面目。为在自然主义认识论中探讨先验概念的存在铺平理论道路。

其次，论述自然主义认识论者对先验概念的态度和看法，分为两派：支持者和反对者。反对者的代表人物是奎因，反对的理由有四条：1. 反基础主义，抛弃第一哲学以及传统认识论；2. 主张取消分析、综合两种命题的区分，想证明形而上学与科学的区分是毫无意义的；3. 断言知识都具有可错性，科学理论是可错的，并且是可修正的，因而从事认识论的正确方法就是科学的经验方法，而先验知识具有不可修正性这一必要条件，因而排除先验知识的存在；4. 将整个世界的信念比作无缝之网，其中任何一条线都与经验外围相一致，只有科学才能作为一个整体，有意义地面对经验，只有科学经验才能产生信念，使科学的经验方法成为认识的唯一有效途径。支持者主要持这些观点：先验是一种辩护方式，它植根于自然主义认识论，为知识的存在提供自明性基础；先验与不可修正性没有必然联系；心理学的作用实现并保存对信念进行先验辩护的整个过程。

最后，结合对先验概念的理解，综合哲学家们对先验概念的阐

---

① 本章探讨的不是修补自然主义认识论的方案，也不是为其困境找出路，而是试图解释自然主义认识论中本身存在先验概念。先验的概念从未离开过认识论领域，并为其提供了相对的基础和可靠保障。它是认识论的一个基本概念，是搭建自然主义认识论的基石。

述,论述他们的论证方法和解释过程,反驳以奎因为主的激进自然主义认识论者对先验概念的否定。主要从以下几方面阐述:先验是经验中的先验,离不开经验生活;数学的、逻辑的和其他分析的命题是先验命题;分析先验概念的消极描述、积极描述,探讨不可修正性是否可作为其特征,说明先验本质上是一种辩护方式,这一辩护形式是可错可修正的,修正先验并不意味着抛弃先验,只是先验的一种发展方式;数学和先验辩护具有相对可靠性,为知识提供相对的稳固基础和确定性,不至于使得认识成为无根之物。

二、先　验

认识论中的先验概念早在近代就已获得广泛关注。它的出现直接引出了认识论的一个基本问题,即究竟是否存在先验知识。通常来说,理性主义者相信存在先验知识,而经验主义者认为所有知识根本上源于某种经验(通常是外部经验),即便有先验知识也不重要。有些经验主义者认为先验知识只是对语词意义的分析。从总体上说,经验主义者并没有绝对排斥先验概念的存在。当然,不可否认,经验主义者普遍将理性感性化,认为只有在感觉经验中才能获得可靠的认识基础,而将理性直观、理性推理限制在经验范围内作为经验认识的一部分。无论如何,这种经验论的思想一直延续至今。即使是当代自然主义认识论者,也逐渐意识到这一传统经验观念的意义。

本章将"a priori"翻译成为"先验",是为了强调其最本质的含义:先于经验的。这也是沿用康德对先验知识的描述:先验知识"并非依赖于这个那个经验、而是完全不依赖于任何经验所发生的知识"①。这一提法主张先验知识独立于所有经验,并且是先于经验而存在。

---

① 康德. 纯粹理性批判[M]//杨祖陶,邓晓芒,编译. 康德三大批判精粹. 北京:人民出版社,2001:101.

这样，"先于经验"即"先验"理所当然地作为 a priori 的解释。

需要指出的是，邓晓芒、赵汀阳等国内学者将"a priori"译为"先天"。当然，与 a priori 相关的还有 transcendent 和 transcendental 这两个概念。赵汀阳在《再论先验论证》一文中也对这些概念进行了最常用的解释："transcendent 是指超越了经验界限的东西"，"transcendental 则是经验知识所以可能的普遍条件的性质，它表明 a priori 的概念和形式虽然不依赖经验却总能够普遍有效地应用于经验"，"如果一种知识独立于任何经验而成真（既不来自经验也不需要经验确认），就是 a priori"。① Transcendent 超越了经验界限，在此不对其进行讨论。本章所讨论的 a priori 虽然没有 transcendental 那么强烈的形而上学特征和建构论色彩，但仍带有点 transcendental 的影子。因为康德的 transcendental 就是指人们在经验环境中所能获得的一种 a priori。他说：

> 我在这里要作一个说明，它将影响到所有下面要进行的考察，是必须牢记于心的，这就是：并非任何一种先天知识都必须称之为先验的，而是只有那种使我们认识到某些表象（直观或概念）只是先天地被运用或只是先天地才可能的、并且认识到何以是这样的先天知识，才必须称之为先验的（这就是知识的先天可能性或知识的先天运用）。因此，不论是空间，还是空间的任何一个几何学的先天规定，都不是一种先验的表象，而只有关于这些表象根本不具有经验性的来源，以及何以它们还是能够先天地与经验对象发生关系的这种可能性的知识，才能称之为先验的。同样，若把空间运用于一般对象，这种运用也会是先验的；但若只是限制于感官对象，这种运用就是经验性的。所以先验的和经

---

① 赵汀阳. 再论先验论证[J]. 世界哲学，2006(3)：99-102.

验性的这一区别只是属于对知识的批判的,而不涉及知识
与其对象的关系。①

在这段引文中,先天是指 a priori,而先验是指 transcendental。
本章将 transcendental 译成先验论的,先验论在康德那"从来不是指
我们的认识对物的关系说的,而仅仅是指我们的认识对认识能力的
关系说的"②。通过上述分析,transcendental 的概念是与经验相对的
一种 a priori,并且作为普遍性原则和能力应用于经验。当 a priori 作
为一种具有普遍有效性的知识或原则与经验发生联系时,a priori 与
transcendental 这两个概念就相互渗透并经常进行互换。康德的先验
论辩证(transcendental argument)就是基于先验知识的存在而展开的。

仔细分析康德对 a priori 的界定,就能够发现 a priori 独立于经
验但并非与经验无关,康德自己也认为"我们的一切知识都从经验开
始,这是没有任何怀疑的"。虽然 a priori 本身先于经验而独立存在,
但是要获得它,人们仍然要在某种程度上依赖于经验。当代的英美
分析哲学家们对康德所提出的 a priori 概念进行提炼和修正,将 a
priori 作为一个认识论概念在经验环境中进行讨论。鉴于英美学者
一直以 a priori 作为讨论对象,所以本章也仅局限于 a priori,并称其
为"先验",或"先验性"(priority)。

先验问题不仅仅局限于认识论范围。哲学家对先验问题所持的
态度足以表明他会如何回答其他哲学问题。先验的赞成者们经常断
言,拒绝先验就是拒绝承认哲学是一种高尚的理性学科。本章仅限
于讨论在认识论范围内的先验。至于传统的先验,至今仍有其拥护
者,当然反对者也不在少数。最近,英美分析哲学家们将先验知识的
概念作为争论焦点,接受康德的先验概念,修正其先验知识作为一种

① 康德. 纯粹理性批判[M]. 邓晓芒,译,杨祖陶,校. 北京:人民出版社,2004:55.
② 康德. 未来形而上学导论[M]. 庞景仁,译. 北京:商务印书馆,1978:57.

辩护形式,探讨其存在的可能性和意义,试图将先验概念植根于经验环境。最值得关注的是传统先验的改良者们在接受传统认识论事业的合法性同时,提出以自然主义的方式从事对先验的改良工作。本章就是基于当代哲学家在自然主义认识论大环境下对先验存在的可能性和重要性进行的梳理和评价,探讨先验的改良方案。本章将先验视为一种与经验相容的概念,将之视为一种辩护或证明。

(一)先验的演变线索

本章结合哲学家们对分析命题的探讨,梳理了先验概念的演变过程。这一发展线索用图示为:

图 5-1　先验的演变路线图

分析命题被普遍视为一种先验命题,本章也赞同这一观点。从上图我们可以看到,关于分析与综合区分的讨论,可以追溯到康德之前休谟对观念和事实的划分,以及莱布尼兹对推理的真理和事实的真理的区分。

休谟的观念就是康德所指的分析命题,人们可以通过两种方式来获得它:一种是通过直观;另一种是通过演绎论证。事实命题就是通过观察和推论借助因果关系而产生的。莱布尼兹的推理的真理是从一些先验的概念、原则中演绎出来的知识,如几何学的公理,具有必然性;事实的真理就是通过归纳一些事物的性质而得到的结论,如经验科学中的一些命题,具有偶然性。虽然休谟和莱布尼兹没有直接提出分析与综合的区分,但他们的理论预示了后来康德对分析和综合的划分。

康德正式引入了"分析"和"综合"这两个概念,组成分析的先验、综合的先验和综合的经验。其中对先验综合命题的讨论是最有吸引力也最具有争议性的。先验综合命题是综合的,虽不是用分析来确定,但却具有先验的正确性,不可能用经验得出的结论来反驳。康德将重心放在确定"先验综合命题"的可能性上。这些命题不能完全用分析的方法进行解释,其正确性不仅仅建立在逻辑的和分析的因素的基础上,而且在更大程度上建立在构造的基础上。最有代表性的是确定的物理学基本原理,包括因果原理,如"每个事件都有原因"这样的陈述。康德就是在这基础上解释他的先验综合判断如何可能的。

逻辑实证主义者批判继承了康德的这一区分标准。他们赞同康德,认为分析命题是先验可知的,但是他们认为先验综合命题是形而上学的陈述,是胡言乱语而没有任何意义。他们将有意义的命题分为分析命题、综合命题。

在逻辑实证主义之后,奎因对分析命题和综合命题区分的批判是分析哲学史上的一个转折点,它导致了逻辑实证主义的衰弱以及还原论的破产。奎因认为:

> 尽管有一切先验的合理性,分析陈述和综合陈述之间的分界线却一直根本没有划出来。认为有这样一条界限可划,这是经验论者的一个非常经验的教条,一个形而上学的教条。①

从奎因对分析命题和综合命题传统区分的分析、质疑和否定中,不难看出奎因将先验的或分析的与必然的直接对等起来,在这一前

---

① 奎因. 从逻辑的观点看[M]. 江天骥,等译. 上海:上海译文出版社,1987:35.

提上他否定先验命题的存在以及分析与综合的二分。

克里普克澄清并严格区分了"先验的"和"必然的"。"先验的"是认识论概念,而"必然的"是形而上学概念。克里普克列举了偶然的先验命题的和必然的经验命题,其目标并非强调这两种特殊命题的存在,而是为了反对传统思维中将先验的与必然的进行等同以及将后验的和偶然的进行等同的观点。他的理论就是沿着奎因所开辟的道路对传统的分析和综合的区分进行进一步修正,为先验性适时地保留地位。并且,关于分析命题和综合命题的区分,本章认为最基本的标准就是判断此命题是否依赖于经验事实,是通过事实进行判断命题的有效性还是通过逻辑的分析确定其有效性。数学就既可视为分析命题也可视为先验命题,因为它并非依赖于经验事实而是依赖于逻辑分析。

(二)自然主义认识论背景下关于先验的争论

奎因认为认识论是自然科学的一支,并且主张取消分析、综合两种命题的区分。对奎因来说,分析与综合、必然与偶然以及先验与后验都是等同的。这一传统的思想被克里普克进行了彻底批判。他声称,先验的与后验的是认识论概念,而必然的与偶然的是形而上学概念,两者是无法等同的。这也就意味着先验可知的命题并非一定具有必然性,它是既可错又可被修正的,确定先验的最终根据是认识的来源,即非经验的来源。这种思想被越来越多的哲学家所广泛接受,因而奎因对分析/综合区分的批判已经无法作为取消先验的有力根据。

总的来说,虽然奎因首先提倡自然化认识论,西方尤其是英美的很多哲学家也纷纷加入了自然主义认识论者的行列,但随着其理论被不断地关注和分析,自然主义认识论发展到今天已与奎因所特有的自然化理论相去甚远。尤其是最近,自然主义认识论更是做出大量努力支持先验的存在和重要性,它同时也配合了对理性洞察或认识的考察。

支持者的先验概念已经完全脱去了康德意义上的形而上学特征和建构色彩,不再作为一种知识类型或真理类型,而只是作为一种朴素的认识论概念呈现在当代分析哲学家们的理论和学说中。从本质上说,它是一种辩护类型,呈现出与经验所不同的自明性辩护方式,如直觉、内省和纯理性。不同于以往建立在科学之上或之外的先验真理,先验辩护事实上存在于科学甚至在我们的日常生活之中,它与经验辩护最大的区别是认识来源的不同。因此,这一认识论概念与必然性以及不可修正性等形而上学概念无法等同。当我们说一个陈述获得了先验辩护,仅仅是强调它的认识来源是非经验的,即它是先验地被认识的,并非表明它是优先于科学而存在的。至于这一陈述是否是必然的或者不可修正的,在认识论性质的先验辩护看来,它与认识过程并无直接联系,这一华丽的包装完全可以被屏蔽。

先验作为认识论辩护的概念使哲学不再作为基础性预设存在于科学之上,也无须在科学之外建立起其建构学说。它把哲学从至高点拉回到了平民生活中,使我们进一步认识到在日常生活中的陈述和命题都有可能存在先验辩护的影子。我们对一个命题进行的自明性的而不依赖于任何其他经验的辩护就是先验辩护。这一认识论概念取消了哲学专断的和建构的传统特性以及对科学活动所进行的认识论限制,取而代之的是在日常生活和科学活动的内部探索先验概念的努力,试图说明它作为一种朴素的概念存在于科学活动的每个角落,尤其是存在于数学和逻辑之中。因此,认识论意义上的先验与自然主义认识论并没有任何本质冲突。

本章基于以上的立场、当代对先验概念的全新解读以及自然主义认识论的综合分析试图解决如下问题:自然主义认识论中是否存在先验?如果存在,以什么方式存在?存在的意义是什么?结论是很明确的:自然主义认识论中存在先验,它植根于经验,本质上作为一种辩护的类型而存在。不依赖于经验的辩护就是先验辩护,如直觉、内省和纯理性，等等。数学和逻辑是先验知识，先验知识本质上是获得先验辩护的知识，但不是所有获得先验辩护的知识都是先验知识。

这是一种经验范围中的先验概念。任何概念都离不开经验环境，即使是先验概念。它是以经验作为其认识范围的，至少以两种方式同经验保持联系：(1)为了获取先验陈述中涉及的概念，经验是必需的；(2)为了维系先验陈述，经验也是必需的。但这并不意味着它的陈述内容依赖于经验。"先验地认识"虽然已经摒弃了一些形而上学特征，如必然性和不可修正性等，但是相对于经验，它仍然具有普遍有效性，因为它不能被当下的经验所证伪并且也不依赖于经验而存在，所以先验尤其是通过理性进行的先验辩护仍然能为知识的确定性提供相对可靠的基础。

总的来说，先验在自然主义认识论背景中也是不可或缺的概念，它能为我们提供结合先验和经验各自优点的更好的方法，同时也让我们更好地理解先验是如何与经验在知识的获得以及科学事业中保持和谐，并为自然主义认识论事业提供规范作用。

三、先验的历史

(一)从证明论的先验到基础的先验

"先验"这个术语通常被用来描述一些被证实的、众所周知的真理性命题，且与直觉和逻辑演绎证明相关联。这一概念致力于给理论命题提供一种不依赖于其他命题，特别是不依赖于经验命题而成立的基础。

然而，"先验"术语不是一开始就作为一种基础的概念而存在。从哲学的历史来看，先验可以理解为证明论的先验和基础的先验，而最初的先验概念是作为一种证明论的意义而存在。它用于区别从先验出发的(ex prioribus)①论证和从后验出发的(ex posterioribus)论证。也就是说,先验的论证是用来表明从原因到结果(或者按照逻辑论式,从前提到结论)的论证②;相反,后验的论证是用来表明从结果推出原因(或者说从结论到前提)的论证③。最早采用这种论证法的人有波埃修(Boethius)、阿贝拉(Abella)和阿奎那(Aquinas,Thomas)。公元 14 世纪,萨克森的阿尔伯特④把这种证明论的用法最终确定了下来。从证明论意义上说,先验与后验的关系只是两种对立的论证方式,它们的对立仅仅涉及一个命题是从原因出发推出结论还是从结论出发推出原因的这一问题。此外,在这一意义上,先验并非真理性的,并且后验与经验是不等同的,并没有直接的联系,直到后来康德将后验与经验这两个术语等同起来。

中世纪的哲学家们继续发展先验的证明论思想,将先验的证明与"按本质在先的"命题联系起来,将后验的证明与"按知识在先的"命题联系起来。这种联系表明了这样一个事实:结果和结论通常是直接为人所知的,但原因和前提则不然。因为知识相对于本质是直接可触及的,所以后验的证明如果与"按知识在先的"命题联系,则是对某种事物存在的论证;而先验的证明从本质出发则是用"为什么"来解释"是什么"的论证。阿奎那已经明确地将先验的论证与关于为什么的论证联系起来;将后验的论证与关于是什么的论证联系起来。这时,从证明论意义进行理解,先验—后验的对立仅仅涉及一个命题的证明是否有依赖关系,或者是否依赖于结论这样一个问题。

---

① 拉丁语。从公元 12 世纪以后,先验—后验对立才逐渐在区别 ex prioribus 论证和 ex posterioribus 论证这一语境中显露出来。

② 那时专门的拉丁术语为:demonstro procedens ex causis ad effectum(由原因到结果的论证)。

③ 专门的拉丁术语为:demonstatio procedens ab effectibus ad causas(由结果推到原因的论证)。

④ 德国哲学家(1316—1390),德语名为 Albert von Sachsen,英文译为 Albert of Saxony。

随着近代物理学的兴起,与先验相关的方法问题的讨论袭用了起源于亚里士多德对分析方法和综合方法的区别以及与此相关的对演绎和归纳的区别。亚里士多德和中世纪哲学家们认为的属于证明论问题的东西,通过用分析方法和综合方法进行区别的形式,成为经验科学的方法论的基石。这一现象促使了证明论的先验向基础的先验进行转变。先验—后验的证明论无形中转变成了先验与经验的对立关系,康德将这一改变明朗地凸显出来。他认为分析的命题就是先验命题,他正是用分析与综合这两个概念,区分了分析的先验、综合的先验和综合的经验。康德预先规定了"先验"的基本内涵,即独立于经验甚至一切感觉印象的知识。而后验来源于经验。① 因而后验与经验就在这一意义上等同起来。康德利用经验知识不可能独立于先验知识而真正确立起来这样的主张,从而给经验的正确性和先验的正确性两者建立了一种方法论上的联系。正是在这里,先验这个概念对经验科学的方法论构造来说,获得了基础意义。康德在应用先验的—后验的这一对比时,主要想表明经验科学无论在方法论上,还是在指导方向(例如,因果原理)上都依赖于其正确性纯属先验的非经验命题。先验的基础性地位一旦形成,它的证明论色彩逐就渐弱化直到融入基础的先验中而消失得无影无踪。休谟、洛克和莱布尼兹在康德之前已经就作为自明性之基础的先验做了一番论证,而这些论证为康德的先验理论铺好了一条宽敞的大路。

(二)康德之前的哲学家对先验概念的涉及

康德之前的近代哲学家们——休谟、洛克和莱布尼兹——已经对先验相关概念进行了初步的理解。这些哲学家们虽然没有系统分析或者广泛使用先验的概念,也没有使用先验术语来描述非经验知

① 康德. 纯粹理性批判[M]. 邓晓芒,译,杨祖陶,校. 北京:人民出版社,2004:B2-B10.

识,但是他们经常会加入分析、证明、直觉、必然性、确定性等概念来阐述他们的思想。他们对先验相关概念的解释和阐述很大程度上影响了康德对先验理论的发展。

1. 休谟

休谟表示在经验的和非经验的命题之间有很严格的二分法,他认为这种严格的二分法存在于经验的"事实"(matters of fact)和非经验的"观念"(relations of ideas)之间,它们属于不同的知识领域。虽然休谟没有引入术语"先验"与"后验",但休谟对经验的事实与非经验的观念的严格区分与后人对"先验"与"后验"的区分在做法上异曲同工,并为康德对分析与综合命题的区分做了很有意义的铺垫。

在休谟看来,观念从属于数学领域,包括算术、代数、几何学、逻辑等等。我们可以理解为理性知识,其对象只在于数和量,这一思想相当于康德所提的分析判断的内容。事实探讨的是物理世界事物的关系,包括对象的事实和其他可能发生的事实。这些事实的一切推论和知识都建立在因果联系之上。观念是通过纯粹思维或"先验"理性和演绎的操作而得到确证的。事实是通过归纳推论和知觉观察而得到确证的。在《人类理解研究》的开头,休谟就提到:

> 人类理性或研究的一切对象可以自然分为两种,就是观念和事实。属于第一类的,有几何、代数、三角诸科学;总而言之,任何断言,凡有直觉的确定性或解证的确定性的,都属于前一种。……这类命题,我们只凭思想作用,就可以把它们发现出来,并不依据于在宇宙中任何地方的任何东西。……而事实……就不能以同一方式下来考究;而且我们关于它们的真实性不论如何明确,这种明确也和前一种不一样。各种事实的反面总是可能的;因为它从不曾含着

任何矛盾……①

休谟的这段言论很清晰地阐述了观念和事实的区别。而观念具有"直觉的确定性或解证的确定性"并且观念"不依据于宇宙中任何地方的任何东西",我们只能靠思想来获得,这就是基础的先验概念的雏形。休谟描述了这样一种不依据于经验的概念,在这层意义上,他的"观念"就是后来康德所确定的先验知识。

回到休谟二分法的问题上。这种二分法显然不属于心理学而属于逻辑。它适用于命题的种类而不是知觉的种类。休谟的《人性论》是从心理学上加以解释"知觉"的:"人类心灵中的所有知觉,可以分为不同的两类,我称这两类知觉为印象和观念。它们的区别在于,当它们刺激心灵,进入我们的思想或意识中时,二者的强烈程度和生动程度互不相同。"②在《人性论》中,印象常常而且仅仅与实际的感觉和观察相关,观念则与想象、记忆或思想相关,它们的真正区别仅仅在于活泼程度的不同。因此,《人性论》对混乱不清的事实,诸如逼真、虚幻的意象,或者微弱到被误认为想象的听觉,做出了最大的让步,承认"在特殊例子中",观念和印象"可能彼此是很接近"的③。《人性论》中印象和观念的区分标准,是两者进入思想或意识的强烈程度和生动程度,这种区分标准过于模糊不清,显然不能作为纯粹思想和经验知识的区分标准。休谟在《人类理解研究》中也意识到,虽然印象和观念是由强烈程度的不同来区别的,但这种区别似乎不能作为思想和经验之间的根本区分标志。因为在这本著作中休谟承认"在疾病或疯狂"的状态中,"观念和印象会变得完全不能区别了"④。

休谟在心理学上加以解释的"观念"概念远没有逻辑意义上的

---

① 休谟. 人类理解研究[M]. 关文运,译. 北京:商务印书馆,1972:40.
② 休谟. 人性论[M]. 关文运,译. 北京:商务印书馆,1980:1.
③ 休谟. 人性论[M]. 关文运,译. 北京:商务印书馆,1980:2.
④ 休谟. 人类理解研究[M]. 关文运,译. 北京:商务印书馆,1972:26.

"观念"概念容易阐明清楚。他还不大协调地接受了笛卡尔的思想：
"没有看过，没有听过的东西，也是可以构想的。任何东西，凡在其自身不含有绝对矛盾的，都是可以为我们所思想的"。① 他的心理学上的"观念"理论认为，人类的理智看似可以达到超越经验的自由，然而实际上最后是以人类经验的范围为界限的：

> 我们的思维虽然似乎有……无限的自由……实际上它是限于很狭窄的范围以内……人心所有的全部创造力，只不过是把……经验供给我们的材料加以混合、调换、增加或减少罢了。②

休谟也承认：

> 一切观念是从印象得来的，并且只是印象的复本和表象。③

休谟在《人性论》中那种比较极端的心理学经验主义所呈现出的不稳定的状态，在《人类理解研究》中逐渐挣脱出来，并且最后他认识到了人类理智的范围是无法超越经验的界限的。休谟下了这样的一个结论，也就意味着我们只能在经验中获得知觉，即观念和印象，只能看到知觉之间的关系，即在不同的知觉之间观察到因果关系，"我们纵然尽可能把注意转移到我们的身外，把我们的想象推移到天际，或是一直到宇宙的尽头，我们实际上一步也超越不出自我之外，而且我们除了出现在那个狭窄范围以内的那些知觉以外，也不能想象任

---

①　休谟. 人类理解研究[M]. 关文运,译. 北京:商务印书馆,1972:27.
②　休谟. 人类理解研究[M]. 关文运,译. 北京:商务印书馆,1972:26.
③　休谟. 人性论[M]. 关文运,译.北京:商务印书馆,1980:31.

何一种存在"①。

因此,在认识领域,任何知识都脱离不开现实经验,即使休谟对知识命题进行了这样的区分:一种可以先验地认识,并且,如果它不自相矛盾就不能被否定,即观念;另一种没有矛盾也可以否定,而且只能后天地认识,即事实。即使观念是先验可知的,但仍然在经验范围内通过知觉(确切地说是知觉中的观念)而知,只不过不依据于任何具体经验而存在。"直觉的或解证的确定性"这一短语,会为观念这类命题提供真理性标准,而不是为非矛盾命题的检验提供标准。也就是说,这个标准是为确定先验可知命题的存在而确立的。

"解证"对休谟而言是一个演绎证明过程。解证是确证的一种方法,这种方法引入了一系列的公理和演绎推理的规则。逻辑和数学的定理或命题也是通过解证这一方法来确证的。用来证明定理的公理则不是通过解证而自我确证的。根据休谟的意思,公理是通过领悟获得的。我们经常将直觉与解证一同讨论,因为直觉是一种精神活动,这种活动能确证基础命题的真理性。而基础命题就像公理那样不需要演绎辩证而通过直觉领悟获得,从某种意义上说,直觉是最基础的解证方式。

关于观念之间关系的命题的例子,取自几何和代数:"直角三角形弦之方等于两边之方"这个命题,乃是表示这些形象间关系的一种命题。"三乘五等于三十之一半",是表示这些数目间关系的一种命题。这些命题可以先验地发现并且必然是真的,而且"自然中纵然没有一个圆或三角形,而欧几里得所解证出的真理也会永久保持其确实性和明白性"②。休谟的这些例子正是想表达"直觉的或解证的确定性"可以确定先验可知命题的存在,而这些命题存在于几何、代数、算术等数学领域。这一思想为之后的数学哲学家们广泛采用,其代

---

① 休谟. 人性论[M]. 关文运,译. 北京:商务印书馆,1980:84.
② 休谟. 人类理解研究[M]. 关文运,译. 北京:商务印书馆,1972:40.

表人物为艾耶尔。

正是观念的命题和事实命题的划分,使《人类理解研究》得出这样一个结论,并成为休谟整个成熟哲学的骨架:

> 我们如果相信这些原则,那我们在巡行各个图书馆时,将有如何大的破坏呢? 我们如果手里拿着一本书来,例如神学书或经院哲学书,那我们就可以问,其中包含着数和量方面的任何抽象推论吗? 没有。其中包含着关于实在事实和存在的任何经验的推论吗? 没有。那么,我们就可以把它投入烈火里,因为它所包含的没有别的,只有诡辩和幻想。①

这些透彻华丽的文字足以使得休谟成为逻辑实证主义的精神之父。

2.洛克

洛克认为人类认识始于经验,但认识的过程需要理性和经验共同承担,经验提供材料,理性处理材料,即通过径直地追踪那些从感官或感觉获得的观念而取得由许多命题组成的知识。换句话说,所有的认识都来源于感觉经验和反省经验。感觉经验为我们提供有关外部世界的报道;反省经验给我们有关我们内心世界的知识。不管是感觉还是反省,都是知觉的两种方式,它们提供了知识最原始的材料,因为知识(无论是感官的还是非感官的)在洛克那里都是对观念之间联系赞同或不赞同的知觉表现。赞同或不赞同观念之间联系的知觉表现通过感觉和反省这两种方式获得。

---

① 休谟. 人类理解研究[M]. 关文运,译. 北京:商务印书馆,1972:173.

（1）知识的四种"符合"

洛克在《人类理解论》中把知识定义为：

> 不外是对于我们的任何观念之间的联系的知觉，这种
> 联系或者是符合的联系，或者是不符合和不一致的联系。①

关于知识，洛克列举了四种"符合"，即同一性、关系、共存或必然的联系和实在的存在。

同一性即是同语反复，比如"黑色不是白色"，或者"红色是红色"。关系似乎是指数学关系，因为他给的一个例子是从几何中来的，"两条平行线间底边相等的两个三角形是相等的"。第三种符合即共存或必然的联系，是我们在经验中发现的一贯在一起出现的观念之间的关系。洛克认为一切自然科学都可以仅仅从我们感官的证据中先验地演绎出来。假设他这一论断是正确的，那么科学家就可以不用进行假设和实验了，只需要去寻找中介观念，以便把所需解证的命题中的各个观念之间的符合或不一致指示出来。洛克认为三段论只是整理、排列、证明已有知识的方法，而不是发现新知识的方法。在这里暂不讨论洛克的观点是不是正确的，无论怎样，我们都可以清晰读出他的观点是：

> 我们心中的任何一个观念，心灵都能凭直觉知识立刻
> 按它实际那样将它察觉出来。②

虽然洛克通过对天赋观念论的批判，否定我们与生俱来的上帝观念和普遍法则，但是从他的观点中，不难推出他认为我们起码具有

---

① 洛克. 人类理解论[M]. 关文运，译. 北京：商务印书馆，1983：
② 洛克. 人类理解论[M]. 关文运，译. 北京：商务印书馆，1983：

认识这些原则的潜在能力。并且他同意我们从诞生起具有认识这些原则的能力。他提到：

> 人们只要运用自己的天赋能力，不用天赋印象的帮助，就可以得到它们所有的一切知识；不用那一类的原始意念或原则，就可以达到知识的确定性。①

因此洛克的"白板说"并非像莱布尼兹所批判的那样一无所有，而是认为人先天的就具有能够思想、能够认识的理性能力，而洛克的整个认识论就是建立在这个天赋的能力之上的。认识"只是要考察人心何以凭借天赋的力量从各种观念和现象中得到事物的知识，只是要考察人心怎么从那些事物中得到那种知识，并不是要来考察各种观念的起源和生产方式"②。

"符合或不符合"的第四种类型是"实在的存在"。他的例子是"上帝是存在的"，这里很难确切地知道他所主张的内容。如果仅是叙述"上帝"和"存在"这两个观念有必然的联系，这种解释似乎过于浅显了。我们且不谈关于上帝存在的这种"本体论证明"。在洛克看来，"我们对于外界可感物的观察，或者对于我们自己知觉到，反省到的我们心灵的内部活动的观察，就是供给我们的理智以全部思维材料的东西。这两者乃是知识的源泉，从其中涌出我们所具有的或者能够自然地具有的全部观念"③。

（2）二重经验论

如上所说，洛克将经验分为两类，第一类是感觉，是"我"对外物的经验，它为我们提供有关外部世界的报道，也被称为外部经验；第

① 洛克. 人类理解论[M]. 关文运,译. 北京:商务印书馆,1983:6.
② 洛克. 人类理解论[M]. 关文运,译. 北京:商务印书馆,1983:257.
③ 洛克. 人类理解论[M]//北京大学哲学系外国哲学史教研室,编译. 十六—十八世纪西欧各国哲学. 北京:商务印书馆,1975:366-367.

二类是反省,是"我"对心灵的经验,它给我们有关我们内心世界的知识,也被称为内部经验。但无论是感觉经验还是反省经验,或外部经验还是内部经验,都是存在于自我意识之中的。这就是洛克的"二重经验论"。具体来说,外部经验是指由客观事物作用于感官引起的感觉,如色、声、香、味、软硬,等等,感觉是人们认识的巨大源泉,换言之,我们的知识大部分都来自外部经验;内部经验是指心灵自身反省到内部活动时得到的各种观念,也叫反省观念,如知觉、思维、怀疑、信仰、推理、认识、意愿,等等。正如我们关于外在世界的一切知识都依赖于自己的感觉观念一样,我们关于心灵的一切知识也依赖于我们的反省观念。

关于反省,他说道:"观念的这种来源是每一个人完全在自身之内就有的;虽然它由于和外物毫无关系,所以不是感官,但它却很像感官,可以很恰当地成为内在感官。"这种想法把反省看作一种探射灯,我们可以用来随意指向自己精神活动的内在世界。洛克首次提出了反省是理性对自身心灵活动的一种机能;这种观念的来源是每个人试图完全依赖自身的努力;它所给出的观念,只是人心在反省自己的内部活动时所得到的,并不依赖于外部经验而产生。在这一意义上,内省也正是后来的先验知识概念的雏形之一。当代的形而上学者普遍将内省和直觉作为先验概念的一种形式。

(3)直觉知识

在洛克看来,直觉是知觉的一种形式,同时也是内省的一种方式。在经验提供给我们的经验之间,我们可以直觉地"知觉"到某些必然联系或者互不相容的关系,而且知识正是对这些关系的直觉的知觉。直觉不仅仅是反省,它同时也是无意识的活动,因为人的意识是被动的,我们无法避免感知一些注定被感知的事物。比如说,我们通过直觉知道"黑色不是白色"。或者我们通过解证,包括感知到命题观念之间的必要联系,得知"三角形的三个内角和等于两个直角和"。洛克认为解证本身的特点就是一系列依赖于逻辑步骤的直觉知识。

所谓直觉知识,是指人的心灵不借助于别的观念作为媒介,无需推论证明,就能直接觉察到两个观念之间的符合或不一致的知识。例如"黑色不是白色""圆不是三角形""三大于二且等于一加二"这些例子,"像这一类的真理,心灵主要对那些在一起的观念一看,单凭直觉,不必插入任何其他的观念,就觉察到了"①。洛克认为,直觉知识是最明白、最确定的知识,且是一切知识的确定性和明白性的基础:

> 我们全部知识的可靠性和明确性都依赖这种直觉。②

这其实就是先验知识的一种解释,只不过洛克所用的是直觉这一概念,直到现在仍有很多哲学家将直觉理解为先验知识的一种或重要的获得方式。

所谓解证获得来的知识,是指人的心灵借助于别的观念的媒介,来推论两个观念的符合和不一致的知识。比如"三角形的三个内角和"与"两个直角和"这两个观念,通过其他一些相关的观念作为媒介,我们知道这两个观念是符合的关系,我们就可以解证推出"三角形的三个内角和"与"两个直角和"存在着相等的关系。这种通过解证得来的知识也具有确实性,具有普遍性、必然性,但不像直觉知识那样清晰,因为它需要一些相关的观念作为媒介,才能知道这两个观念是否符合。所谓感觉知识,是关于外界特殊事物的感性知识。这种知识不能完全达到上述两种知识的确定性程度,只具有或然性。这种知识无法超过感官直接所感觉的事物存在。不管是什么样的知识,洛克始终坚持一条最基本的原则:一切知识起源于经验。直觉知识是对两个观念的符合或不一致的关系的直接把握,但是观念是从

① 洛克. 人类理解论[M]. 关文运,译. 北京:商务印书馆,1983:422.
② 洛克. 人类理解论[M]. 关文运,译. 北京:商务印书馆,1983:422.

经验中获得的,因而一切认识离不开经验。

3. 莱布尼兹

莱布尼兹将认识的来源分为两类,一类是先验理性因素,另一类就是经验感性因素。他将真理分为两种:推理的真理和事实的真理。这种区分与之后所探讨的分析与综合的区分在本质上是一致的。

推理的真理是必然的,它不可能被否定;事实的真理是偶然的,它可能被否定。推理的真理是从先验的概念和原则演绎而来的知识,具有必然的性质,如数学知识,就是天赋的,具有普遍性和必然性;而事实的真理是通过归纳一些事物的性质得到的结论,具有偶然性,在有的可能世界中是真的,在有的世界中是假的,如经验科学中的命题。虽然莱布尼兹将真理区分为两类,但最终意义上,他认为只有一种真理,即推理真理。之所以会存在偶然的事实真理,是因为人类没有上帝那么全知全能掌握完全的知识,没有意识到事情的发生都是逻辑必然的。我们只是在经验世界中知觉到了某些现象而加以归纳,事实上,一切观念都是天赋的,不是从感觉经验而来,只要在内心思考就会被发现。

莱布尼兹在《人类理智新论》中写道:

> 我一向并且现在仍然是赞成笛卡尔先生所主张的对于上帝的天赋观念……我甚至认为我们灵魂的一切思想和行动都是来自它自己的内部,而不能由感觉给予他的。[①]

他认为一切观念都是天赋的,其中真理也是天赋的。莱布尼兹在《单子论》中也提到:

----

① 莱布尼兹. 人类理智新论[M]. 陈修斋,译. 北京:商务印书馆,1982:36.

> 有两种真理:推理的真理和事实的真理。推理的真理
> 是必然的,它们的反面是不可能的;事实真理是偶然的,它
> 们的反面是可能的。①

推理的真理和事实的真理或者说必然真理和偶然真理是莱布尼
兹的知识理论的基石。

莱布尼兹认为推理的真理是感觉所不能给予的,包括数学概念
和"是、实体、一、同、原因、直觉、推理、及大量其他概念"。② 这是依据
"天赋的内在原则"得来的真理,是不同于依赖经验得来的真理,是只
有人的灵魂才具有的。也就是说莱布尼兹所谓的推理的真理,是指
从一些先验的概念、原则演绎出来的知识。几何学的公理是人脑先
天所固有的,从公理中演绎出来的定理就是推理的真理,具有普遍性
和必然性:

事实的真理,就是通过归纳一类事物的性质得到的结论,如经验
科学中的一些命题,但是这些命题不具有普遍必然性:

> 感觉使人看出真理的必然性,……对于一个普遍的真
> 理,不论我们能有关于它的多少特殊经验,如果不靠理性认
> 识了它的必然性,靠归纳是永远也不会得到对它的确实保
> 证的。③

所以,普遍性的知识不是来源于感觉经验,而是心灵先天所具有
的。莱布尼兹同时也承认经验科学知识也是真理,表明了他已经意

---

① 莱布尼兹. 单子论[M]//北京大学哲学系外国哲学史教研室,编译. 十六—十八
世纪西欧各国哲学. 北京:商务印书馆,1975:488.
② 莱布尼兹. 人类理智新论[M]. 陈修斋,译. 北京:商务印书馆,1982:40.
③ 莱布尼兹. 单子论[M]//北京大学哲学系外国哲学史教研室,编译. 十六—十八
世纪西欧各国哲学. 北京:商务印书馆,1975:501.

识到经验活动对认识有着不可替代的地位。

莱布尼兹接着阐述：

> 我们的推理是建立在两个大原则上，即，(1)矛盾原则，凭着这个原则，我们判定包含矛盾为假，与假的相对立或相矛盾者为真。(2)充分理由原则，凭着这个原则，我们认为：任何一件事情如果是真实的或实在的，任何一个陈述如果是真的，就必须有一个为什么这样而不那样的充足理由，虽然这些理由常常总是不能为我们所知道。①

推理真理以矛盾原则为基础，事实真理则以充足理由原则为基础。莱布尼兹认为：

> 当一个真理为必然时，我们可以用分析法找出它的理由来，把它归纳为更单纯的观念和真理，一直到原始的真理。……原始的原则是不能够证明的，也不需要证明。②

必然真理可以由理性自身确立其真理性。而偶然真理则不然，它的提出必须得有充分理由：

> 充足理由也必须存在于偶然的真理或事实的真理之中，亦即存在于散布在包含各种创造物的宇宙的各种事物之间的联系中。③

---

① 莱布尼兹. 单子论[M]//北京大学哲学系外国哲学史教研室，编译. 十六—十八世纪西欧各国哲学. 北京：商务印书馆，1975：519.

② 莱布尼兹. 单子论[M]//北京大学哲学系外国哲学史教研室，编译. 十六—十八世纪西欧各国哲学. 北京：商务印书馆，1975：520.

③ 莱布尼兹. 单子论[M]//北京大学哲学系外国哲学史教研室，编译. 十六—十八世纪西欧各国哲学. 北京：商务印书馆，1975：489.

偶然真理与必然真理的一个很大的区别在于它的反命题是可能的。当然，虽然正反命题各自都有存在的可能性，它们却是不可共存（imcompossible）的。正反命题中只有一个并且必有一个是真的。根据理由的充分程度来确定其真假。如果一命题虽然有一些与之可共存的若干命题，但是却与世界的充足理由不共存，那它必然不是真理。因而探索偶然命题的标准存在于经验的实证过程中。

总之，在莱布尼兹看来，推理的真理或必然的真理来自一些"天赋的内在原则"。它们或者是凭理性直接得到的一些自明的同一性命题，如 A 是 A，B 是 B 之类，或者是运用理性，根据矛盾律从这类自明的公理中推论出来的命题。而事实的真理或偶然的真理在一定意义下可以说是根据经验的。"诚然理性也告诉我们，凡是与过去长时期的经验相符合的事，通常可以期望在未来发生；但是这并不因此就是一条必然的、万无一失的真理，……只有理性才能建立可靠的规律，并指出它的例外，以补不可靠的规律之不足，最后更在必然后果的力量中找出确定的联系。这种做法常常使我们无需在乎实际经验到形象之间的感性联系，就能对事件的发生有所预见。"这段话说明偶然的真理是需要在经验实践中得以确定的，并且充足理由律是建立事实真理的基本原则。

莱布尼兹把根据经验的事实的判断或命题看作是一类真理，并不像笛卡尔和斯宾诺莎那样把感觉经验贬低为完全不可靠的，甚至是谬误的来源。这样看来，莱布尼兹在康德之前，就已经开始把理性和经验进行调和。莱布尼兹所说的经验并非一些外物印入人类心灵中的印象或观念，而是某种比起"理性"较为模糊混乱的"知觉"，这种知觉需要理性对其进行整理和规范。人的认识是有局限性的，而经验中所包含的概念是无限复杂的，为演绎一个主语的谓语所做的分析也必然是无限复杂的过程，这对于人类来说是无法完成的，因而人只能凭借经验，并将事实的真理视为偶然的。

(三)康德的先验概念

康德承认人类认识能力的有限性,也认识到理性在经验范围内的有限性,他试图建立科学的形而上学来解决认识如何可能的问题,最重要的是为科学建立一个可靠的基础。康德的认识论试图基于先验知识之存在,为知识的建构提供形而上学的支持。

康德为先验知识提供了一个明确的描述:

> 我们应当这样理解先验知识,它并非依赖于这个那个经验、而是完全不依赖于任何经验所发生的知识。[①]

康德的先验论辩护是基于先验知识的存在而展开的。

1.分析的先验与综合的先验

关于分析与综合之区分的讨论,可以追溯到康德之前休谟对观念和事实的划分,以及莱布尼兹对推理的真理和事实的真理的区分。康德常常被人形容成只是在讨论两个对立的哲学流派,即以休谟为顶峰的经验主义以及以莱布尼兹为代表的理性主义这两派的功过得失,以求调和两者。康德认为哲学认识不能采取独断论态度,不能在没有对理性进行批判研究之前就从所谓的理性原理和概念中推导出知识。但这并不表示康德要站在怀疑论的立场上。在康德看来,怀疑论同样没有研究清楚认识的本性,且怀疑一切知识都不可信。因此,在某种程度上说,康德确实是对经验论和唯理论进行了独创性的调和。

休谟坚持这样一种理论:任何真命题,要么是理性的真,因其反面乃自相矛盾而为必然;要么是事实的真,由观察或实验而成立,而

---

　　① 康德. 纯粹理性批判[M]//杨祖陶,邓晓芒,编译.康德三大批判精粹. 北京:人民出版社,2001:101.

且,即便肯定为真,也非必然为真。以这种两分法为基础,休谟指责"神学和经院形而上学"必定是无意义的、虚幻的。假如休谟这种两分法有效,并且概括了所有的情况,那么就不可能有传统所认为的形而上学这么一种学科,当然,根据休谟的逻辑,他也反对形而上学的"无稽之谈"。根据这种观点,一切必然真理、一切可先验证明的真理,都只是分析的;相应地,一切综合的真理,一切关于事实的陈述,都只能是偶然的。然而,康德并没有赞同休谟的两分法。虽然在康德看来,"分析命题是先验的"是确定的,但是"综合命题是偶然的关于经验事实的陈述"却是康德想要修正的休谟观点的重点所在。

康德想要建立起科学的形而上学基础。他主张形而上学中存在先验综合命题,这样的命题在数学和物理科学的核心部分也肯定存在。如果休谟的二分法真的有效,那么经院形而上学不复存在,同时也会摧毁数学和科学。康德并没有细致探讨是否有先验综合命题,因为他十分肯定地认为事实上已有了很多这类的命题。他所关注的问题是,我们如何能肯定它们,如何能判断它们属于哪一类真理,以及如何使它们确立起来。这里将重点回溯和探讨康德最初的这一判断如何产生,即康德如何获得先验综合命题的概念,或者更深远一些,康德为何肯定分析的先验命题和综合的先验命题是存在的。

2. 分析命题和综合命题的区分

康德引入"分析"和"综合"概念,区分了分析的先验、综合的先验和综合的经验。康德认为,一切命题都可区分为分析命题和综合命题。分析命题是:

> 通过谓词不给主词的概念增加任何内容,它只是把我
> 们在主词中已经思考着的内容(虽然不是很清楚地)分析为

那些构成分析命题的概念。①

就是说分析命题或判断中，谓词的概念已经包含在主词的概念之中，例如母猴就是雌性猴子这一命题。

综合命题则是：

给主词概念增加一个我们在任何方式下都没有思考过的谓词，并且这个谓词不能用分析的方法从主词中抽引出来。②

就是说谓词的概念并非已包含在主词的概念之中，例如母猴是哺乳动物这一命题。

康德进一步阐述分析命题是无需经验来证明的，先验的和必然为真的。因为所谓的分析判断，如上所说，就是宾语对于主词的概念并无增益，"分析的"被定义为概念间的一种包含关系（简单主—谓结构命题中概念之间的那种可逆的全称肯定关系）。康德认为分析命题毫无疑问是先验的；非分析命题都是综合的，因而非先验命题也都是综合的；同时一些非分析命题是独立于经验也就是先验的。

他想最终确定，先验命题的判别标准是其是否独立于经验，因而他除了认为分析命题是先验的之外，还得出一个非常重要的结论，即存在先验综合命题。"一切物体都是广延的"就是分析命题，而"2 加 5 等于 7"则是一个先验综合命题。

即使逻辑实证主义者拒斥康德的先验综合命题，并试图将其归为分析命题，但是康德对分析命题和综合命题的区分仍被大多数分析哲学家奉为无可质疑的公理，只不过区分的方式有所改变。因为

---

① 康德. 未来形而上学导论[M]. 庞景仁，译. 北京：商务印书馆，1981：18.
② 康德. 未来形而上学导论[M]. 庞景仁，译. 北京：商务印书馆，1981：19.

哲学家们逐渐发现康德没有对分析命题和综合命题的区分给出一个直截了当的判断依据。如,之前所提的"2 加 5 等于 7"是康德所认为的一个综合命题,其理由是"2 加 5"的主观内涵不包含"7"的主观内涵;而康德却根据矛盾律提出"一切物体都是广延的"是分析命题。在前一个例子中,康德使用了心理学判断依据,而在后一个例子中他却使用了逻辑判断,并且将这两种判断等价起来作为区分综合和分析的标准。但是,根据常识我们可以判断,一个命题如果按照心理学判断依据,是综合的;按照逻辑判断,却很有可能是分析的。因此,实证主义者们在经验环境中根据意义理论对分析命题和综合命题划分了一条清晰的界线,一边是通过经验证据知道它们为真的陈述,即综合陈述;另一边是可独立于任何可能的经验来证实、因而免受任何经验证伪的陈述,即分析陈述。按照这一划分,"2 加 5 等于 7"可以被理解为分析命题。正如艾耶尔所说的:

> 一切真正的命题分为两类,……前一类包括逻辑和纯粹数学的"先验"命题,我承认这些命题之所以是必然的和确定的,仅仅因为它们是分析命题。……另一方面,涉及经验事实的一些命题,我认为是一些假设,它们只能是或然的,而永远不能是确定的。[①]

3. 先验综合命题

既然先验综合命题概念是康德哲学中的核心内容,那么我们就有必要来深入理解一下到底什么是先验综合命题。康德认为,如果在人类经验中,不论是在简单的观察还是精心策划的实验中,某些事件发生了,某些特性呈现了,我们可以用偶然性的陈述来记录这类事

[①] 艾耶尔. 语言、真理与逻辑[M]. 尹大贻,译. 上海:上海译文出版社,1981:29.

情。但之后的经验事实告诉我们这些陈述是真的，如果我们否认它们，则会造成逻辑上或概念上的矛盾。如果人类经验确实存在，那么这些命题就必然为真，用康德自己的话来说，就是这些命题陈述了"经验的可能性的条件"。这类命题不会是分析性的，因为人类的经验的存在并不是分析性的。同时它也不是偶然的，因为该命题本身为真的判断显然不该是让经验来裁决，经验只是充当了证人的角色，用自身的经历说服人们该命题是正确的。这一类命题在任何经验中都可发生，那么这种命题可以说是先验的。这种命题既非分析的又非偶然的，也就是康德的先验综合命题。

这类命题所谈到的是关于世界的事情，但它们的根基却确实存在于我们自身之内。在康德看来，世界就是我们所经验到的世界，因此，我们的经验能力限制了我们的世界可能是什么种类的世界。基于这一点，康德将自在的世界和显现给我们的世界之间进行了划分。存在着的东西存在着：它的本质就是它所是的东西，我们自己与它不可能有什么联系。但是可以肯定的是，存在着的东西以某种方式呈现给人类，并被他们以某种方式分类、解释、赋予名称并进行描述。

人类的能力被康德分为三种：感性（sensibility）、知性（understanding）和理性（reason）。感性用于感觉和知觉；知性用于做出陈述，获取知识；理性用于推理。康德同时又很有抱负地将数学、自然科学和形而上学与这三种认识能力结合，做出如下的陈述：

数学的先验综合真理陈述了知觉事件的必要条件；

自然科学的先验综合真理陈述了推理思想的事件的必要条件；

形而上学的命题表达了理性的运用实际上必不可少的某种信念或理想。

我们或许可以在数学和自然科学中获得可以证明的真理，但是形而上学能提供的只能是信念或理想，这是一个挑战性的结论。

4. 先验与经验

在康德那,先验与经验的对立很明朗地凸显出来。

从经验中所获得的知识,不能提供真正的普遍性知识,而只能提供偶然的、由归纳而来的相对的普遍性知识。虽然经验是人类获取知识的最初途径,但绝非唯一途径。康德认为,对于具有普遍必然性的知识,比如数学知识,用"来自经验"是解释不通的,说明不了其普遍必然性的来源。他解释道,经验可以告诉我们这是什么,而不能阐明为何必须是这样而非那样。为了说明经验知识与普遍必然性的知识的根本不同,康德才把具有普遍必然性的知识称为先验知识。"先验的就是必然的"几乎已经成为哲学中的定论。就是说所谓先验的知识,肯定就是"普遍必然的"知识,内在地隐含着"这些知识独立于一切经验而为真,不可能受到任何经验的反驳"的观点。故而,对于康德来说,"先验的知识就是必然的知识"可以说是个分析命题。后来,克里普克对"先验的就是必然的"这一命题进行了批判。他分析道,"先验的"是一种认识论概念,而"必然的"则是一种形而上学概念。① 我们如果提出,某物是必然的或不是必然的,那么对获取知识并没丝毫影响。如果我们将先验知识阐述为不依赖经验而获得的知识,那么就避免了再讨论是否有必要把"必然的"当作先验概念的必要条件。康德对先验知识的界定就是一种"绝对地独立于所有经验的知识"。所以判断先验知识的根本标准就是此知识是否独立于经验知识。

康德认为先验知识本身绝对地独立于所有经验,但他允许先验的命题至少可以以两种方式同经验保持联系:(1)为了获取命题中涉及到的概念,经验是必需的;(2)为了维系先验命题,经验也是必需

---

① 详见下文对克里普克的介绍。

的。① 也就是说,先验命题及其所涉及的概念都需要经验加以解释和支撑,但先验本身是独立于经验的。康德相信他能够证明,一切经验知识都是以关于实在的先验知识为基础的。关于实在的先验知识就是先验综合判断。尽管我们一方面不能从逻辑上证明它们,另一方面也不需要用观察到的事实来支持它们,我们却能够领会它们的真理。

　　康德致力于解决的核心难题就是这些问题:怎样才能够解释先验为真的综合判断这种不可思议的现象? 这种判断的有效性以什么为根据? 如果说在此之前,康德学派和他们的反对者们的争论只是围绕着应该怎样解释先验综合判断知识进行的,那么现在人们就企图通过否定整个争论的前提——先验综合判断的存在——来否定这整个讨论的意义。康德以及具有实在论观点的形而上学家寻找各种各样的假设来说明先验综合判断这一现象;但是这种判断真的是一种能够承认的事实吗? 石里克(Schlick,Friedrich)、卡尔纳普和维也纳学派的其他成员以及几乎所有分析学派的代表人物都反驳康德的先验综合命题理论。他们有时对是否存在着先验的综合进行陈述;但更经常地是采取尖锐得多的否定形式。他们提出这样一个命题:甚至于给康德制定的关于实在的先验综合知识这一个概念下一个精确的定义也是不可能的。这就表明,绝不能夸大先验综合判断问题的重要性。就是说,如果上述这种否定的观点是正确的,那就绝不会有关于实在的特殊的哲学陈述。在这种情况下,所有综合陈述都是经验判断,它们必须由经验科学来检验。哲学已不再能与专门科学并列地做出关于实在的有牢固基础的、能加以论证的陈述了。如果要继续探讨哲学问题及先验概念,必须返回到逻辑学、科学理论和基础研究领域中去,并且结合经验这一土壤,培养出植根于经验世界的

---

　　① 康德. 纯粹理性批判[M]//杨祖陶,邓晓芒,编译.康德三大批判精粹. 北京:人民出版社,2001:68-69.

先验概念。因为正如康德本人所说的,我们所有的知识都是最先来源于经验。

(四)康德之后先验的发展

康德之后,哲学家们对先验理论的反应大致有三种。一种是肯定康德的基本立场;一种是企图对同一个问题找出另一种新的解答,即在保留康德的基本概念的基础上对其理论进行修正和改造,甚至进行全新的阐释;第三种是论战式的,特别是彻底的经验主义者和激进的自然主义认识论者对康德问题所采取的态度。如果说在前两种观点中,康德学派和他的挑战者们围绕应该怎样理解"先验"这一概念进行争论,那么第三种观点则企图通过否定康德整个理论的前提——先验综合判断的存在——来否定整个讨论的意义。

在这种情况下,持有第三种观点的认识论者们视所有的陈述都是经验陈述,必须由经科学来检验。哲学已不再能为专门科学提供有牢固基础的陈述了。这一部分本章将在后文讨论奎因的自然主义认识论时加以介绍,它与第一种观点一样,无法促成先验概念的进一步发展和演变。而对先验的修正、改造和全新解释是先验概念演变过程中最有意义的和最值得探讨的。罗素在解释先验概念上具有自己的独创性,他认为哲学陈述是先验的,并且哲学认识是可以采用科学方法的。将逻辑和数学作为形式科学运用到哲学领域,形成哲学的普遍性和先验性。此外,克里普克对先验概念进行了卓有成效的研究,他彻底澄清了先验的朴素认识论概念,区分于"必然性"等形而上学概念。

1.罗素:"逻辑是哲学的本质"

罗素一直倡导在哲学中使用科学方法,同时,他也认为哲学陈述是先验的,它们"必须是这样的,既不能被经验证据证实,又不能被经验证据否证"①。

那么,什么是罗素所指的科学方法呢?通常所说的科学方法是指提出假说、实验、测量,等等。使用这些方法会引向关于世界的发现,也会产生科学成果。然而,这些成果多半是与哲学无关的。罗素认为科学虽然一般是指经验科学,但也可以指逻辑和数学这样的形式科学。他所说的科学方法主要是指形式科学中所采用的方法,即逻辑的方法和数学的方法。他说道:

> 一门哲学可以有两种不同的方式力图使自己建基于科学之上。它可以着重科学最一般的成果,甚至试图对这些成果做出更大的概括和统一。它或是可以研究科学的方法,力图对这些方法作必要的改造,运用于自己特殊的领域。很多受到科学激励的哲学因为执迷于那些一时认为是已经取得的成果而误入迷途。能够有益地从特殊的科学领域转移到哲学领域中去的不是成果,而是方法。②

这样,我们很清楚地发现,罗素所说的哲学命题是真的、普遍的、先验的,也就是逻辑命题。他所理解的哲学"是不能和逻辑相区分的"③。

因此,在罗素的思想里,先验性就是逻辑性和分析性。他在《哲学问题》中认为先验知识就是共相之间的关系。什么是共相?罗素认为它是一种不属于特殊事物的东西,但却为特殊事物所共有。它

---

① 罗素. 论哲学中的科学方法[M]//D. J. 奥康诺. 批评的西方哲学史. 洪汉鼎,等译. 北京:东方出版社,2005:899.

② 罗素. 论哲学中的科学方法[M]//D. J. 奥康诺. 批评的西方哲学史. 洪汉鼎,等译. 北京:东方出版社,2005:898.

③ 罗素. 论哲学中的科学方法[M]//D. J. 奥康诺. 批评的西方哲学史. 洪汉鼎,等译. 北京:东方出版社,2005:899.

"不像感觉事物那样变化无常；它本身是永恒不变的，不朽的"①。罗素继承了柏拉图关于"理念"的看法，但他认为"理念"这个词年深日久，已经获得了许多不相干的意思，因此，他便用"共相"代替"理念"，其本质就是柏拉图的"理念"。

罗素还严格地区分共相与殊相。殊相并不是简单地指我们日常经验中的单个事物，如桌子、石头、动物、花、人，等等，它们是这样的一些东西：比如"一小团颜色，或者声音，这些短暂地存在的东西——其中有一些将是谓词或关系，等等"②。后来，罗素把"殊相"定义为"在原子事实③中的关系的项"，以及"专有名称"，它们是"代表殊相的词"④。罗素自己也承认，要弄清楚"殊相"的意义是困难的。很多学者就将殊相简单地理解为感觉中所给定的东西，或者与感觉中给所给定的东西同性质的东西。这里不再继续深入探讨殊相的真实含义，而将重点关注于共相。罗素说：

> 大体上我们可以说，即使在哲学家们中间，往往也只有那些称为形容词或名词的共相才被人认识到，而那些称为动词和前置词的共相往往都被人忽略了。⑤

可见，罗素将共相分为性质共相和关系共相：

> 就事实而论，倘使有人很想完全否认有共相这种东西存在的话，我们就会发觉，我们并不能严格证明有诸如性质

① 罗素. 哲学问题[M]. 何兆武，译. 北京：商务印书馆，2007：76.
② 罗素. 逻辑原子论的哲学[M]//D. J. 奥康诺. 批评的西方哲学史. 洪汉鼎，等译. 北京：东方出版社，2005：905.
③ 罗素认为世界必然包含着许多不同的实体（entities），这些实体的性质是原子事实。
④ 罗素. 逻辑原子论的哲学[M]//D. J. 奥康诺. 批评的西方哲学史. 洪汉鼎，等译. 北京：东方出版社，2005：905.
⑤ 罗素. 哲学问题[M]. 何兆武，译. 北京：商务印书馆，2007：78.

之类的实体存在，也就是说，不能证明有形容词和名词所表现的共相存在；但是我们却能够证明关系必然存在，也就是说，能够证明一般由动词和前置词所表现的共相存在。①

在罗素看来，关系共相远比性质共相更为基本和重要。任何试图否认共相存在的人，至少都必须承认关系上的共相。这种关系共相在经验范围内必然存在。每一个完全的句子至少必须包括一个代表共相的词，因为每一个动词都有一种共相的意义。而"一切先验的知识都断然仅只是探讨共相之间的关系"②。罗素明确地论证道③：所以每一个命题都必定包括有若干共相，但却并非每一个命题都包含有个体。有关共相之间的各种关系的命题，都仅只包含着共相，从而我们对它们的知识就可以是先验的。具体地说，先验知识是我们对共相及其间所存在的关系所做出的当下的或直觉的知识，当然这些关系也是共相。但是并非所有的共相都是先验的，如"凡是人都会死"是一个普遍命题，属于普遍的共相，但是在罗素看来，这一命题经由归纳才能为人所知，而并非通过逻辑的原则。

总的来说，罗素所认为的先验知识是关于自明性普遍原则的知识④。我们完全可以独立于经验所提供的证据来认识它们。当然经验可能是必要的，它使得我们觉察到它们。罗素将基本的逻辑原则作为先验可知的原则，它是内在地清楚明白的，即自明的。但逻辑的原则并非先验可知的唯一原则，伦理学的原则和数学的原则也是先验的。但并非自明的就是先验的，因为罗素认为某些先验的原理并不是自明的，它们只是从那些成其为先验的原则中推导出来的。

罗素哲学的一个特色就是主张哲学能够是科学的。他将逻辑和

---

① 罗素．哲学问题［M］．何兆武，译．北京：商务印书馆，2007：79．
② 罗素．哲学问题［M］．何兆武，译．北京：商务印书馆，2007：59．
③ 罗素．哲学问题［M］．何兆武，译．北京：商务印书馆，2007：54-55．
④ 详见罗素《哲学问题》的第七章。

数学作为形式科学，它们是普遍的和先验的。罗素在与怀特海（Whitehead，North Alfred）合写的《数学原理》①中认为数学是可以还原为逻辑的，算术真理就是逻辑真理的一个种类。因此，普遍的、先验的命题就是逻辑命题。如果这样理解，那么哲学与逻辑是不能真正区分开的。"普遍的"并不意味着哲学涉及的范围很广，实际上，罗素认为并不存在对宇宙的有意义的讨论；"先验的"意味着哲学是不能被经验所证实也不能被经验所证伪的。罗素最初是数理逻辑学家，后来才转为哲学家。他用逻辑来解释哲学，表达了"逻辑是哲学的本质"②这一思想。

2.克里普克:作为认识论概念的先验性

在为先验知识的存在进行辩护时，康德并没有试图分析知识如何独立于经验，而是提供了区分先验知识和后验知识的标准：

> 如果我们有一个命题被认为是认为必然的，那么这就是先验判断。③

自从康德提出明显存在着已知的必然命题，先验知识的存在就很快得到了确认。不过，这种对先验知识的存在的辩护必定是与他对先验和必然之间的关系的描述联系在一起的。自康德以来，几乎所有的哲学家都把"先验的"和"必然的"看作是意义相等的。在美国的逻辑学家克里普克看来，这种等同是建立在混淆的意义之上。"先验的"是一种认识论概念，而"必然的"则是一种形而上学概念。某物是必然的或不是必然的，对获取知识的问题来说并无意义。

---

① Whitehead A N，Russell B. *Principia Mathematica*[M]. New York：Cambridge University Press，1910.

② 这是罗素的《我们对于外部世界的知识》(伦敦，1914 年)第二讲的标题。

③ Kant I. *Critique of Pure Reason* (1781)[M]. trans. N. Kemp Smith. London：Macmillan，1964：42.

克里普克认为,把认识在认识论上细分为先验的和经验的,以及以此独立地将真理划分为必然的和偶然的,会产生一种重要的结果,即既可能有非必然的先验真理,也可能有必然的经验真理。他在《同一性与必然性》一文中,首先提出存在着后验的必然命题,后来在《命名与必然性》一书中,又提出存在着先验的偶然命题。在他看来,先验命题与必然命题并不是不可分的。当我们说一个论断先验地有效,这就涉及这一论断的认识论性质;当我们说它必然地有效,则是涉及到它的形而上学性质。克里普克认为只要一个人不依据经验材料认识了某个东西,他就先验地认识了那个东西,在这里完全不需要使用类似于"可能的""不可能的"或"必然的"这样的词。

克里普克在《命名与必然性》中这样说道:

> 先验性概念是一个认识论概念。……,必然性概念……是形而上学概念。[①]

并进行区分:

> 当我们把一个陈述叫做必然的,这究竟意谓什么呢?我们只不过是说,第一,该陈述是真的。第二,它不可能不是真的。当我们说,某种情况偶然是真的,我们是说,虽然它事实上是真,但有可能情况不是如此。假如我们要把这个区别归属于哲学的一个分支,我们应把它归之于形而上学。与之相比,还有先验真理这个概念。先验真理被假定为这样的真理:它能独立于一切经验而被认知是真的。请注意,这句话本身没有提到一切可能世界,除非把可能世界放到有关定义中去。这句话所说的只是,独立于一切经验

---

① 克里普克. 命名与必然性[M]. 梅文,译. 上海:上海译文出版社,2001:13-15.

它能被认知是符合现实世界的。也许运用某种哲学论证，从我们独立于经验地知道某种情况符合于现实世界，能够推出它一定也被认知是符合一切可能世界的。但如果要确定这点，便需要某种哲学论证。现在要是我们准备把这个概念归属于哲学的一个分支，它不属于形而上学，而属于认识论。它与我们怎样能够认识到某些情况事实上是真的方式有关。①

上述引文说明克里普克对"先验性"和"必然性"两个概念进行了澄清，说明了"先验性"可以是一个认识论概念，它在这一意义上区别于传统的康德式的形而上学的先验概念。传统意义上，先验作为一种知识类型也是真理类型，被认为是某种可以独立于任何经验而被认识的东西，认识先验真理是可能的。但是克里普克却提出这样的疑问：这种所谓的"可能"是对谁而言的呢？是对上帝而言的吗？还是对火星人而言的呢？或者仅仅是对具有我们这样头脑的人类而言的呢？② 在克里普克看来，我们没有指明，到底对谁而言先验真理是能被先验地认识的。这个概念其实最多表达了某个特定的人或认知者先验地认识某个东西，或者根据先验的证据相信某个东西是真的。在那里，先验真理演变成了先验地知道或相信，而先验地知道或相信一定是对于某个认识论者而言的，因此可以推断出先验性是认识论概念。

在澄清先验性与必然性的关系之后，为了更好地区分这两个概念，克里普克试图论证，必然性并不包含先验性，以及先验性并不包含必然性，因此他得出"先验偶然命题"和"后验必然命题"这两种命题类型。

---

① 克里普克. 同一性与必然性[M]//涂纪亮. 语言哲学名著选辑：英美部分. 北京：生活·读书·新知三联书店，1988：378.
② 克里普克. 命名与必然性[M]. 梅文，译. 上海：上海译文出版社，2001：35.

为了说明先验偶然命题的存在,克里普克以"巴黎米尺"为例。克里普克说道:

> "棍子 S 是一米长"这个陈述是一条必然真理吗? 当然它的长度随时间不同而可能变化。我们可以通过规定,一米就是在某确定时间 t_0 是 S 的长度。这样一来就使这一定义变得更加精确了。那么,棍子 S 在时间 t_0 时是一米长就是一条必然真理了吗? 那些认为人们所先验认识的任何事情都是必然的人可能会认为:"这是一米的定义。根据这个定义,棍子 S 在时间 t_0 时是一米长。这是一个必然真理。"但是在我看来,没有任何理由可得出这个结论,即使是对于使用上述关于"一米"的定义的人来说也是如此。因为他(维特根斯坦)对这个定义的使用并没有给出他称之为"米"的那种东西的意义,只是确定它的指称而已。[①]

克里普克认为,对于制定米制的人来说,他用棍子 S 在 t_0 时的长度来确定一米,他无须通过任何其他研究考察就自动地知道了一米就是棍子 S 在 t_0 时的长度,因此他是先验地认识了这一命题。但是棍子在 t_0 时是一米长,不代表它在任何时候都是一米,通过加热,它就有可能变长。因而,棍子 S 在 t_0 时刻被定义为一米是偶然的,它恰巧没有处在更热或更冷的环境。这就是先验偶然命题。

所以棍子 S 是一米长并不是必然的,它也不可能在所有可能的世界都严格地按照这样的刻度来确定一米的长度。S 在 t_0 时刻的长度并非一个严格指示词。但是对棍子 S 是一米长的认识是先验的,无需任何经验;而确定的过程是偶然的,它也有可能更长或更短。

对于后验必然命题的解释,克里普克引用了"长庚星就是启明

---

① 克里普克. 命名与必然性[M]. 梅文,译. 上海:上海译文出版社,2001:33-34.

星"这一例子。之所以说它们是后验命题,是因为在科学家还没有确定两个两颗星是同一颗这一判断之前,人们一直以为长庚星和启明星是两颗不同的星。但是通过后来的科学研究和发现,科学家意识到这两颗星原来就是同一颗。这是通过经验发现的结论,而且这一结论是必然的。为什么它是必然的?因为长庚星和启明星都是严格指示词,比如启明星,它不同于在早晨位于天边的某一颗星这样的解释,但是我们可以用后者来确定启明星的指称,这一指称一旦确定,在所有可能的世界中,启明星都只指称一个物体。如果哪一天,启明星受到了其他天体的碰撞改变了自身的运行轨道,出现在了天边的另一个位置,那我们不会认为启明星就消失了,反而会说启明星不在原来的位置上了。这个时候,长庚星自然也不可能在原来的位置上,因为它与启明星就是同一个里体,并且这一说法在所有可能的世界中都是被认可的,因此"长庚星就是启明星"是一个必然命题,而且是后验必然命题。

在这里,我们需要提一下克里普克对两种不同形式的定义的区分:一种是给出一个表达式的意义,另一种是确定表达式的指称。当我们借助 β 给出了一个表达式 α 的意义,以致于 α 和 β 是同义时,那么"α 是 β"是必然的。举一个更形象的例子,"长庚星就是启明星""雌猴是母猴"就是必然的;但是,当我们通过确定指称给出一个定义时,如,我们通过确定指称提供了"100 摄氏度"作为水在海平面上的沸点的温度,那就不是必然的。就好像"一米是棍子 S 在 t_0 时的长度"是偶然命题一样。

当然,克里普克的目的并不是强调存在偶然的先验命题的或者必然的经验命题,他的目的是为了反对传统思维中将先验的与必然的进行等同以及将后验的和偶然的进行等同的观点,通过举证存在先验偶然命题和后验必然命题这两个例子,就足够推翻这一传统观念。

四、先验的反对者

在自然主义认识论内部,哲学家们围绕先验性问题展开了争论。争论的焦点是先验这一概念是否与自然主义认识论理论相容。先验反对者认为先验知识不可能与自然主义认识论融洽并存,因为自然主义认识论主张人类的知识是存在于自然世界之中的,并将知识作为自然现象进行理解。众所周知,奎因是该认识论的倡导者,他指出该认识论是科学的分支。戴维特接受雷伊的学说,也相信只存在一种获得知识的方式,就是以科学为基础的经验方式,所以他们两人都拒绝先验知识。

先验的支持者则试图提出不同于传统性质的先验概念,认为自然主义认识论与先验概念没有任何本质的冲突。他们试图呈现完全包容先验的自然主义概念。雷伊、戈德曼和基奇尔是代表人物,他们坚持认为是否存在先验概念是一个经验问题。先验与经验并非对立的关系。一般来说,先验的支持者从认识论角度出发阐述先验,认为定义它的关键是"非经验辩护",但也不排除对非经验辩护进行自我修正。这一过程在经验环境中进行,起决定作用的仍是先验辩护本身,但允许经验在其中扮演一定角色。此外,他们也声称辩护的过程是心理作用的过程,心理学是对信念进行辩护的有效途径和方法。

(一)奎因

奎因在 1951 年发表了一篇论文,名为《认识论的自然化》。在这篇文章中奎因反对传统认识论,认为笛卡尔"对确定性的追求"是"注定要失败的事业",即基础主义是失败的。他激烈抨击将自然知识还原为感觉经验或逻辑和集合的做法。这不仅使得传统的基础主义认识论难以为继,也使得现代分析哲学试图以精确逻辑解决知识基础问题的努力宣告破产。认识论发生了决定性的转向,即奎因所说的

"认识论的自然化"。奎因这样做的根本目的是抛弃"第一哲学"的权利,它"只是作为心理学的一部分并因而作为自然科学的一部分"①。自然主义认识论不再探寻知识的稳固基础和认识论原则,它只是提供如何在实际中取得成功的建议。他说:

> 我把哲学不是看作科学的先天的基础,而是看作科学的连续……并没有任何外在的优越的立足点,并没有第一哲学,所以一切科学发现,一切现在认为合理的科学猜测,依我看在哲学中正如别的地方一样,都是值得利用的。②

奎因的观点就是把哲学看作科学的延续,它并不在认识论和基础的意义上先于科学,或者激进一些理解,他主张科学先于哲学。心理学及其他经验科学,在理解知识及获得知识的过程中处于最有利的地位。因而,他像其他经验主义者一样声称,经验是获得知识的唯一来源,科学的经验方法是从事认识论最有效的方法也是唯一途径。并且他从四个方面来论证。第一方面是反基础主义,抛弃第一哲学以及传统认识论,这是对传统哲学和先验知识的整体否定;第二方面是,奎因主张取消分析、综合两种命题的区分,因为分析命题往往直接导致先验命题的产生,模糊分析、综合命题的目的就是取消形而上学与自然科学的区别,奎因想证明形而上学与科学的区分是毫无意义的;第三方面是断言知识都具有可错性,科学理论是可错的,并且是可修正的,所以从事认识论的正确方法就是科学的经验方法,而先验知识具有不可修正性这一不可能达成的必要条件,因而排除先验知识的存在;第四方面就是,奎因将整个世界的信念比作无缝之网,

---

① Quine W V. Epistemology naturalized[M]//Hilary Kornblith ed. *Naturalizing Epistemology*. 2nd ed. Cambridge, MA: MIT Press, 1994: 25.

② Quine W V. *Ontological Relativity and Other Essays*[M]. New York: Columbia University Press, 1969: 9.

其中任何一条线都与经验外围相一致,只有科学才能作为一个整体,有意义地面对经验,只有科学经验才能产生信念,使科学的经验方法成为认识的唯一有效途径。

1. 反基础主义

奎因在认识论上是整体论者和自然主义者,他的基本哲学观点是怀疑论的:对"第一哲学",对任何先验认识;对各种各样的划界,比如逻辑的真和经验的真、数学和自然科学、哲学与各门科学;他还主张语言和理论的不可分割性。他的这种认识论自然化的做法就是为了抛弃传统认识论,以及它所依赖的基础主义。

奎因同时反对非经验知识和经验知识这两方面的基础主义阐述,即反对唯理论与经验论对知识来源获得的阐述。在获得非经验知识的方面,他解释道,获得数学知识的传统方式取决于数学命题中的逻辑关系。在数学知识的传统解释中,一些数学命题是很基础的,它们在逻辑上先于其他命题。基础数学命题可以还原为逻辑陈述,所有其他数学命题都在基础数学命题或公理的基础上建立起来。这种基础主义的思想隐含在传统思维中,并且还有的哲学家认为数学可以还原为逻辑。根据弗雷格的观点,我们可以通过逻辑真理和演绎推论的方式建构数学命题。

奎因提出,我们并不清楚如何使数学的逻辑重构与命题如何被获知这一问题相关。为了能够使数学的逻辑重构与数学知识的获得相关,那么分析术语必须比数学术语更加清晰。但是,分析术语不是简单的逻辑术语,同时数学不能够仅仅还原为逻辑关系,数学命题是基于逻辑和集合论的命题。根据奎因的论断,集合论的命题并不比数学命题清晰。因此,基础主义对数学命题的逻辑重构并非充分的认识论解释。数学并非是建立在可还原为逻辑和集合论这种所谓的稳固基础之上。

在经验知识方面,奎因反对卡尔纳普建立在经验论之上的基础主义。卡尔纳普企图把关于世界的一切陈述都还原为关于直接经验的陈述,从关于原初经验关系的基本概念去定义一切其他概念,从而把整个世界加以"理性的重构"。奎因在《论何物存在》中对这种还原持有异议,我们可以继续研究这种还原有多大程度的可能性,但是"物理学整个说来是不可还原的"。在《经验论的两个教条》中他更大力批判了所谓还原论的教条。他认为物理对象是不能根据经验来定义的,即不能还原为感觉材料的集合,而只能看作是使我们对经验之流的描述得以圆满和简化而被假定的东西。

2. 对分析—综合两分法的批判

认识论的自然主义是经验论的一个变种,它是休谟以来西方经验主义发展的必然结果,它对极端的逻辑理性进行矫枉和修正,是对经验论的自然化重建。奎因在认识论上也是位经验论者。奎因的经验论具有很明显的自身特点,可以称之为"没有教条的经验主义"——通过对逻辑实证主义经验论的"两个教条"的否定而提出了一种整体主义的知识观。奎因宣扬经验主义的无教条限制即自然化的根本目的是为了彻底抛弃"第一哲学",通过对经验主义"两个教条"的批判,得出"分析—综合"的区分是无意义的。这种二分法的拒斥是他最著名、最常被引用和讨论,并且最具有破坏性的论题之一。以下将具体介绍奎因对此二分法的批判过程以及他对经验主义另外一个教条的批判。

在奎因看来,分析—综合的区分是经验主义的第一个教条,即:

> 相信在分析的、或以意义为根据的不依赖于事实的真理与综合的、或以事实为根据的真理之间有根本的区别。①

---

① 奎因. 从逻辑的观点看[M]. 江天骥,等译. 上海:上海译文出版社,1987:19.

　　这个观点可以追溯到休谟对关于观念间关系的知识和事实的知识的区分,之后莱布尼茨也区分了理性真理与事实真理,直到康德第一次明确地区分了分析陈述和综合陈述。在《未来形而上学导论》中,康德提出"任何判断……按其内容,它们或者仅仅是解释性的,对知识的内容毫无增加;或者是扩展性的,对已有的知识有所增加。前者可以称之为分析判断,后者可以称之为综合判断"①。康德进一步认为一切分析判断都是先验知识,因而一切分析命题都是先验判断;综合判断则来自经验,此外还存在先天的综合判断,来自纯粹理智和纯粹理性。经验判断永远是综合判断,数学判断是综合判断,但"真正的数学命题永远不是经验的判断,而是先验的判断,因为带有必然性,这种必然性不是从经验中所能得到的"②。

　　在很长一段时间内,现代分析哲学家认为分析命题和综合命题的区别是毋庸置疑的公理,逻辑实证主义者尤为鼓吹这一教条。他们认为,分析陈述是先验的,其真假从包含的语词的意义中就可以判定,与经验事实无关,逻辑和数学就属于这类知识。综合陈述则是后验的,其真假取决于经验的证实,各门自然科学都属于这类知识。

　　奎因认为,这种区分是违背经验论的,这是"经验论者的一个非经验的教条,一个形而上学的信条"。他指出,主张分析陈述与综合陈述有根本区别的人一直没有划出这个分界线来。他认为分析陈述是"局限于主—谓词形式的陈述,而且求助于一个停留在隐喻水平上的包含概念"③。一般认为,分析的陈述依赖于同义性,但是奎因认为用同义性作为分析性的根据是很困难的。

　　他提到,哲学所承认的分析陈述有两类,第一类称为逻辑上真的

---

　　① 康德. 未来形而上学导论[M]// 邢贲思等.影响世界的著名文献:哲学卷. 北京:新华出版社,1997:1540.
　　② 康德. 未来形而上学导论[M]// 邢贲思等.影响世界的著名文献:哲学卷. 北京:新华出版社,1997:1541.
　　③ 奎因. 从逻辑的观点看[M]. 江天骥,等译. 上海:上海译文出版社,1987:19.

陈述,例如"(1)没有一个未婚的男子是已婚的"①;第二类陈述的特征是通过同义词的替换而变成逻辑真理,例如"(2)没有一个单身汉是已婚的"②,如果用"未婚的男子"来替换"单身汉",(2)就成为(1)。有人企图用定义来说明同义性,同义性就是被定义词和定义词的关系,例如,把"单身汉"定义为"未婚的男子"。但是问题在于这个定义是怎么来的。奎因指出定义不是哲学家或者语言学家先天规定的,而是从经验中来的。已存在的经验事实是定义的前提,而定义只是对观察到的同义性的报道,当然不能作为同义性的根据,否则我们就陷入循环论证了。因而奎因的结论是:同义性概念本身就不清楚,自然不能成为分析性的根据。关于分析性这一概念都没有一个明确的说明,那何以区分分析陈述和综合陈述呢?

逻辑实证主义者之前借助于"意义证实说"来规定分析陈述和综合陈述的区分。他们认为,区分标准在于验证陈述或否证陈述的方法。一个分析陈述就是不管什么情况都得到验证的那种极限情况。也就是说,分析陈述是不依赖于任何经验验证的陈述,即与经验事实无关的陈述。它们的真理性只同语言成分有关,只靠语词意义的分析而无需调用经验的内容。而综合陈述则是其真假主要取决于事实、由经验证实的陈述。奎因认为,不管逻辑实证主义者如何区分分析陈述和综合陈述,都会与经验相联系。他们把整个科学分解为一个个孤立的陈述,然后又把每个陈述还原为关于直接经验的报道来考察其经验意义。因而,奎因直接反对第二个教条,即:

　　　　相信每一个意义的陈述都等值于某种以指称直接经验的名词为基础的逻辑构造。③

①　奎因. 从逻辑的观点看[M]. 江天骥,等译. 上海:上海译文出版社,1987:21.
②　奎因. 从逻辑的观点看[M]. 江天骥,等译. 上海:上海译文出版社,1987:21.
③　奎因. 从逻辑的观点看[M]. 江天骥,等译. 上海:上海译文出版社,1987:19.

可以说,奎因反对第二个教条,是对批判分析—综合的区分的进一步补充和说明。在奎因看来,第二个教条即这种还原论或证实论从根本上就是错误的,因为:

> 我们关于外界的陈述不是个别的,而是仅仅作为一个整体来面对感觉经验的法庭。……我们所谓的知识或信念的整体,从地理和历史的最偶然的事件到原子物理学甚至纯数学和逻辑的最深刻的规律,是一个人造的结构。它只是沿着边缘同经验紧密接触。①

但无论如何,科学的任何命题都是通过一系列中间环节而与经验联系着的,或多或少具有经验内容。同时,在必要的时候根据经验所提供的事实进行修正。由此,奎因的整体主义知识观就建构成了。从整体主义的观点看,"要在其有效性视经验而定的综合陈述和不管发生什么情况都有效的分析陈述之间找出一道分界线,也就成为十分愚蠢的了"②。可见,批判还原论教条与批判分析—综合教条在根本上是同一的。对第一个教条的批判必然导致对第二个教条的批判,并且只有驳倒了第二个教条才能真正驳倒第一个教条。而奎因正是用他的整体论来批判还原论教条。他打了一个比喻:

> 整个科学是一个力场,它的边界条件就是经验。在场的周围同经验的冲突引起内部的再调整。对我们的某些陈述必须重新分配真值,一些陈述的再评价使其他陈述的再评价成为必要,因为它们在逻辑上是互相联系的,而逻辑规律也不过是系统的另外某些陈述,场的另外某些元

---

① 奎因. 从逻辑的观点看[M]. 江天骥,等译. 上海:上海译文出版社,1987:39.
② 奎因. 从逻辑的观点看[M]. 江天骥,等译. 上海:上海译文出版社,1987:41.

素。……但边界条件即经验对整个场的限定是如此不充分，以致在根据任何单一的相反经验要给哪些陈述以再评价的问题上是有很大选择自由的。①

我们必须考虑到，奎因对分析—综合二分法的批判不是他自身经验论态度减弱的结果，而是其经验论基本态度彻底化的结果，因为他对先验知识的根本否定使得经验的地位更为牢固。康德所持的信念——经验科学本身基于最普遍的先验综合知识，并且数学知识就是这样一种知识——在奎因这被打得烟消云散。即使之后先验知识仅作为语言规约的知识，试图留有一缕微光继续闪烁，在奎因对"分析"这一概念进行毁灭性批判之后，这点微光也被完全熄灭了。

3. 用知识的可错性排除先验知识的存在

奎因还根据"没有一种陈述是免于修正的"②来拒斥先验的存在。

奎因强调认识论是"心理学的一章和自然科学的一部分"③，从事认识论最有效的途径就是运用科学的经验方法。科学在经验活动中所获得的陈述或理论都是可错的，不存在任何一个可避免被经验反驳的陈述。可以说，奎因追求的是这样一种认识论——认为人类知识就如同自然世界现象一般是完全可以解释的，因而声称任何知识都是需要修正的。

奎因认为先验知识的存在与自然主义认识论是相冲突的。假设先验知识存在，那它就必然具有不可修正性，而实际上先验知识所谓的必然性和永恒性是不可能达到的，任何陈述都需要通过经验来论证和修改，先验陈述需要具有不可修正性，所以它的存在是有问题

---

① 奎因. 从逻辑的观点看[M]. 江天骥，等译. 上海：上海译文出版社，1987：42.

② Quine W V. *From a Logical Point of View and Other Essays*[M]. New York：Harper and Row，1953：206.

③ Quine W V. *From a Logical Point of View and Other Essays*[M]. New York：Harper and Row，1953：82.

的。而科学理论是可错的,可修正的,所以他得出结论,认为从事认识论的正确方法就是科学的经验方法。

在奎因之前,有三大哲学流派对先验知识的存在和概念各执己见、争论不休,分别是唯理论者、康德主义者和实证主义者。唯理论者认为先验知识超越经验知识并提供有效的知识内容;康德主义者尽管认为先验知识不再超越经验知识,却依然能够构成所有经验知识的基础;实证主义者则将先验知识最终理解为关于语言规则的知识。奎因直接批判这三大流派关于先验知识的争论,他认为这些争论是毫无意义的,纯学院式的,完全是无对象的,因为这些争论都是基于一个错误的假设,即存在先验知识。

根据奎因的理论,我们所获得的知识没有一件是可以免受反驳的,而且任何可被反驳或可错的理论都可以进一步修正。科学观察的结果是可错。奎因认为,如果观察资料和我们更为信任的其他大量信念发生冲突,正常情况下我们将毫不犹豫地修正观察结果。奎因的这种保守主义原则也被称为对总体知识结构损害最小的原则。在这种情况下,我们可能会怀疑测试工具是否产生误差,是否正常运转以及人的感觉是否产生错觉。

奎因认为,不仅观察结果可错可修正,数学定理和逻辑同样可错可修正。这是对传统先验知识的直接反驳。因为传统意义上,逻辑和数学知识都属于先验知识,而先验知识具有普遍有效性和严格必然性。奎因认为,要将先验知识这一幽灵从逻辑和数学身上去除,数学和逻辑才能获得被进一步修正的自由。例如,在广义相对论中,黎曼几何学就取代了欧几里德几何学。因此,他总结出:我们不可能举出任何一个可免受经验反驳的句子。这也是奎因整体论观点的一个侧面表达。

4.信念之网

取消了分析、综合陈述之间的划分后,奎因又宣称逻辑、数学和哲学与其他理论物理学、生物学或者其他日常生活的常识性主张没有任何差别,并且没有任何一个可免受经验反驳的句子,任何知识都是可修正的,这种思想就组成了奎因的信念之网。具体地说,是我们的所有信念构成一个没有接缝的网络,这个网络仅仅对感觉刺激产生反应。我们关于物质世界的世俗信念、科学知识、数学真理、逻辑真理以及所谓的分析真理之间,并不存在种类上的区别。观察可以导致这个网络的增加、修改,或者把一个信念从网络中删去。"无缝之网"中的每个信念始终与网络中的其他每个信念相联系。

奎因对整个知识图景进行了描绘,认为关于世界的信念能够形成无缝之网,其中任何一条线都与经验外围相一致。同时,他的整体主义观点认为只有"科学的整体"①才能有意义地面对经验。据此,他推论出,为了容纳"顽强的经验",那些所谓的先验存在的论断必须放弃,所以明显地,先验根本不存在。

当一些哲学家对数学信念不是先验知识并且可修正的观点提出异议时,奎因解释道,任何信念都是可修正的,数学信念也会遭到信念之网中其他信念的攻击,之所以它被攻击的可能性很小,是因为每门科学都用到数学,因而拒斥它的可能性就很少,但原则上来说,数学信念具有受到攻击的可能性。因而,没有任何陈述、判断和命题是先验可知的,哪怕是传统意义上所说的必然真理,一切知识都建立于经验之上。

总体来说,根据奎因的整体论和信念之网理论,支持一个信念的理由必然是另外一个信念,而绝不可能包含在信念系统之外某个确定的基础。因而,奎因认为寻求知识有效性的先验性基础是一个无意义的问题。在这一系统内,"一个人的信念总体在几乎每一个醒着的时刻都在变化。人们的一些信念最终被放弃了;这里的原因并不总是它们被挤出和遗忘了,也可能是因为我们发现它们与可信性似

---

① Quine W V. *Web of Belief*[M]. New York: Random House Press,1970.

乎更高的其他信念(可能是新的信念)发生了冲突。正是这种解决冲突的需要,促使我们去评价信念的根据"①。

综上所述,奎因的自然主义认识论试图从支离破碎的逻辑经验主义中构造出一幅新的有内聚力的图画。对奎因来说,世界上只有一种认识,尽管这些认识是在不同的专门科学中获得,但是它们却一起构成一个关于自然的博大的整体理论。这一理论包括:(1)反基础主义,抛弃第一哲学以及传统认识论;(2)哲学存在于科学内部,它需使用科学本身的方法,利用科学的发现,去解释我们是如何获得关于这个世界的丰富而正确的理论的;(3)描述是哲学的主要任务,认识论主要是对认识发生发展的过程进行描述,对经验进行描述。在这个理论中,不再有哲学的特殊地位。如果我们研究哲学问题,那么我们就是在最外围的理论地带活动,但依然处在关于自然的整体理论之内。

(二)对奎因理论的批判

戈德曼认为,对奎因的批判主要包括两个方面,一是:

> 绝对可靠论的基础论并不是传统认识论的唯一选项,也不是最引人注目的选项。事实上,现在没有几个认识论专家会很认真地研究它了。那么,它的失败何以能决定对传统认识论的全部抛弃呢?②

这一观点说明,奎因并没有抓住传统认识论的实质,而只是针对基础论的绝对可靠性从而拒斥它的存在。传统认识论有两个目标,一个是揭示关于世界的信念为真的理由是什么,另一个是解释为什

---

① Quine W V. *Web of Belief*[M]. New York:Random House Press, 1970:6.
② 阿尔文·I.戈德曼.认识论[M]//欧阳康.当代英美哲学地图.北京:人民出版社,2005:215.

么这样的理由是正当的。奎因对这两个目标只字未提,而只是将认识论简单地理解为科学的延续和心理学的一部分。事实上,即使基础论也不能排除其理论上的可错性。通过否定"先验知识是绝对必然的"这一论点来排除先验的存在并不恰当,奎因对先验的真理性理解本身就是存在问题的。

另一个方面的批判是:

> 由于心理科学没有以任何方式研究规范性的知识问题,因此,奎因提出的认识论向心理学转变的主张,好像是抛弃了认识论最有特色的部分,也就是它对规范性问题的研究。[①]

金在权也提到,"当人们放弃了证明和评价概念时,人们也就放弃了整个规范认识论,剩下的东西就是描述人类认知的经验论,如果奎因使用他的方法,那么这种经验论就将完全避免证明的概念或任何其他评价的概念"[②]。认识论真的能放弃认识的规范作用,完全避免证明的概念或其他评价的概念吗? 这事实上是有悖常理的。

索萨提到:

> 奎因把对刺激作用、经验或观察的预测说成是识别的标准。但是,这样一种证实论当非常充分地运用并且可以被相反例证废除的时候,便声名狼藉地成了难以置信的东西了。[③]

---

① 阿尔文·I.戈德曼. 认识论[M]//欧阳康. 当代英美哲学地图. 北京:人民出版社,2005:216.

② Kim J. What is "Naturalized Epistemology"? [M]//Linda Martin Alcoff ed. *Epistemology: The Big Questions*. Oxford: Blackwell Publishers, 1998: 277.

③ 阿尔文·I.戈德曼. 认识论[M]//欧阳康. 当代英美哲学地图. 北京:人民出版社,2005:165.

因此,任何信念都是通过某种方法或手段来获得证明或辩护的,只不过证明或辩护的方法有所不同而已。一个信念如果得到认可或证明,一定是基于某种理由或事实依据。即使是对个别事实进行描述,也必须通过描述过程判断事实的可信度。因此,彻底拒绝基础或规范的认识论纲领是不可能的。

邦乔维认为,实际上传统认识论与当代认识论所做的工作并无差别,它们都旨在寻求信念为真的理由,并确定何种理由是合理的,也就是上文提到的传统认识论的两个目标。奎因的自然主义认识论并没有合理地阐述信念为真的理由:

> 如果奎因是对的,这类认识论是我们尽其所能的,那么结果却是彻底的怀疑论观点:我们有一组信念,即我们接受了一组描述外部世界的句子,这组信念的一部分是由观察所引起的,即为感觉刺激所引起的,但我们却不能有说服力的理由认为这些信念的任何一个为真。如果知识必然地包含有多数哲学家认为的这种理由,那么我们也就没有任何知识。①

认识论是无法脱离规范而存在的。邦乔维认为奎因根本没有提出任何实质性的理由来批驳传统认识论,他对认识论的基础主义和规范性的批判也是存在自身缺陷的。他在《反对自然化的认识论》的最后写道:

> 总结一下我的论证:第一,奎因原来对自然化的认识论的论证要么不能表明它是必然的,要么不能确信它是有效

---

① BonJour L. Against naturalized epistemology [J]. *Midwest Studies in Philosophy*, *XIX*, 1994: 287.

的替代者;第二,各种由基奇尔和奎因本人提供的理由也没有表明,在任何重要意义上需要心理化的自然化的认识论;第三,自然主义者的主要论证不能表明,先验证明的传统理性主义观念是站不住脚的;第四,任何先验证明的放弃都将直接导致认识论的灾难。①

(三)戴维特——奎因的支持者

戴维特的认识论学说接受奎因的理论,赞成只存在一条获得知识的途径,就是以科学为基础的经验途径。戴维特对于拒绝"先验"给出两个简洁的理由:

> (1)我们没有理由认为数学和逻辑免于经验的修正;
> (2)先验的概念很晦涩,历史上有多次想要解释它的尝试都失败了。如果这是对的,那么我们就有一个自然主义的诱惑:对知识的最佳解释是:它是经验的。②

戴维特的第一个理由无疑是针对将数学和逻辑作为先验知识的观点。他支持奎因的论断,认为数学和逻辑在原则上是可错的,且被经验所修正,并从整体论的角度解释为何数学和逻辑是经验的并可修正的。

在他看来,首先,任何知识都是通过辩护而获得的,获得辩护的真信念是知识,数学和逻辑理论也需要通过对数学和逻辑信念进行辩护而获得。其次,所有的知识都是经验的,辩护是在经验中进行

① BonJour L. Against naturalized epistemology [J]. *Midwest Studies in Philosophy*, *XIX*, 1994: 297.
② Devitt M. *Coming to Our Senses* [M]. Cambridge Cambridge University Press, 1996: 45.

的,并且我们应当在经验范围内以一个更加整体主义的方式看待辩护:信念,甚至整个理论,并非孤独地面对经验的审判,而是与辅助理论、背景假设等相结合。在这个整体的辩护网络中,数学和逻辑本质上是经验的产物,任何经验的东西都是被自然认识且原则上可错的,而先验知识的本质是必然的、普遍的和不可修正的,仅这一点,我们就应该排除先验知识这一概念的存在。戴维特提到:

> 没有理由认为,科学规律(毫无疑问地是经验的)是以整体主义经验的方式加以证明的,而逻辑和数学规律却不是;
>
> 没有理由认为,存在着一种划分,区别出以这种方式作为基础所获得的知识和不是以这种方式为基础所获得的知识;
>
> 没有理由认为,在奎因生动的隐喻中,信念之网存在着裂缝。①

可见戴维特的理论与奎因的思想是一脉相承的,在否定先验存在的思路上大体是一致的,他同时也继承了奎因的信念之网一说,认为每个信念应始终与其他每个信念相联系。而在信念的获得过程中,先验扮演了什么角色呢? 一个信念获得先验辩护意味着什么? 什么是先验概念? 对戴维特而言,这些问题是很晦涩的。他认为这些问题到目前为止都没有获得令人接受的回答。因此,他反对先验存在的第二个原因就是先验概念的模糊性和无法确定性。

戴维特在批判先验存在的第一个原因中,主要针对先验知识;第

---

① Devitt M. There is no a priori [M]// Matthias Steup, Ernest Sosa eds. *Contemporary Debates in Epistemology*. Padstow, UK: TJ International Ltd. Press, 2005:106.

二个原因中他不仅批判先验知识这一概念,同时也批判作为一种辩护类型的先验。因为当代很多哲学家,包括自然主义认识论者,他们已经甚少谈论作为知识类型的先验如何存在并保持其独立性和确定性,而是更多地将先验概念与认识论结合,探讨其在信念辩护中的意义;作为辩护类型,先验承担了基础性和可靠性方面的辩护角色。但对于戴维特而言,精神内在的辩护过程不是先验的,而是通过古人的经验获得的,我们只是继承了这种辩护。

戴维特首先通过分析的失败,来证明对先验知识给出肯定性的描述是非常困难的。戴维特也通过"所有单身汉都是未结婚的"这一例子进行说明。根据传统的观点,"单身汉"概念的内容包括了"未结婚"的内容,这就使得该命题是分析命题。但是戴维特认为这种做法是错误的:

> 简单地拥有一个概念,一个人就占有了该概念的"默会知识";由于有"单身汉"的概念,一个人就默会地知道,它的内容包括"未结婚的"内容。所以,一个人的概念能力就赋予他进入概念事实的笛卡尔式的特权。所要求的非经验的辩护过程就被认为是利用这种进入的过程,内省概念的内容以产生关于它们之间关系的知识的反思过程,这又产生了这样的知识以致于所有的单身汉都是未结婚的。这个所谓的过程就是"概念分析"的过程。即使我们同意,我们有这种对概念事实的笛卡尔式的进入,但这种描述也是错误的。[①]

---

① Devitt M. There is no a priori [M]//Matthias Steup, Ernest Sosa eds. *Contemporary Debates in Epistemology*. Padstow, UK: TJ International Ltd. Press, 2005:113.

他强调所谓的"概念分析"的过程并没有真正为"所有的单身汉都是未结婚的"这一命题作辩护,除非所有未结婚的都是未结婚的命题是获得辩护的。但是,对该命题的辩护来源于何处？该命题是逻辑真理？对于它们如何能够获得辩护,并没有人给出过令人满意的非经验的描述。

作为自然主义认识论者,他接受了自然主义具有吸引力的论断,即所有的知识都是经验的,所有的信念都是在经验领域里获得辩护的。假如哲学家提出异议,认为经验明显地不是许多精神状态的来源:它们是内在的。那我们如何对此类辩护的来源进行解释呢？戴维特解释道,它以某种方式通过古人的经验而获得,我们继承了这种辩护并将其储存在心中:

> 这种信念以某种方式通过我们远古的先人的经验获得辩护。通过自然选择,我们继承了这种辩护,但它并非来自先验。……我们必须以一个更加整体主义的方式看待辩护。信念,甚至整个理论,并非孤独地面对经验的审判,而是与辅助理论、背景假设和其他类似的背景相结合。[①]

由此可见,戴维特主张不管是人类精神上内在的信念还是外在信念,都是通过经验获得辩护的,即使无法通过直接经验获得,但也是经过长期的经验积累形成理论、思想,从而获得并继承这种辩护的,并不存在先验的辩护方式。关于邦乔维提到的洞察力,戴维特认为,洞察力不是以某种直接经验的方式获得辩护的。洞察力来自远古的先人通过经验逐渐积累所抽象出来的内在精神思想,是可以保

---

① Devitt M. There is no a priori [M]//Matthias Steup, Ernest Sosa eds. *Contemporary Debates in Epistemology*. Padstow, UK: TJ International Ltd. Press, 2005:106.

存下来的。我们仍然可以将它们作为经验的：它以间接的整体主义方式经验地获得辩护。

但是，当我们仔细揣摩人的精神内在的信念"以某种方式通过我们远古的先人的经验获得辩护。通过自然选择，我们继承了这种辩护"时，就会发现这一简单的解释并不容易接受。当下人们的大多数信念，特别是几乎全部的贮存信念，都是未受到辩护的。因为这些贮存信念都是依靠记忆贮存下来的，长期保留在记忆中，是只在有些时候才重新回忆起来的信息内容。对于当下来讲，没有什么自觉意识或活动状态可以为它们提供证据或辩护。戴维特的这一解释是存在问题的。

那么提出先验概念是否还有意义呢？戴维特进而论证道，虽然我们对于经验方式并没有一个严肃的理论，但我们在直觉上是清楚的，可以诉诸"从经验中学习"这种方式。世间的 P 事实使得 P 信念为真，也就是说经验的方式就是通过事实产生经验，所获得的经验在本质上为信念进行辩护。作为对比，戴维特认为"先验可能是什么"这一最初观念并不存在；我们不仅缺乏一个严肃的理论，而且也根本缺乏任何相关观念。

总之，戴维特认为知识只有通过经验才能得到辩护，并且所需的证据是经验的。我们不清楚什么样的知识是先验的，如果先验知识存在，那么就必须给出一种非经验地获得知识的方法，从而为这种知识提供非经验的辩护。但是，我们都生活在经验环境中，不管是否意识到，我们都是通过所获得的经验信息进行思考，所谓非经验的方法是不存在的。

五、先验的支持者

（一）基奇尔

基奇尔认为康德对先验知识提供了一个很明确的描述，它"不是独立于这个或那个经验的知识,而是绝对地独立于所有经验的知识"①。他支持康德对先验知识的基本描述,即先验知识本身独立于所有经验,但同时也允许先验知识与某些经验保持特定的联系。基奇尔试图表明,康德的定义是可以澄清的,并且先验的概念是可以根植于自然主义认识论中的。基奇尔所强调的先验知识是具有普遍有效性的真理,它存在于经验之中,并通过经验而获得。

1. 先验是特殊的经验

自然主义认识论强调经验环境。那什么是经验呢? 基奇尔将人们的经验分为外在经验(outer experience)和内在经验(inner experience)。人们感官接受外部世界的任何接触的过程被称为外在经验,而内在经验则是由对身体的外在刺激所产生的感觉状态。基奇尔将人对外部世界所做出的反应和感觉状态也称之为"经验"。那外在经验和内在经验的共同作用如何产生康德所指的"绝对地独立于所有经验的知识"呢?

基奇尔认为先验知识之所以被称为是独立于经验的,仅仅是因为无论某人具有什么经验,他都可能具有该知识。基奇尔在《先验知识》一文中进行了这样的解释:

> 某些经验可以获得分析真理所涉及到的相关概念。如果任何这些经验能够使我们持有知识,那么这一知识是独立于经验的。②

并且独立于经验并不意味着与经验彻底隔绝。基奇尔又提到:

---

① Kant I. *Critique of Pure Reason* (1781)[M]. trans. N. Kemp Smith. London: Macmillan, 1964: B2.

② Kitcher P. A priori knowledge[J]. *The Philosophical Review*, 1980, 89(1): 5.

分析真理是能够先验地知道的，以及某些分析真理涉及到这样的概念，只有具有某种特殊的经验才能获得的概念。……那么，我们就必须允许经验甚至在先验知识中扮演最低限度的作用。可能需要经验提供某些概念。[①]

因此，虽然先验知识作为普遍有效的真理先于所有经验而存在，但先验知识还是需要以经验为基础，也就是说，先验命题应该包含在经验之中。

基奇尔的以上观点是与康德相似的。但他的论证并没有到此为止，他进而又阐述了先验和经验的关系：一类充足的经验包含先验知识，一个人经历这类经验就能够获得包含先验知识的相关概念；如果任何充足的经验都能获得先验知识，那么，这个人就能在经验中获得先验知识。[②] 也就是说，某一个经验它含有先验知识，如果某个人经历这一经验，那么他很有可能就获得了此先验知识。同样的，如果所有的充足的经验都含有先验知识，那么一个人他能够在任何经验中都有可能获得先验知识。基奇尔认为先验知识是包含在经验中的，所以人们不管具有何种经验，都有可能获得先验知识或辩护。

基奇尔得出，经验提供先验知识所需的命题概念，先验知识本身就是从经验中抽象出来的具有普遍有效性的知识，而这一知识虽然独立于经验而存在，但它出现在我们日常的经验生活中，在某种意义上是特殊的经验。当我们对经验进行宽泛的理解时，先验知识不是独立于经验的；但先验知识本身，是独立于经验、先于经验并且不依赖于经验而存在的。它们蕴含在经验生活中，我们只能通过经验活动的方式获得它们。总之，基奇尔所说的先验知识是存在于经验中

---

① Kitcher P. A priori knowledge[J]. *The Philosophical Review*，1980，89(1)：5.
② Kitcher P. A priori knowledge[J]. *The Philosophical Review*，1980，89(1)：3-23.

的普遍真理，人通过经验是可以获得先验知识的，由此可见，基奇尔认为，先验是作为特殊的经验而存在的。

2. 先验辩护

基奇尔认为认识论的核心思想是知识的辩护问题，也就是说，一个人的真信念是否算作知识的问题依赖于这种真信念的出现是否能够以恰当的方式得到解释，即 X 知道 P，仅仅因为 X 正确地相信 P，并且 X 的信念是由确保它的一个过程所产生的。那 X 如何先验地知道 P 呢？基奇尔是这样定义的：

> X 先验地知道 p 仅仅因为 X 具有 p 的真信念，并且该信念由一个获得先验辩护的过程所产生。①

可以这样理解，先验知识是获得先验辩护的真信念。基奇尔给出了一个关键的概念——先验辩护，那我们的任务就转变成如何区分先验辩护与其他辩护。基奇尔主张他的"辩护的普遍理解是可靠主义的一种形式"②。然后它又是还原的，因为他认为"辩护（warrant）的普遍概念"与戈德曼辩护（justification）的概念是一致的③。基奇尔是这样定义先验辩护从而分离出其他辩护类型的：

> 对于 X 的 p 信念，a 是一个先验的辩护，当且仅当，a 是一个过程，在这一过程中，任何生活经历 e，如果对"X 具有 p 信念"是充分的，那么
> （a）一些相同种类的过程能够使 X 产生 p 信念；
> （b）如果一个相同种类的过程使得 X 产生 p 信念，那么

---

①　Kitcher P. A priori knowledge[J]. *The Philosophical Review*，1980，89(1)：8.

②　Kitcher P. *A Priori Knowledge Revisited：New Essays on the a Priori*[M]. New York：Oxford University Press，2000：66.

③　Kitcher P. A priori knowledge[J]. *The Philosophical Review*，1980，89(1)：25.

X 相信 p 是获得辩护的；

(c)如果一个相同种类的过程使得 X 产生 p 信念，那么 p 为真。①

通过上述分析可知，先验辩护所获得的命题是必然的（任何生活经历 e 对"X 具有 p 信念"是充分的），因此虚假信念是否可能具有先验辩护的问题就不可能出现。我们得出这样的结果：如果一个人先验地知道 p，那么无论他具有什么经验，他都可以知道 p。基奇尔的批评家们将焦点关注于(b)和(c)，因为这两者有共同的特征：两者都强加给先验辩护更高的标准，这个标准甚至高于本身所需要的背景理论②的标准。卡萨洛(Casullo)也争论说："因为缺乏一些强制的支持论据，这一更高的标准非正式，应该拒绝。"③基奇尔定义的先验辩护基本属于康德式的先验概念。同属于自然主义认识论者，奎因极力反对这种先验辩护存在的可能性，因为在他眼里必然有效的知识是不存在的。因此作为自然主义认识论者，基奇尔提出这一高标准的先验辩护概念必然会遭到很多攻击，而事实上，卡萨洛等一些哲学家已经继承里普克的思想，认为先验的未必就是必然的，先验辩护也必然具有可修正性。

我们再回到基奇尔的理论，思考这样一个问题：那具体是什么样的过程作为先验辩护的过程使得真信念变成先验知识呢？基奇尔提

---

① Kitcher P. A priori knowledge[J]. *The Philosophical Review*，1980，89(1):10. 原文为：*a* is an a priori warrant for X's belief that *p* if and only if a is a process such that，given any life *e*，sufficient for X for *p*，then

a. some process of the same type could produce in X a belief that *p*

b. if a process of the same type were to produce in X a belief that *p* then it would warrant X in believing that *p*

c. if a process of the same type were to produce in X a belief that *p* then *p*.

② 背景理论是强调预设一些普遍的知识或辩护的理论。

③ Casullo A. The definition of a priori knowledge [J]. *Philosophy and Phenomenological Research*，1977，38(2):221.

出一种方法,即"对知识的心理学的描述"。基奇尔认为信念的出现是通过对出现过程的描述得以解释的,而描述则需要借助心理学。先验辩护一般是在心理过程中呈现出来的,人们对这一真信念的产生、融合及其保存过程加以描述,最后真信念也就能成为先验知识。

基奇尔考察了运用去心理学的方式获得先验知识的可能性,试图说明此可能性是不存在的,并强调"对知识的心理学的描述"是目前来说获得先验辩护最有效的方式。

首先,他分析逻辑经验主义者对先验知识的理解。他们试图以不涉猎心理学的方式去理解先验知识,因此他们提出这样的方案:X先验地知道 p,当且仅当,X 认为 p,并且 p 是分析地真。

但是我们如何相信分析命题是真的呢？难道就是因为它是分析命题吗？事实上一个人相信一个命题为真的理由与他是否具有此知识的问题是相关的。正如基奇尔所说,某人可以依据坏的理由,或者根本没有理由地相信某分析命题。但当这种情况出现时,我们不应当认为此人知道这一受到质疑的分析命题。他举了一个与数学相关的例子:

> 假设,正如实证主义所做的,数学是分析的,想象这样一位数学家,他开始相信某个不明显的定理是真的。这一信念在他的持续的证明定理的努力中展到了展现。最终,他成功了。我们很自然地会这样描述他的进展,说他最终知道了他以前所相信的东西。实证主义的提议迫使我们从头对知识进行归属。更糟的是,我们可以想象,这位数学家有许多同事,这些同事因为梦幻、恍惚、毕达哥拉斯的狂想,如此等等而相信该定理。实证主义的方法不仅没有将发现证据的数学家与他早期的自我分离开来,而且也赋予他像他的同事那样的状态。……如果你相信逻辑法则,因为你从一位著名的数学家那里获知,而这位数学家蛊惑你相信

基本法则是相容的和真的，那么你并没有这些法则的先验知识。你对逻辑法则的信念被之后的证据所破坏了，而这种证据将揭示那位数学家是一位误导的盲信者。含义是明显的：对先验知识的去心理学的方法是失败的，因为对作为事实知识的先验知识，一个人所相信的理由与他是否知道的问题是相关的。①

根据基奇尔的意思，我们必须找到合适的理由来为获得的信念辩护从而使其成为知识，即使先验知识也避不开这一步。我们无法直接从一个陈述是分析的判断出此陈述是先验命题。先验辩护是一个辩护的过程，而非一个既成的事实，单纯通过理解此知识是分析的而确立它是分析知识，是有悖知识获得的条件的。这也是为什么基奇尔强调先验辩护是先验知识的前提和条件的原因。这一辩护过程是无法在去心理学的状态下进行的，因此"对知识的心理学的描述"成了基奇尔所提倡的最有效方法。

基奇尔试图保持传统的先验知识的性质，认为其内容独立于经验，具有普遍有效性，但需要通过经验活动来获得，因此先验知识在基奇尔那里很大程度上是一种普遍有效的经验知识。他认为，先验知识或真信念的认识状态依赖产生和维系它的心理过程，是通过对该过程的描述得以解释的，在这一意义上，这一心理过程就是先验辩护的过程。

3. 基奇尔对两个反对意见的反驳

当基奇尔对先验概念做出如此宽泛的分析时，反对意见就出现了。

第一种反对意见认为基奇尔对先验概念的描述错误地将普遍的

---

① Kitcher P. A priori knowledge[J]. *The Philosophical Review*, 1980, 89(1): 22-23.

经验知识作为先验知识。基奇尔的回应是：

> 经典的先验概念太模糊了，以致于无法确定这样的情景：准确地说，当经典的概念得以明确的时候，这种类型的知识才是明显的。我们可以通过指出这样的知识并不要求特殊类型的经验（当然，除了获得一些概念之外）将普遍的经验知识视为先验的。[①]

基奇尔试图对先验概念进行最低限度地明确，因此他视先验辩护为先验知识获得的过程。获得先验辩护的知识都是普遍有效的知识。先验辩护指称一种特殊类型的经验，对大多数人来说，它既是常见的又是熟悉的。换一种说法，在我们经验的世界里，某些命题是真的，这些命题就是特殊的经验，假定某人具有充分的经验活动，持有这些命题，这些真命题就可被辩护地认为是先验知识。当然，奎因、戴维特等人认为在我们这个世界，不可能经历这样的充分的经验活动，也没法获得永真的命题。

第二，他们认为基奇尔的分析明显地允许这样的可能性：人类能够通过知觉获得先验知识，而知觉通常是经验活动中的一种典型能力。事实上，基奇尔确实不反对人类能够通过知觉获得先验知识。我们可以想象，在我们经验的世界里，某些命题是真的，假定我们有充分的经验持有这些命题，在知觉的基础上，我们或许总是知道它们。我们不可能进行这样的判断：认为这些命题是假的，并且有充分的经验为命题的信念提供知觉辩护。这样的判断在基奇尔那里也被认为是无法实现的，那么知觉的过程将有资格作为先验的辩护。

奎因和戴维特同意经验可以为命题的信念提供知觉辩护，无论

---

① Kitcher P. A priori knowledge[J]. *The Philosophical Review*，1980，89(1)：19-20.

知觉辩护所指的特定内容是什么,但是他们坚决反对将知觉辩护作为先验辩护的一种。基奇尔强调经验可以为命题的信念提供知觉辩护,他在此基础上辩称:知觉的过程为什么没有资格作为先验的辩护? 假定通过一些丰富的经验获得一些知觉的过程是可行的,那么也将可能会产生获得辩护的命题,并且据此产生获得辩护的真命题或先验知识。

总的来说,基奇尔试图阐述的是"人类通过知觉获得先验知识",并非想说知觉是非经验来源,他更想说明的是:先验知识存在于我们日常的经验活动中,我们通过这些活动(包括知觉活动)获得先验知识。先验知识的获得需要在心理学的范围内进行先验辩护活动,"先验的辩护必然会产生获得辩护的真信念"①。基奇尔对先验辩护的概念做了很宽泛但却很严格的定义。在得出这个结论之前,基奇尔已经预设了一些普遍的知识或辩护理论的存在。这一做法是很有争议的,第一,这一预设是否正确? 第二,假如我们赞同这一预设,那我们如何确定一个辩护是普遍有效的呢?

因而,基奇尔试图将康德的传统先验概念纳入自然主义认识论,以求其具有基础的和普遍有效的理论作用,这一做法显得颇为牵强,即使支持先验辩护的自然主义认识论者们也对其理论进行了不同程度的攻击。因而,他在 2000 年所发表的《重访先验知识》这一论文中勉强承认他最初所支持的论据是有缺陷的,在保持其基本理论不变的情况下,提供了一个新的多方面的辩护。但他提出心理学的方式是获得先验辩护/知识最有效的途径,这维护了自然主义认识论最基本的原则。我们可以认识到,自然主义认识论大环境中,科学是获得知识的唯一途径,而先验辩护在科学环境中并不引起任何本质的冲突,心理学不仅作为经验科学的一部分在认知中起作用,也为获得自然主义认识论的一些规范性概念起着媒介作用,先验辩护就是其中之一。

---

① Kitcher P. A priori knowledge[J]. *The Philosophical Review*, 1980, 89(1): 7.

（二）戈德曼

戈德曼是自然主义认识论的又一位代表人物。与奎因的观点相比较，戈德曼的观点更加温和一些。他将认识论划分为描述的和规范的、日常的和基本的。他认为无论是什么科学，都不会停留于对理论形成过程的描述，它们必须得从最基本的已经证明了的理论、定理出发，推出更深层的认识，知识就是在最基本的理论层面上不断深入和进化的。因此，戈德曼也是将先验辩护融入自然主义认识论的提倡者，他认为先验概念能提供结合理性和经验各自优点的更好方式，能够在自然主义认识论内部作为基础并为认识提供规范作用。

戈德曼所提倡的先验概念并非康德意义上的先验知识概念，他将先验视为辩护类型而非真理类型。他认为，在科学内部存在着非经验的辩护方式为命题的确立提供证明，这种非经验的辩护方式就是先验辩护。先验辩护并非是绝对必然的，他采纳克里普克的思想，认为先验作为一个认识论概念没有必要与必然性联系在一起，因此作为传统先验知识特征的不可修正性也应该从先验概念中分离出去。如果这一说法能够获得认同，那么自然主义认识论就很难拒绝先验这一概念，且无法从根本上排除它的存在。此外，戈德曼也认为先验辩护可借助心理过程来进行，认为人类能够通过心理过程可靠地产生真信念。

1. 辩护是先验的本质特征

戈德曼在其论文《先验辩护和自然主义认识论》中表明他所关注的是自然主义认识论而非形而上学自然主义。因此，他对先验概念的阐述都是从认识论的角度出发的，对形而上学问题则采取回避的或保持中立的态度。

戈德曼承认历史上与先验相关的某些性质确实与认识论自然主义相矛盾。但是回顾这些历史上显而易见的性质时也会发出这样的疑问:在对先验概念做出明智的说明的情况下,它们是否真的有必要被保留?戈德曼归纳了传统意义上先验概念的六个性质,包括:(1)非经验的,也就是非感知的来源或基础;(2)必然性;(3)抽象的、永恒的实体;(4)绝对可靠性;(5)确定性和(6)不可修正性(难以矫正性)。

这些性质中的第一点——非经验的来源——毫无疑问是先验性的本质,这一点可以作为确定先验存在的最主要的条件。关于必然性,戈德曼并不能肯定它是不是先验的本质,必然性带有一些严格的限制,是很难被阐述清楚的。此外,戈德曼拒绝将抽象的、永恒的实体作为先验的必要条件,但又在先验应该是何种实体的问题上保持中立,因为他倾向于探讨先验的认识论问题而非形而上学问题。至于先验的绝对可靠性、确定性和不可修正性这些性质,戈德曼认为先验就是非经验的来源,在对先验做出这一说明的情况下,这些性质是没有必要被保留的。也就是说,作为认识论术语的先验与认识的来源有最直接的联系,先验是一种认识的形式,与确定性、可靠性和不可修正性这些形而上学术语没有直接联系。

戈德曼明确反对将先验作为一种知识或真理的类型,他认为先验应当被视为证明或辩护的种类。这一观点有几个优点,他写道:

> 第一,它适当地考虑到这样一种可能性,一个理论可能有先验辩护但不正确,并且因此不能成为先验知识的一部分;
>
> 第二,它回避或者至少排除了这样一个问题,对先验知识而言,除了被辩护的真信念外,还有没有其他什么是必要的;
>
> 第三,它突出了这样一个事实,必然/偶然的区分只是真理类型之间的区分,而先验/后验的区分根本上与证明或

辩护的来源有关，并非与命题（真理）类型有关。[①]

戈德曼的第一点理由直接指出，先验辩护具有可修正性，并且也暗含着"具有先验辩护的知识并非就是先验知识"的意谓。知识具有先验辩护意味着这一辩护形式是非经验的，仅此而已，并非与真理性问题相关。戈德曼并没有阐述先验知识是否存在的问题，他避而不谈形而上学问题，并不想说明经验之外是否存在一种知识被称为先验知识。

所以，戈德曼所探讨的先验仅是从认识论范围出发，比如他将术语"先验"作为命题的谓词。如果一个谓词能够应用于任何命题，那么它就是获得先验辩护的。这一思想类似于基奇尔对先验辩护的定义。但基奇尔过于强调先验辩护是普遍有效并且是必然的，这就无形中给先验辩护上了一把"枷锁"，而这一"枷锁"在戈德曼看来是完全没有必要的。先验辩护获得的知识也是可错的，先验辩护所能说明的是这一辩护并非来自经验，无法保证这一辩护必然为真。

这实际上就是从认识论意义上理解"先验"，摆脱其传统意义上的形而上学特性。只需强调先验辩护是非经验辩护，无需进一步论证先验辩护所具备的一些性质，尤其上文所说的绝对可靠性、确定性和理性、不可修正性。这些性质对先验辩护来说无关紧要，反而会与自然主义认识论产生非常严重的矛盾。作为自然主义认识论者，戈德曼认为应该将其抛弃。他还认为先验存在于自然主义认识论中是很自然的一件事，先验能够与自然主义认识论和谐共处并为其提供适当的规范性和基础性。自然主义认识论"第一个使命是描述我们

---

① Goldman A I. A priori warrant and naturalistic epistemology: The seventh philosophical perspectives lecture[J]. Noûs, 1999,33(s13):1-2.

的认知习惯"①,但并非仅仅是一种描述的事业,"认识论的第二个使命则是对更适当、充分或系统化的认知规范的阐述,在某种意义上说,就是超越这些朴素的认知的所有组成部分"②。

2.信念如何获得辩护?

戈德曼将获得辩护的信念作为知识的一个必要条件,先验辩护是辩护的一种类型,它所获得的信念就是真信念。戈德曼第一篇认识论论文《认识的因果理论》发表于 1967 年③,提出 p 的知识可以被分析为"由事实 p 导致信念 p,因而就产生了 p 知识"。因此,根据这种描述,我们可以这样理解:我面前有一张桌子时,我具有这样一张桌子的信念就是由存在一张桌子的事实所导致的。在《辨识与知觉知识》一文中,戈德曼修正并发展了这一描述,用真信念确认知觉和认识,而这种真信念是辨识能力的产物。为了知道在一个人的面前有一张桌子,他必须能够辨识出这样两种情景,在一种情景中有一张桌子,而在另一种情景中则没有。于是,这种描述得到了进一步的发展,并为获得辩护的信念提供了一种描述:

> 一个信念是获得辩护的,仅仅是因为它是可靠地产生的,也就是说,仅仅因为它是心理过程的产生,而这种心理

① Goldman A I. Epistemic folkways and scientific epistemology [M]//Hilary Kornblith ed. *Naturalizing Epistemology*. 2nd ed. Cambridege,MA: MIT Press,1994: 292.

② Goldman A I. Epistemic folkways and scientific epistemology [M]//Hilary Kornblith ed. *Naturalizing Epistemology*. 2nd ed. Cambridege,MA: MIT Press,1994: 292.

③ 如果人们带着奎因的"自然化的认识论"思路读戈德曼的这篇论文,就容易得出这么一个印象,戈德曼讨论认识论的方法与奎因讨论的方法不相干。戈德曼从事的是对知识概念的分析的事业,而奎因拒绝这种概念的分析方法。然而,戈德曼以"知道的因果理论"发起的事业,尽管以不同于奎因的方式,但与奎因的自然主义却有着密切的联系。根据奎因的观点,恰当的自然主义认识论成为"心理学的一章"。类似地,根据戈德曼的描述,如果我们由于它们是获得辩护而研究信念的特征,那么所要求的是对产生信念的心理学机制的详细的理解。也就是说,戈德曼和奎因都赋予认识论工作一种心理学方式。

过程趋于产生真信念。①

他提倡用"可靠主义"学说来捍卫信念以及真信念获得辩护的过程。戈德曼的可靠论观点声称存在许多不同的信念形成过程，并且它们在可靠性上存在着不同程度的区别，越是可靠的过程便越容易获得真理。当且仅当信念是可靠地产生的，信念才获得辩护。戈德曼称之为可靠主义的理论是一种自然化的知识理论，但这种自然化的认识论与奎因的自然化认识论又有所不同，因为他所提倡的概念并不为奎因所认同。

戈德曼对可靠论的阐述经历了不断补充、修正和改进的过程。他对可靠论的解释不仅仅只停留在最初的定义，即上文所提到的，当且仅当信念产生于认知者可靠的认知过程或机制时，信念受到辩护而成为知识。可靠论最初出现是为了应对盖梯尔问题，戈德曼之后对这一理论进行了扩展，加入了心理学概念，如德性或恶性的清单。列入德性范围的是知觉、记忆和合理推理；而一厢情愿、感情用事以及权威选择上的草率通常会产生虚假信念，被视为是恶性的。当信念所依赖的产生过程刚好处于德性过程的清单中时，信念是获得辩护的；如果刚好处于恶性过程的清单中时，则不能作为获得辩护的保证。虽然戈德曼对可靠论进行了扩展，在原本信念的因果过程中加入了心理学的概念，引起了内在论与外在论的互相交融过程②，但其理论基础是没有变的，即信念与知识获得辩护的过程需要一个或一系列的可靠过程。

通过考察可靠论的变化，我们不难知道，戈德曼在强调信念需要可靠的过程来获得辩护的同时，也主张心理机制在其中发挥作用。

---

① Goldman A I. What is justified belief？[M]//George Pappas ed. *Justification and Knowledge*. Boston：D. Reidel Pub. Co. Press，1979：10.

② 详见前面对可靠论以及内在论和外在论的分析。

人的心理机制可以呈现出信念得到辩护的整个过程,包括所进行的逻辑推理过程,戈德曼认为真信念就是在这一环境中产生。他的方案促使我们研究在人类身上发现的心理机制,去考察它们如何在人类环境中的运作,提供对世界的准确理解。当然,这一心理的知觉机制趋于向我们提供一个对围绕我们的世界的特征的丰富和准确的理解,而并不是去适应所有可能的世界。所以,那些恰当的推理方法面向的是准确理解围绕我们的世界所需的所有种类的推理,而非理解所有可能世界所需的推理。所以,产生的信念是用于理解围绕我们的这个世界的知识,而非用于理解所有可能世界的知识,同样,先验辩护所获得的真信念也只是用于说明围绕我们的这个世界所具有的特征。

此外,戈德曼看来,心理学还能有效地帮我们回避怀疑主义,因为它通过阐释诸如"感知是高度可靠的"这样的论断来应对怀疑主义的责难。他在《认识论与认知》一书中,介绍借助空间想象也是获得真理的一种方法。近期的一些心理学研究支持了这样一种直觉的观点。比如说,若给出特定的几何学问题,人们可以通过将想象出的几何对象在脑海中进行旋转而解决此问题。

由此可得,戈德曼认为所有的认识论证明过程都是心理学在起作用,同时心理学也为真信念即先验的产生和保存提供了有效的途径和方法。他是这样阐述自己的自然主义认识论立场的:

（A）所有的认识论证明或辩护是心理学（或许是计算的）过程的作用,这一过程产生或保存信念。

（B）认识论事业需要来自科学的适当帮助,特别是心灵科学的帮助。[①]

---

① Goldman A I. A priori warrant and naturalistic epistemology: The seventh philosophical perspectives lecture[J]. Noûs, 1999, 33(s13):4.

戈德曼称此为温和的自然主义认识论,它带有理性的色彩,完全包容了先验概念,并将其作为在心理过程中获得真信念的可靠的辩护类型。戈德曼对此提法作了进一步解释:论题(A)符合最小限度的形而上学观点,这一观点认为认识的中介是自然现象,也就是自然的有机体。论题(A)同时超越这一主张,更多是要指出,信念通过心理或计算的过程形成并获得辩护。论题(B)仅仅认为认识论的事业需要从科学那里"获得帮助"。温和自然主义区别于奎因的自然主义的地方在于:它并没有将认识论确定为科学的任何分支或小分支,也并没有将认识论局限在狭窄的科学问题上。但是它跟奎因的自然主义具有相同的观点,就是经验科学对认识论具有重要的贡献。

从以上两个论题可以看出,戈德曼的温和自然主义并没有像奎因和戴维特那样主张从事认识论的正确方法除了科学的经验方法之外再无其他,即使是科学的方法也无法从中排除理性的方法。先验概念是在心理机制中产生并保存的。戈德曼提倡抛弃先验的某些传统性质,使先验这一概念脱去更多的枷锁,更轻松地作为认识论的概念而存在,并认为事实上这就是先验最真实最本质的存在方式。戈德曼认为,自然主义认识论中的先验概念,能为我们提供结合理性和经验各自优点的更好的评价理论。我们在强调经验的作用的同时也不能忽视理性的力量。戈德曼主张:"温和的自然主义认识论可以与温和的理性主义保持和谐,至少在原则上保持和谐。"①

(三)雷伊

作为自然主义认识论者,雷伊在认为经验的方法对认识论研究是必要的和有效的同时,也为先验的存在进行了辩护和解释。他声称:

---

① Goldman A I. A priori warrant and naturalistic epistemology: The seventh philosophical perspectives lecture[J]. Noûs,1999,33(s13):1.

是否存在先验知识是一个经验问题。[①]

任何经验研究都需要一定的先在原则,雷伊把这些原则称为先验知识,纯经验的累积不可能成为科学,特别是像理论物理这样高度抽象的理论,作为先验知识的逻辑和数学原则是不可缺少的,先验必然会在自然主义认识论中起到提供规范和原则的作用。

雷伊指出了奎因关于证实观的整体主义(confirmation holism)的模糊性,认为这一理论无法否定经验环境中先验概念的存在,因为作为先验知识的逻辑、数学和哲学与物理理论、生物学或日常生活的信念并无根本的不同,都是根据经验做出修正的。先验知识是可错的,也完全可以在经验范围内被修正。先验与不可修正性没有必然联系,先验并不关注知识的本质,而是关注能否证明一些主张是非经验的,他也将先验作为认识论概念而分离出必然性等形而上学概念,反对奎因将不可修正性作为先验概念的必然条件从而拒斥先验的存在。可错性、同向性、普适性都不足以排除先验知识。有些问题是由对先验的不同解读造成的。先验知识是通过可靠论而获得的一种特定的辩护,可以随着经验发展而进行自我更新或者修正。

1. 雷伊对先验反对者的反驳

雷伊围绕不可修正性展开对先验反对者的主要观点的反驳。他认为,奎因所描绘的信念之网之所以能引起广泛关注,是因为它有以下三条性质:

第一,可修正性:任何信念都可以通过经验进行适当的修正;

第二,同向性:任何信念潜在的与任何其他信念的构成

---

① Rey G. A naturalistic a priori[J]. *Philosophical Studies*,1998,92(1/2):25.

相联系；

　　第三,普适性:信念的合理性应该受到整个信念系统合理性的评估。①

　　确实,似乎没有人认为某个人具备足够的聪明才智和想象力以致于不需要对其信念系统进行修正。雷伊的观点是:不可修正性与先验完全没有直接关系。他提到,柏拉图、莱布尼茨和康德都不曾说到先验的不可修正性,更没说非同向性,因为他们很清楚人们会以很多方式受到理性的误导。因此,在经验过程中,先验仍然有待经验的检验。

　　雷伊的先验知识在本质上是一种辩护形式,也是一种分析性的原则,它的基础是可靠论。这种辩护在逻辑和数学中是有效的。传统哲学家并不会为偶然经验引起先验的变化而感到困扰,而将其看作是促进了先验的发展,经验展现了以前未发现的东西,并不意味着必须抛弃原有的先验原则。例如,爱因斯坦从狭义相对论到广义相对论的发展。雷伊很明确地表达了先验可以随着经验发展而进行自我修正,这是先验的一种发展方式,修正先验并不代表着抛弃先验。关于先验是否存在的争议是由对先验的不同解读造成的。雷伊倾向于将先验作为特定的辩护形式,即作为一种指导推理的原则对知识的获得进行辩护。

　　2.先验与经验

　　在先验与经验的关系问题上,雷伊与戴维特展开了激烈的争论。

　　雷伊强调先验的存在与否是一个经验问题,从经验中可以判断先验是否存在。同时,也可以将某个经验问题固定称作先验知识。他认同用经验的方法去证实先验性的存在。雷伊从认识论的概念出

---

　　① Rey G. A naturalistic a priori[J]. *Philosophical Studies*,1998,92(1/2):26.

发,认为先验本质上是一种特定的辩护,为"用经验的方法可以证实先验的存在"这一论断提供了更大更合理的空间。雷伊的先验知识概念与戴维特所理解的先验概念相去甚远,戴维特认为先验知识是艰深晦涩、无法解释的。它既然是先验的那就是纯粹独立于经验、完全不依赖于经验而存在的,作为固有的特定的知识内容,独立于经验并且先于经验而存在,因此也将是很难证明的。雷伊认为先验知识不依赖于经验而存在并不代表与经验无关,只不过说明此类知识比其他的知识更具有在先性和普遍性,因此逻辑、数学可视为先验知识。总的来说,雷伊所指的先验知识是一种特定辩护,在本质上是一种分析性的原则,用于指导经验实践。

戴维特反对雷伊将先验存在与否这个问题与经验相联系。他将先验视为某种特殊的知识形态。如果真的存在一种知识形态被确认为先验知识,那么它必须得到辩护。先验知识既然独立于经验,就说明它与经验没有任何关系,要证明它的存在,对它进行辩护,也应该用非经验的方式而不是用经验的方式。但目前来说,戴维特认为任何问题都是经验问题,非经验的方法并不存在。因而,他坚持知识只有通过经验才能得到辩护,不存在非经验的辩护方式,自然也不存在以非经验辩护为基础的先验知识。也就是说,辩护的证据必须是经验的,先验从经验中找不到辩护的证据。虽然可能会有一些想法或方法去实现关于如何建立先验知识的辩护,但是至少至今没有实际有效的方法来确立如何建立关于先验知识的辩护。

雷伊反对戴维特的这一说法,坚持先验知识的辩护必然要在经验活动中进行。在雷伊试图证明先验知识的辩护是经验问题时,戴维特提出雷伊并非是自然主义者。戴维特认为,如果某人只是偶尔运用经验的方法,那就并不能说他是自然主义者,不然的话,任何人都可以称自己为自然主义者。在奎因的认识论中,自然主义者必须承诺除了经验之外不存在任何其他可以获得知识的方法,而雷伊不可能持有这个承诺。

　　雷伊当然认为自己是自然主义者,并且是自然主义先验论者,因为自然主义本身也是含糊不清的,没有特定的方法来作为固定标准。同样,在经验方法中也不能否定先验成分的存在。而在戴维特看来,雷伊是个形而上学自然主义者或物理主义者,他既不是认识论自然主义者也不是自然化的认识论者。戴维特指出,有两个极其不同的学说通常被称为"自然主义",一种是形而上学的,另一种是认识论的。形而上学自然主义也是物理主义,大致的观点是所有的实体都是物质实体,某种意义上它们所遵循的规律都是自然规律。这是一个还原论的学说。奎因和戴维特认为另外一种可以称为"自然主义"的学说是认识论自然主义,它并非还原论,而且与先验知识相对立。奎因表示,认识论自然主义反对"物理主义"而且强调实体必须用科学的方式去检验。认识论自然主义适用于所有知识,所以它也适用于认识它们自身的知识,奎因称之为"自然化的认识论"。

　　雷伊反对这一自然主义认识论,雷伊所赞同的自然主义认识论认为,所有的证明或辩护都是心理学过程,这一过程产生或保存信念。但辩护过程并非全部来自经验,更多的时候,内省还有一些非经验来源也能对信念进行辩护,这种辩护就是先验辩护。所以,他主张存在先验知识和第一哲学。自然主义认识论的理论本就存在着不统一的观念和思想,正是这些观念和思想的不同,导致了雷伊与戴维特、奎因的冲突。

　　总体来说,雷伊的策略是从经验到先验。他认为:

　　　　针对是否存在先验知识这一问题,经验已经给出答案:先验知识是存在的。[①]

　　雷伊所说的先验知识,除了具备辩护策略之外,还类似于库恩所

---

① Rey G. A naturalistic a priori[J]. *Philosophical Studies*,1998,92(1/2):25.

说的"范式"。先验随着经验而变化,这可以看作是先验知识的改进,而不是否定原有的先验知识,正如,爱因斯坦空间、量子物理学引发的范式改变一样。正是在此意义上,戴维特认为雷伊根本不是自然主义者,"使用经验的方法不一定就是自然主义者"①。雷伊反驳戴维特时提到,纯经验的积累不可能形成科学知识,任何经验知识都需要基于一定的先在原则进行研究和处理,这一原则就可以称为先验知识,尤其是一些高度抽象的自然科学理论,必须得结合逻辑和数学等先验原则,才能将经验知识进行整合,形成理论系统。

雷伊认为,先验知识丝毫不违背自然主义认识论的宗旨,并且它可作为自然主义环境下进行推理的必需原则,通过这些原则可以对知识进行辩护。尽管这些原则本身不依赖于经验,但它们却在以经验信息为对象的推理中扮演着重要作用,不管我们是否意识到它。当然,我们仍然可以通过思维去意识到这些原则,最常见的方法是经验心理学的方法。雷伊提到:

> 根据经验心理学,思维的某些变化构成这样一种意义:它表达了支配观念使用的原则。虽然我们无法通过内省知晓这些先验存在的原则,但经验心理学会告诉我们这些原则。②

可以这样理解,经验心理学是获得先验推理所必需的原则的途径,人们通过心理学的介入分析思维的变化,从中获得支配观念的非经验的原则,当然,这些原则是可改进的,具有可修正性。

先验是康德在哲学上予以精心刻画的重要概念。康德所抨击的理性形而上学是以获得关于超验对象(上帝、灵魂和作为整体的宇

---

① Rey G. A naturalistic a priori[J]. *Philosophical Studies*,1998,92(1/2):27.

② Rey G. A naturalistic a priori[J]. *Philosophical Studies*,1998,92(1/2):31.

宙）的真理为宗旨的。他在清除这种虚幻知识的同时，却保留了这样一种信念，即经验科学本身基于最普遍的先验的综合知识，数学真理就是由这样的知识构成的。现代一些经验主义者对先验知识的性质做出完全不同的解释，他们认为先验知识仅仅基于语言的规约，因此只能存在于分析句范围中。这样，那一度认为人类精神天生具有永恒真理的强大信念，仅仅作为以语词意义为能源的微光继续闪烁。最后，奎因对分析性概念进行了毁灭性的批判，将其微光完全熄灭。

在奎因那里，基础主义认识论的破产，也使将科学建立在某种更稳固更优先的主体经验的基础上的尝试不再可能，自然主义认识论不再探寻知识的稳固基础和认识论原则，它只是为如何在实际中取得成功提供建议。以奎因为代表的自然主义认识论者放弃了以哲学为科学辩护的可能性，科学只能从其内部获得自我辩护，这样往往导致循环论证，没有获取真正意义上的辩护的可能性，而没有真正辩护的自然主义是相对主义的，从而也会走向怀疑主义。

然而，知识的稳固基础和确定性仍然是哲学家所追寻的一个目标，这是非规范自然主义认识论无法提供的。因而，最近认识论做出了大量努力，试图恢复理性的地位，而争论的焦点是先验知识的存在问题，参与其中的不乏一些自然主义认识论者。他们认识到以奎因为代表的激进的自然主义认识论的局限性。认识论的使命仍然是探索在纷繁的科学理论背后支撑其理论可靠性、确定性的稳固基础。先验作为一种具有普遍性和高度可靠性的认识论概念，为知识的确定性和可靠性提供前提保证，并能有效地避免知识的相对主义。

自然主义认识论的先验支持者对康德的先验概念进行修正，确定先验作为辩护形式的合理性和可行性，探讨经验环境中先验存在的必要性，即主张："先验作为一种辩护形式不可或缺地存在于经验活动中。"

从先验反对者的论断中，我们可以了解到他们所指的先验是恒真且不可修正的传统先验，并侧重强调先验知识。传统先验知识的概念在自然主义中很难找到容身之所。科学哲学的兴起使得科学与自然、社会的关系更加紧密,科学知识时刻接受着经验活动的检验,使得奎因的由经验科学组成的信念之网得以盛行,也导致了作为传统先验的必然条件的不可修正性受到不同程度的批判。支持者的代表人物雷伊和戈德曼都声称不可修正性并不能作为取消先验概念的理由。他们讨论的先验侧重于辩护形式,定义它的根本原则是"先验不依赖于经验而存在",认为不应该将不可修正性强加于先验概念之上。也就是说,先验可错,并且可以通过自身进行修正。非经验的来源并不能确保先验知识或辩护具有必然性和恒真性,必要时先验辩护须得进行自我修正。

作为辩护或证明的先验具有自身的优势,它作为一种认识论概念,并不需要像先验知识那样必须得澄清此类知识所具备的特性,先验辩护仅仅与辩护或证明的来源有关,并非与命题类型相关,因而先验辩护仅突出一个现实:它具备非经验的来源。先验的支持者基本是从这一点入手进行论证先验的存在。同时,非经验来源并非完全与经验无关,人类可以在经验活动(比如心理学)中确定非经验来源,并且先验是否存在也是一个经验问题,基奇尔尤其强调先验是特殊的经验。

先验的支持者认为,心理学机制实现并保存了对信念进行先验辩护的整个过程。先验的反对者奎因也将心理学重新引入认识论,将之作为自然主义的支撑点之一。奎因认为认识论应该作为"心理学的一章和自然科学的一部分",与先验的支持者不同的是,奎因主张将心理学引入认识论的目的是取消先验概念。在《本体论的相对性和相关评论》中,奎因就提出:

> 任何人所接受的感官接受器的刺激最终都来自于个人
> 自己对世界的描绘。为什么不去看看这个世界到底怎样运

行的呢？为什么不借助于心理学呢？[①]

他认为，当我们去研究一个评估性问题时，心理学上关于我们如何考虑和推理的经验结论在评估中起着基础的作用，至少是有用的。先验的支持者主张从个体的心理经验出发来解释哲学上的不同概念以及相关问题，同时也强调对信念负责的心理过程决定了此信念是否得到辩护，决定其是否得到先验辩护。心理学过程则包括产生、融合以及维持信念的过程，在这一过程中，对信念的先验辩护也将呈现其中。

一般认为，运用经验心理学的方法和概念来解决哲学问题的做法就是心理主义。不少学者，比如以上提到自然主义认识论背景下的先验反对者和支持者，都将心理主义视为方法论自然主义的一种，同时也将经验心理学作为自然科学的一种类型，因此，自然主义显然为心理主义所继承。先验支持者以心理学为科学方式，来呈现先验辩护以及真信念或先验概念形成的过程。他们认为，在心理作用的过程中必然会有一些非经验来源，这些来源就能直接进行先验辩护以获得先验概念。自省、直觉等心理机制也作为心理过程，成为获得非经验概念即先验概念的途径。

总的来说，先验的支持者声称先验概念的存在并不与自然主义认识论相冲突。它能为我们提供结合理性和经验各自优点的更好的方式，同时也让我们更好地理解先验如何与经验保持和谐。

六、先验作为辩护的合理性

本节试图解释，先验本质上是一种辩护，是一个认识论概念，这

---

① Quine W. V. *Ontological Relativity and Other Essays*[M]. New York: Columbia University Press, 1969: 75.

一认识论概念是脱离不开经验环境的。这里的辩护不是论证的意思,也不是关于理论的辩护。确切地说,它是对一个陈述或命题的辩护。它主要阐述命题是如何获得确认的,或者说,认识者是如何知道该命题的,其含义与知识的认识来源直接相关。认识的来源不同,对知识的辩护方式也不同。如果是基于因果原则的经验来源,我们可以称之为经验辩护;如果是一种自明的、直觉的、内省的或理性的认识来源,我们就可以称其为先验辩护。

从以上思路出发,当我们评价先验在当代认识论中的地位时,应当意识到这一先验概念与传统先验知识已经存在很明显的不同,它不再具有在科学之外为科学活动提供指导的形而上学意义。因此,这一节首先阐明先验知识的真实含义,并对其相关概念和理论进行重新解读,如先验与经验的关系问题、分析命题的确立以及数学知识的先验性话题。

在阐明先验知识及其相关概念之后,先验作为辩护的本质也需进一步澄清。为了把先验从传统本性中解放出来,我们需要解释先验辩护的概念。理解先验辩护应当从它最根本的性质入手,即先验辩护仅仅是不依赖于经验的辩护,与必然性等形而上学概念无关。通过对先验辩护概念的这一解释,我们可以获得这样的信息,即只要是不依赖于经验的辩护就是先验辩护,仅凭这一点就可以确定先验概念的存在,因而并不需要将不可修正性作为先验存在的条件。总的来说,在辩护过程中,我们无法否认非经验来源即先验辩护的存在,但经验作为非经验来源的载体起着不可或缺的作用。

(一)先验知识

我们可以这样定义先验知识:它是"不依赖于经验"的一种知识。它所独有的特征,是排除将感观世界作为知识的基石或理由,而以非感知的理性作为知识的来源,如直觉、纯理性和反省,等等。

与其说先验是一种知识,倒不如将其解释为一种通过理性方式获得的信息,此信息为知识的获得提供不依赖于经验的辩护,它通常以直觉、反省和纯理性等方式存在。

先验知识并非与经验对立。本小节试图整理与先验相关的重要概念,重新分析和定义数学知识和逻辑等分析命题,说明基础数学的有效性立足于自身的自明性,这一自明性不以经验为基础,因而数学的本质是分析的和先验的。分析命题是无法脱离经验环境的,我们可以在经验环境中采用经验的概念而不依赖于经验事实的变化做纯粹的逻辑分析,在这一分析过程中,任何经验事实都无法改变逻辑分析得出的结论,并且,如果在某一时刻,任何经验事实都无法驳倒这一判断,那就可以将其称之为分析命题或者是先验命题。

1. 先验与经验

所有的概念都来源于经验,但由此断定一切认识过程都只具有经验的性质就过于草率了。先验概念是以经验作为其认识范围的,这并不意味着它有直接的经验内容,只能说它具有经验的认识起源。卡萨洛强调,如果要获得先验存在的根据,那么在一定程度上得依靠经验的研究,也就是说在经验调查研究中去获得先验存在的根据,先验某种意义上存在于经验之中。

那我们如何理解,先验是不依赖于经验而存在的概念呢?"不依赖"并非意味着先验与经验绝对对立,只是想说明"先验"在任何命题中都呈现它的普遍性;不依赖于经验也并不意味着,没有经验体验的人能够获得先验,因为获得先验需要理解如下的论断:经验,甚至某种相当特殊的经验对于先验可能是必需的,经验为先验提供相关概念并且维系整个命题的有效性。

在康德那,先验与经验的对立很明朗地凸显出来。从经验中获得的知识,不能提供真正的普遍性知识,而只能提供偶然的、由归纳而来的相对的普遍性知识。虽然经验是人类获取知识的最初途径,但绝非唯一途径。康德认为,对于具有普遍必然性的知识比如数学知识来说，用"来自经验"是解释不通的，说明不了其普遍必然性的来源。他解释道，经验可以告诉我们这是什么，但不能阐明为何必须是这样而非那样。为了说明经验知识与具有普遍必然性的知识的根本不同，康德才把具有普遍必然性的知识称为先验知识。"先验的就是必然的"几乎已经成为哲学中的定论。就是说所谓先验的知识，肯定就是"普遍必然的"知识，内在地隐含着"这些知识独立于一切经验而为真，不可能受到任何经验的反驳"的论断。故而，对于康德来说，"先验的知识就是必然的知识"可以说是个分析命题。

因此，自康德以来，几乎所有的哲学家都把"先验的"和"必然的"看作是意义相等的。先验命题和必然命题是紧密相联的，这就是说，一切先验知识都是必然的，而一切必然的知识都是先验可知的。

然而，在克里普克看来，这种等同是建立在混淆的基础之上的。他在《同一性与必然性》一文中，首先提出存在着后验的必然命题，后来在《命名与必然性》一书中，又提出存在着先验的偶然命题。在他看来，"先验的"是认识论的概念，然而"必然的"却是形而上学的概念。这就是说，先验命题与必然命题并不是不可分的。当我们说一个论断先验地有效，这就涉及到这一论断的认识论性质；当我们说它必然地有效，则是涉及它的形而上学性质。克里普克认为，只要一个人不依据经验材料认识了某个东西，他就先验地认识了那个东西，在这里完全不需要使用类似于"可能的""不可能的"或"必然的"这样的词。他通过列举偶然的先验命题和必然的经验命题，推翻了"先验的就是必然的"这一传统观念。

在自然主义认识论框架下，先验作为必然的知识类型是容不进其理论体系的。但事实上，在克里普克等哲学家进行进一步分析和澄清之后，先验已经成为经验中的先验，作为普遍的科学方法融入自然主义认识论背景，并成为科学实践中的重要部分。

自然主义认识论很容易被描述成为一种经验论。因为经验论回避形而上学，认为一切与知识相关的命题只与感觉经验相联系。作为一种分析活动的哲学也隐含在经验的实践中。经验论有其无法回避的缺陷，依靠经验论的原理是很难说明关于必然真理的知识的。不管实践、命题是多么经常地受到验证，仍然存在着在将来的某一场合被驳倒的可能性。这也意味着，没有任何涉及自然、经验和事实问题的相对普遍命题，能被证明是必然为真和绝对普遍为真的。我们只能对其做出大概和大胆的假设。

人们可能就此认为，这种情况将使得以经验论为基础的认识论陷入十足的怀疑论中，但事实并非如此。我们虽然不能逻辑地保证一个命题的有效性，但也不会抛弃我们对命题有效性的信心。所有科学和常识中的"真理"，通常都只是假设为真。

我们可以举共同体知识的例子。共同体的知识是建立在经验科学基础之上的。共同体的知识算是一种具有普遍性的知识或真理吗？显然是值得怀疑的。在同一个共同体的知识系统内，各个命题必须是相互一致的，如欧几里德几何学以及牛顿力学，在他们共同体的系统中，公理也就是真理。然而，系统的发展过程也不是一帆风顺的。在理想的状态下，一个共同体内部的每一个命题都是与其他命题相一致的，但是事实上总是会出现与其他命题不一致的理论或假说，那我们还能把科学看作一个真理系统吗？很多当代科学家已经放弃了一致性要求，将科学视为一种集体活动，认为在科学进步的每一个阶段都没有必要要求一致性。科学哲学因此提出了一个很基本的问题：难道一致性不是科学理论的必要特征吗？科学理论的不一致性很容易使事物产生不确定性，而怀疑论正是由于我们内心的确定性与外部事物的不确定性产生冲突而产生的。并且现在看来，从哥白尼日心说到牛顿定律，从爱因斯坦狭义相对论到他的广义相对论，都不是确定的一致的知识，牛顿定律与相对论存在矛盾，狭义相对论与广义相对论也存在矛盾，理论永远不是必然真理，它只会不断地完善并且在前人的基础上不断地进步。然而，这并不意味着不存在保证知识得以可能的必然前提。

　　为了获得确定的知识，我们对知识进行辩护，将获得辩护的真信念作为知识的必要条件。本节也将"获得辩护的真信念是知识的必要条件"作为预设。缺乏辩护的信念是不能成为知识的，一个信念如果能够成为知识，必须具有某些特性，或者是符合经验事实的，或者是直观的先验的，这些特性为此信念获得辩护提供基础。

　　如果仅仅依赖于经验，我们如何对外部世界进行理解呢？充其量不过是通过某些归纳推理。还是有很多人认为，外部世界是一个完全无序的现象，要对其进行解读并进入我们的经验生活，无疑是无望的。如果仅仅依赖于经验，就不可能通过定义解释基本规律或事实，因为根本就没有更基本的规律或事实来解释它们。

　　既然其他任何规律或事实都无法解释基本规律或事实，那它们就需要自我解释。索萨（Sosa，Ernest）举了一个事实 F 的例子，F 是无需任何（外在）解释的基本事实，因而事实 F 显然有两个相关的特征：

　　　　首先是它的"必然性"，事物不可能成为别样而只能是 F 这个事实说明它们存在。其次是这种必然性的"显而易见性"，事物不可能是别样而只能是 F 这个事实说明它们存在，这一点是很显然的。任何这样的事实都将在它自己的意义上得到完好的理解，并且将无需任何进一步的外在的解释。[①]

　　那么什么样的事实或规律能够呈现这样的"必然性"和必然性的"显而易见性"呢？一般认为，人具有从心灵内容中获得先验理由的能力，在没有经验干预的情况下，我们也能直接地认知它们。而先验知识的本质就是在没有经验干预的情况下获得辩护的知识。在经验范围内的先验辩护行为，为自然主义认识论展现了新的独特的研究

---

　　① 恩斯特·索萨. 形而上学［M］//欧阳康. 当代英美哲学地图. 北京：人民出版社，2005：157.

视角,并为人的认识提供了最后的基础,建立起与科学活动的千丝万缕的密切联系。

科学的概括难免有错,数学和逻辑能够呈现一定的必然性以及必然性的显而易见性。因为数学和逻辑的真理看来对每个人都是相对必然的和确定的,即使它们在理论上有被修正的可能性。事实上,数学确实在发展过程中不断被修正,但原则上,最基础的数学原理,如基本的算术,仍被认为是必然的和确定的。先验知识在确定科学知识的有效性中仍然起着不可或缺的作用。

假设形式逻辑和数学并不是先验知识,而是从经验中获得的事实命题,其可靠性是很难确定的,更无法保证它们的基础作用。因为在经验生活中,综合的事实命题总是可能会被驳倒。而事实上,任何科学研究都是离不开数学和逻辑这两门基础学科。它们具有比其他学科更稳固更可靠的理论内容。正是因为数学和逻辑具有这一特性,以经验为基础的自然主义认识论必须做出解释:为什么人们普遍相信数学和逻辑是基础学科并具有相对确定性和可靠性?答案是,逻辑和数学是不依赖于经验事实内容的先验知识,这一解释很好地回答了为何逻辑和数学能得到普遍使用。

当我们承认数学和逻辑是普遍有效的先验知识,同时也就承认了经验中不乏理性主义的影子。理性主义的基本信条是,思维是知识的独立源泉,并且与经验相比,思维是更可靠的知识源泉。借助理性主义,就等于承认,有关世界的某些知识是可以不依赖经验而获得的。借助于理性的思想并不代表理性主义在自然主义认识论中占上风。因为自然主义认识论崇尚科学的作用,而科学是在经验中产生、发展和巩固的。但是不可否认,科学中除了经验也有理性的存在,经验是认识的一个大环境,感觉经验能为认识提供可靠的基础,但是理智直观和理性推理等思维活动也缺少不了理性主义的帮助。

我们可以在经验环境中,对一些外部经验环境中获得的知识进行理性分析和辩护,如直觉、纯理性和反省。也可以对知识进行先验形式的辩护，获得带有先验成分的经验。纯经验的积累不可能形成系统的科学知识，尤其是一些高度抽象的自然科学理论，必须得结合逻辑和数学等先验原则进行先验辩护，才能将经验知识进行整合，形成理论系统。抛开康德式的先验知识概念所具有的作为真理的性质，只谈先验在经验中的"非经验"来源，那么先验作为认识论概念的本质就豁然开朗了。

2. 分析命题和综合命题

人们通常将分析命题视为先验命题。分析命题和综合命题的划分自康德以来一直被广泛使用，直到奎因的《经验的两个教条》对分析/综合的区分进行了毁灭性的打击。他指出这一区分没有任何意义，目的是取消形而上学与自然科学的区别，证明形而上学与科学的区分是毫无意义的。在这一前提下，他否定先验性的存在，论证形而上学基础是不成立的，所有知识都是直接或间接建立在经验知识即科学的基础之上的。

奎因对分析/综合的区分的批判，促使人们对这一区分进行深入的思考。当我们重新审视奎因对分析/综合之区分的批判时，就会发现，它建立在康德以及实证主义定义分析与综合的思想之上，因此，从根本上说，奎因对分析/综合之区分的批判无法从整个意义上否决分析/综合的区分，而只能算是对其划分标准的否定。换句话说，他的批判不能否定分析/综合的区别，只能说明分析命题和综合命题是两个模糊的概念，至今没有很好地区分标准来明确两者的界限。

但是找不到清晰的界限，并不能说明分析命题和综合命题没有界限。相反，我们只要通过分析一些命题包含的逻辑关系，就能够确定它是真的，可以定义为分析命题，如"2A ＝ A ＋ A"，虽然它涉及了经验的一些概念，但它的内容不依赖于经验，而仅仅依赖于逻辑和分析，我们可以确定其为分析命题；如果一些命题是不能从逻辑或分析意义上推理出来加以确定的，而需要依赖于经验环境，那我们可以确定其为综合命题。这里的关键就是确定该命题是依赖于经验的还是依赖于逻辑或分析的。因此，分析命题是先验命题，因为它不依赖于经验而通过逻辑或分析得到确立。

关于分析与综合之区分的讨论，可以追溯到康德之前休谟对观念和事实的划分，以及莱布尼兹对推理的真理和事实的真理的区分。休谟的观念就是康德所指的分析命题，人们可以通过两种方式来获得它：一种是通过直观；另一种是演绎论证。事实命题就是通过观察和推论借助因果关系而产生的。休谟的观念是先验的，而事实是来自于经验的，没有普遍的必然性。莱布尼兹也谈到了类似的区分，认为"有两种真理：推理的真理和事实的真理。推理的真理是必然的，它们的反面是不可能的；事实真理是偶然的，它们的反面是可能的"①。并且，推理的真理是从一些先验的概念、原则中演绎出来的知识，如几何学的公理，具有必然性；事实的真理就是通过归纳一些事物的性质而得到的结论，如经验科学中的一些命题，具有偶然性，它在有的可能世界中是真的，在有的可能世界中是假的。在他看来，逻辑和数学属于推理的真理，而自然科学的命题和结论则属于事实真理。休谟和莱布尼兹共同认为存在先验的、不可被感觉经验所推翻的命题。虽然休谟和莱布尼兹实际上并没有做出关于分析与综合的区分，但正如奎因所认为的那样，他们的看法"都预示了康德关于分析的真理和综合的真理之间的区分"②。

康德首次引入"分析"和"综合"概念，认为一切判断都可以区分为分析判断和综合判断。分析判断"通过谓词不给主词的概念增加任何东西，它只是把我们在主词中所已经始终思考着的内容分析为那些构成分析命题的概念"。综合判断是"给主词概念增加一个我们

---

① 洛克. 人类理解论［M］//北京大学哲学系外国哲学史教研室编译. 十六—十八世纪西欧各国哲学. 北京：商务印书馆，1975：488.

② 奎因. 从逻辑的观点看［M］. 江天骥，等译. 上海：上海译文出版社，1987：19.

在任何方式下都没有思考过的谓词,并且这个谓词不能用分析的方法从主词中抽引出来"。^①康德将数学作为综合判断,如"7+5=12",在这一陈述中,"7+5"这一表达所包含的意思只是两个数字合为一个唯一的数字,至于是什么样的数字则无法从分析的方式中获得,也就是说 12 是不可能通过仅仅想到 7 与 5 相加而被意识到的。因此,要获得 12 必须超越分析的方式,在给一个概念中加上一个它之前所没有的新概念,如在 5 这个概念中加入 7 形成一个新的概念 12。因此"7+5=12"是综合的。但是在康德认为,这一命题是普遍必然有效的,因此它不是经验的,是先验的,因此就出现了先验综合命题。

康德将分析命题直接与先验性联系在一起,并将综合命题分为先验的综合命题和经验的综合命题,将先验的认识能力作为认识活动的前提。人的认识活动就是用先验的认识能力去整理后验的感觉经验,而形成具有普遍性和必然性的知识。

逻辑实证主义批判并继承了康德的这一区分标准。逻辑实证主义者赞同康德,认为分析命题是先验可知的必然真理,但是他们认为,"先验综合命题是形而上学陈述"的论断是胡言乱语,没有任何意义。他们将命题分为分析命题、综合命题和形而上学命题(此命题是无意义的),取代康德的先验的分析、先验的综合和经验的综合。为了否定先验综合命题的存在,逻辑经验主义者将康德所认为的先验综合命题一起并入分析命题。

石里克提到,分析命题是先验的,综合命题是经验的,只有这两类,并没有先验综合命题。艾耶尔重新给分析命题和综合命题下了定义:

> 当一个命题的效准仅仅依据于它所包括的那些符号的
> 定义,我们称之为分析命题;当一个命题的效准决定于经验

---

① 康德. 逻辑学讲义[M]. 许景行,译.北京:商务印书馆,1991:32.

事实,我们就称之为综合命题。①

> 一切真正的命题分为两类……前一类包括逻辑和纯粹
> 数学的先验命题,我承认这些命题之所以是必然和确定的,
> 仅仅因为它们为分析命题……另一方面,涉及经验事实的
> 一些命题,我认为是一些假设,它们只能是或然的,而永远
> 不能是确定的。②

这一区分又回归到了休谟对观念和事实的区分以及莱布尼兹对推理的真理和事实的真理的区分。在这一区分下,分析命题都是必然的、先验的;而综合命题都是偶然的、后验的。在逻辑实证主义内部,数学和逻辑仍然具有先验的必然性。

在逻辑实证主义之后,奎因对分析命题和综合命题区分的批判是分析哲学史上的一个转折点,它导致了逻辑实证主义的衰弱和还原论的破产,意味着分析哲学又有了一种新看法,尽管葛莱士(Grice,H. P.)和斯特劳森站在后卫线上积极捍卫这两个区分的有效性③。本节对其进行探讨,目的是想说明,奎因无法从根本上排斥分析命题即先验命题的存在。奎因认为:

> 尽管有一切先验的合理性,分析陈述和综合陈述之间
> 的分界线却一直根本没有划出来。认为有这样一条界限可
> 划,这是经验论者的一个非常经验的教条,一个形而上学的
> 教条。④

---

① 艾耶尔. 语言、真理与逻辑[M]. 尹大贻,译. 上海:上海译文出版社,1981:85.
② 艾耶尔. 语言、真理与逻辑[M]. 尹大贻,译. 上海:上海译文出版社,1981:29.
③ Grice H P, Strawson P. In Defense of a dogma[J]. *The Philosophical Review*, 1956, 65(2): 141.
④ 奎因. 从逻辑的观点看[M]. 江天骥,等译. 上海:上海译文出版社,1987:35.

他论证说,这个假想的区分是没法定义的,除非使用那些已经预设了它的词语来做循环定义,无论怎么说,这个区分都依赖于一个靠不住的意义观。任何命题或陈述,即使是公认的定理和规则,都是可修正的,不存在确定的、必然的先验知识,我们的陈述不是单个地面对经验法庭的审判,而是集体地面对经验,因而分析/综合之间分明的界线在原则上是划不出来的①。

不可否认,奎因的论证和分析具有一定的严密性和合理性。他直接指出了以往对分析命题和综合命题的区分所存在的不合理之处。虽然奎因在其分析过程中保持了逻辑的一致性,但仍然存在一些值得商榷的问题。奎因分析"单身汉"和"未婚的男子"之所以是同义的是因为"单身汉"被定义为"未婚的男子",而这种定义最终归结为经验事实。因此,所谓的分析命题并不是像逻辑实证主义所说的那样完全与经验事实无关,这是逻辑实证主义的疏忽。他们没有意识到人的认识是无法脱离经验环境的,但我们可以认为:人能够在经验环境中采用经验的概念而不依赖于经验事实的变化做纯粹的逻辑分析,在这一分析过程中,任何经验事实都无法改变逻辑分析得出的结论,并且,如果在某一时刻,任何经验事实都无法驳倒这一判断,那就可以将其称之为分析命题。这一分析命题可以在未来某个时刻因为各种原因而被修改,它并不一定需要保证其自身的永真,如欧几里德数学。

因此,奎因对分析/综合之划分的批判并非无懈可击。在奎因对分析命题和综合命题的传统区分的置疑和否定中,我们不难看出,在奎因看来,先验的或分析的与必然的是直接对等的。但在克里普克那里,"先验的"和"必然的"已经被澄清并严格区分开来了。"先验的"是认识论概念,而"必然的"是形而上学概念。克里普克的《命名与必然性》沿着奎因所开辟的道路对分析和综合的传统区分进行修正,为先验性适时地保留了基础性地位。克里普克的理论,"毫不夸

---

① 具体参见第三章对奎因的分析。

张地说，他帮助改变了 20 世纪的后半个世纪分析哲学的面貌"①。

奎因指出，分析命题和综合命题之间的传统区分标准是模糊的，克里普克则直接指出区分标准的错误。他指出先验的不一定是必然的，后验的不一定是偶然的。区分标准的错误并不代表分析命题和综合命题的划分是错误的，这一观点修正了一些哲学家所认为的"分析命题和综合命题这两类命题之间的区分并不存在"这一想法。

一般来说，分析命题是相对独立于经验的，即先验的，而综合命题是依赖于经验的，即经验的。不同于康德也不同于逻辑实证主义者，克里普克承认有经验的必然真理也同时承认有偶然的先验真理，如"水是 H_2O"是经验的必然真理，而"巴黎的标准米尺是一米长"是偶然的先验真理。克里普克的理论打破了分析命题和综合命题与必然性和偶然性结合的传统观念，让我们能够从认识论的真实意义上去认识先验性。

本节对分析命题和综合命题的理解，很大程度上结合了逻辑经验主义者对分析命题和综合命题的区分以及克里普克对"先验的"与"必然的"的区分，这些区分标准与休谟以及莱布尼兹的区分标准在本质上都是一致的。不依赖于事实或经验的命题是分析命题；而依赖于事实或经验的命题是综合命题。这也是先验命题与经验命题的区分标准。

但是逻辑实证主义对于"不依赖于经验事实"进行了非常严格的界定，并且强调分析命题的必然性和真。事实上，我们无法真正脱离经验而谈论先验的存在，因为人的认识环境就是一个经验环境，人对先验的认识也是在此环境中进行。先验命题不依赖于经验，但是并不完全与经验脱离，经验仍然需要在命题的表述中扮演重要角色，提供先验概念并维系整个命题。康德将数学视为先验综合命题，最基

① Fitch G W. On Kripke and statement[J]. *Midwest Studies in Philosophy*，2004，28：110.

本的数学命题也需要经验提供相关概念，但从本质上说，它直接依赖于逻辑和分析，所以数学命题并非一个综合命题，因为它并非依赖于经验事实。

因此，笔者认为区分分析命题和综合命题的最基本方式，是判断此命题是否依赖于经验事实，是通过事实确定其有效性还是通过逻辑的分析确定其有效性。这里需要澄清的是，分析命题并不就是永真的，在适当的时候可以对分析命题进行修正。

3. 数学与先验性

在传统观点中，数学是分析的、先验可知的和绝对必然的。尤其是 20 世纪前半叶，数学一直被视为一种"绝对真理"[①]，莱布尼兹深信，"数学研究植根于神的精神之中的永恒真理"[②]，"全部算术和几何学知识都是天赋的和以潜在的方式在我们心中的。所以我们要注意地考虑并顺序地安排好那已在心中的东西，就能在其中发现它们而无法利用凭经验或凭旁人的传统学到的真理"[③]。因此，数学作为一种高贵的学科独立于其他一切东西，它不依赖任何像日常言论和自然科学一样具有经验性和偶然性的东西，并且在各种科学活动（不管是自然科学还是社会科学）中，数学都起着重要作用，它似乎是任何一种推理的本质。

基本的数学命题，比如"2＋5＝7"或"存在无穷多的质数"，经常被当作必然真理和先验知识的范例，这就说明了这些命题具有高度的确定性并独立于其他经验而存在，这也可以折射出，数学的必然性和先验性并不是人所强加的。之所以说数学是必然的，是因为除了数学，我们还没找到其他任何方式来确定这个世界的基本结构；之所

---

① 保罗·欧尼斯特. 数学教育哲学[M]. 齐建华, 译. 上海：上海教育出版社, 1998：1.

② 费尔巴哈. 费尔巴哈哲学史著作选：第二卷[M]. 涂纪亮, 译. 北京：商务印书馆, 1984：27.

③ 莱布尼兹. 人类理智新论[M]. 陈修斋, 译. 北京：商务印书馆, 1982：45.

以说数学是先验的,是因为我们不需要任何特定的经验去为它正名和辩护。

数学真的是必然的吗?

随着科学不断地创新,知识不断地更进,人们意识到数学不是绝对真理,它的必然性是相对的并且可以不断纠正。庞加莱在论文《数学上的创造》中就用"内省"的方式对数学活动进行了心理分析[①],他认为数学家所产生的一刹那的灵感,虽然带有很强的创新能力,但也可能导致用逻辑进行验证时产生错误。因此,在数学定理的发现和构造过程中,直觉和逻辑、无意识和有意识共同作用并相互结合,这就是数学的研究活动。在这种情况下,数学必然是可错的。

数学真的是先验的吗?

数学具有相对的必然性和确定性,但是它又与我们的经验世界直接相关,与科学研究紧密联系。科学被公认为是经验的,数学与科学关系如此密切,为什么数学不是经验的而是先验的? 康德的回答是:数学所关注的是知觉的直观形式,它的先验综合真理陈述了知觉事件的必要条件;算术关注时间的直观形式,而欧几里德的几何学关注空间的直观形式。正是由于数学所关注的是经验世界的必然形式,因而它能运用到经验世界及其科学中。我们这里不评论康德将数学视为先验综合真理是否合理[②],但至少他表达了这样一个思想:存在着一个独立于经验世界的抽象的数学世界,而这个世界是在先验范围内的。比如,在数学中,很多对象和结构被描述成无穷的对象

---

① 庞加莱. 数学上的创造[J]. 数学译林,1986,5:70.
② 这一问题已经在上一小节"分析命题和综合命题"中做了适当的分析。

和结构。但是在现实世界中,我们是无法触及"无穷"这一层面的,我们无从知道宇宙乃至整个物理世界到底是无穷的还是有穷的,但是至少我们不怀疑自然数的无限性,也就是说,数学定理对那些无穷数学模型来说是确定的。

数学逻辑主义者(弗雷格、罗素、怀特海)反对康德对数学的解释,试图证明数学不具有任何主题(subject matter)或内容,而只是用于处理概念之间的纯粹关系。因而,数学可以还原为逻辑。数学虽然与逻辑密不可分,但数学并不能还原为纯粹的逻辑。我们同样用无限论作解释。希尔伯特(Hilbert,David)在他的论文《论无限》中想"一劳永逸地建立数学方法的明确可靠性"①,而这一愿望是没法在经验中通过简单的归纳和概括而获得的。希尔伯特同时也认为数学不是可以简单地还原为逻辑的。除了逻辑,还存在其他的内容,也就是表达式。而且它的最简单的真理是直观的(anschaulich)②。在论文最后,他得出这样的结论:

> 无限在现实中的任何地方都找不到。它既不存在于自然界中,也不为理性思维——存在与思维之间一种引人瞩目的和谐——提供合法的基础。……我们认为要获得科学的知识,某些直观的概念和洞察力是必要条件,单凭逻辑是不够的。以无限进行的运算只有通过有限性才能成为确定。③
>
> 留给无限去起的作用只是一个观念的作用——如果我们依照康德的术语,把观念理解为一种理性概念,它超乎一切经验之外,而使具体事物得以成为一个总体——而且是

---

① Hilbert D. Über das Unendliche[J]. *Mathematische Annalen*,1926,95(1):161.
② 德语 anschaulich 可解释为直观的,自明的或直觉的。
③ Hilbert D. Über das Unendliche[J]. *Mathematische Annalen*,1926,95(1):189-190.

一个在由我们的理论所建立的框架内我们可以毫不迟疑地予以信任的观念的作用。[①]

无限为数学提供了经验所无法提供的理性的作用。此外,如果数学使用无限论,就远离我们所能经验的范围,隔着如此远的距离,逻辑的力量只能发出暗淡的光,而直观和洞察力就成为无限论得以确定的保证。不仅如此,当我们引申到数学乃至科学知识的获得,洞察力和某些直观的概念(如直觉)都是必须的,逻辑并不是唯一的因素。

从上述的论述中,我们不难将数学描述为独立于经验的先验知识。而事实上,科学家在使用数学时从不怀疑数学的正确性。但是激进的自然主义认识论使数学陷入了信任危机。根据奎因的整体主义思想,一个单独的数学世界是不存在的,因为它是一个非自然的过程,而自然的过程就是通常意义上所说的科学研究。逻辑、数学和哲学与理论物理学、生物学或者其他日常生活的常识性主张没有任何差别。也就是说,分析真理和综合真理、论断、意义和事实之间不存在任何原则性断裂。因此,数学与科学理论其实是一回事,它不是先验的也不是必然的。数学和逻辑之所以看起来是先验可知的和必然的,只是因为它们处在信念之网的核心,与直接观察相距最远。那就会产生以下疑问:奎因是凭借什么原因认为数学和逻辑是处于信念之网的中心,并且离经验最远的呢?如果数学和逻辑与陈述一样都是综合的,那它们的地位也应该没有任何特殊之处可言。此外,既然数学与其他陈述一样都是可错的,那为什么科学家在将数学使用到科学的各个领域时从不怀疑数学的正确性呢?这些事实让人们不得不对奎因的无缝之网产生怀疑。

---

① Hilbert D. Über das Unendliche [J]. *Mathematische Annalen*,1926,95(1):190.

奎因是这样解释的,他认为任何信念都是可修正的,数学信念也会遭到信念之网中其他信念的攻击,之所以它被攻击的可能性很小,是因为每门科学都用到数学,因而拒斥它的可能性就很少,但原则上来说,数学信念具有受到攻击的可能性。因而,没有任何陈述、判断和命题是先验可知的,并没有传统意义上所说的必然真理,一切知识都建立于经验之上。但奎因的这一解释并没有真正回答:为什么数学具有相对的必然性、确定性和普适性?为什么数学和逻辑会处于信念之网的中心,离经验最远?奎因这样处理的标准是什么?这一解释很难具有说服力地说明数学具有相对的普遍有效性。这一做法只是给一个迷贴了一个标签起了一个名字,并不是真正解开了那个迷。

我们也承认任何信念都是可修正的,数学也经历了不断修正的发展道路。我们不能因为它可修正就否定它具有先验性。必然性与先验性并没有直接联系,我们判断数学具有先验性的依据是数学不依赖于经验而被认识。虽然数学原则上可错并可进行不断修正,但是作为先验知识,它仍然具有一定的普遍有效性,尤其是基本的数学原理,如算术,它本身就有自明性。

当我们说数学和逻辑不依赖于经验而被认识时,我们并不是指它们是固有的,即生而知之的。很明显,我们仍然需要通过经验活动来认识数学和逻辑。它们之所以与经验无关,就是认为它们的有效性不依赖于经验的验证。我们一旦认识了它们,就会发现它们对每一种可以想象到的情况都适用,这不是或然性的经验内容能够做到的。艾耶尔在《先天性》这篇论文中举了这样一个例子:

> 如果经过量度,发觉一个看来是欧氏三角形的三角形内角之和不是180°,我们并不以为我们遇到一个推翻欧氏三角形的三个角之和是180°这个数学命题的例子,而是认为我们量错了,或者更有可能地,我们所量度的三角形不是

欧氏三角形。这是我们每逢一个数学真理看来可能被驳倒时所采取的方法。我们总是对所发生的情况采用另外某种解释来维护数学真理的有效性。[①]

艾耶尔用上述例子说明数学具有很强的有效性和确定性，事实上已经不依赖于经验的验证，他同时又举了另一个例子强调这一观点：

当我对已经认为是 5 对的对象进行计数时，我发觉它们的总数只有 9。如果我要误导别人，我可以说，在这种情况下，5 的 2 倍不是 10，但这时我就不应当像平常那样用复杂记号"$2\times5=10$"。我不应把它作为纯粹数学命题的表达式，而应作为经验概括的表达式，这样每当我对看来是 5 对的对象进行计数时，我发现它们是 10 个。这个概括很可能是假的。但是如果在一个给定情况下证明它是假的，人们还不能就此说数学命题"$2\times5=10$"已被驳倒。人们会说我在开始计数时认为有 5 对对象的设想是错误的，或者说当我计数时有一个对象被拿走了，或者说它们之中有两个合并成一个了，或者说我数错了。人们将采用与被认可的事实最契合的任何经验假设作为解释。在任何情况下都不能采用的解释是：10 并非总是 2 和 5 的乘积。[②]

亨佩尔（Hempel，Carl）也给出类似的例子：

① 阿尔弗雷德·朱尔斯·艾耶尔. 先天性［M］//保罗·贝纳塞拉夫，希拉里·普特南. 数学哲学. 朱水林，等译. 北京：商务印书馆，2003：369.
② 阿尔弗雷德·朱尔斯·艾耶尔. 先天性［M］//保罗·贝纳塞拉夫，希拉里·普特南. 数学哲学. 朱水林，等译. 北京：商务印书馆，2003：369.

在一片显微镜用的玻璃片上放置微生物，先放三个，后放另外的两个。然后对所有微生物计数，检验在本例中是否 3 和 2 相加真正得到 5。现在设想我们一共数到 6 个微生物。我们是否将把这当作从经验上推翻了给定命题，或者至少当作它不适用于微生物的证明？显然不是这回事；我们宁愿假定我们计数有错误，或者在第一次或第二次计数之间，微生物之一分裂为二了。但是无论如何，刚才描述的现象不能使问题中的算术命题失效。因为后者毫不断言关于微生物的行为，它仅仅陈述了任何含有 3+2 个对象的集合也可以被说成含有 5 个对象。①

我们无须再举此类例子。因为上述的几个例子都足以说明数学的生效不需要经验证据，仅仅通过分析出现在其中的术语所具有的意义就能表明它们是真的。基础数学的有效性立足于自身的自明性，这一自明性不以经验为基础。当然，并非所有的数学都是自明的，只有基本的数学原理是内在地清楚明白的，更多复杂的数学知识是从那些先验的原则中推导出来的，但不管怎么样，数学的本质是分析的和先验的。我们通过理性的思维，即不依靠经验所知的那部分，可以获得数学知识以及逻辑。它们作为分析命题而在我们对知识的经验性探求中起引导作用，具有普遍有效性和较高的可靠性。

(二)先验辩护

在对先验相关概念进行历史陈述时，可以结合两种普遍的先验定义，一种是积极的(positive)，一种是消极的(negative)。消极的描述方式是阐述先验不是哪种类型的辩护，即它是非经验的。而积极

---

① 卡尔·亨佩尔. 论数学真理的本性[M]//保罗·贝纳塞拉夫,希拉里·普特南. 数学哲学.朱水林,等译.北京:商务印书馆,2003:440.

的描述方式阐述怎样的过程和精神上的行为能够产生获得先验辩护的知识。

　　毫无疑问,"非经验的"是先验辩护最本质的特征。正如上文说提到的,"先验的"是一种认识论概念,而传统先验的一些所谓的特征,如必然性,则是一种形而上学概念。如果我们仅仅在认识论层面上阐述先验,就没必要继续阐述形而上学意义上的先验概念的必要条件。

　　当我们将先验的本质表述为"非经验的"时,难道是想说明先验真的与经验毫无任何瓜葛吗? 如果答案是肯定的,那我们几乎无从下手去判断先验是否真的存在,因为先验概念本身模糊不清,只通过"非经验的来源"远远无法对其进行判断。卡萨洛宣称先验知识是获得先验辩护的知识。这种辩护不依赖于经验,但并不意味着,没有体验过任何经验的人能够进行先验辩护,经验对于先验辩护可能是必须的。本小节正是采取这一思路,将先验阐述为经验中的先验,它作为一种辩护形式而存在。

　　先验的积极描述方式相对来说更为复杂并具有争议性,它主要陈述如何获得先验辩护。笔者认为传统的观点在本质上是对的,如下:在最基本的情形中,这样的辩护源自于对事实的直接的或即刻的洞察力。邦乔维给出了"先验洞察力"这一概念,先验洞察力不仅仅揭示一个论断是什么或者这个论断是否必然为真,并且在某种程度上,也揭示了为什么这一论断是必需的。从先验洞察力出发相信某事为真的先验理由就是先验辩护。先验洞察力虽然并不依赖经验,它所依赖的是先验理性,但是它与经验是密不可分的,通过来自经验的概念和形式才能加以表达,构成完整的先验命题。

　　1. 消极特征

　　本小节将先验的消极描述(negative characterization)理解如下:一般认为,只有当 S 的信念 p 在独立于经验的情况下获得辩护时,S

的知识 p 才被认为是独立于经验而存在的,p 也就构成先验知识。也就是说,先验知识本质上是通过非经验辩护即先验辩护所获得的知识。而先验辩护则是对先验概念做出的最合理的阐释,至少在认识论意义上,非经验的辩护形式,例如直觉、反省、理性和洞察力,等等,是最容易被人所接受的。

卡萨洛对先验辩护概念提出三个见解:第一,先验辩护的概念是最低限度的概念,它仅仅表示先验辩护是非经验辩护;第二,必须解决的基本问题就是被辩护的信念是否存在非经验的来源;第三,也是最重要的一点,无论是澄清非经验辩护的概念,还是要确定获得辩护的非经验来源,都必须依靠经验研究。他展示了这样一种想法:先验是否存在是一个经验问题,我们可以在经验环境中判断先验存在的可能性。虽然先验本身绝对地独立于所有经验,但这并不意味着先验与经验没有任何交集,辩护的非经验来源也需通过研究经验而获得,在此基础上获得的独立于各种具体经验知识、建构于经验范围之上的辩护方式,就是先验辩护。事实上,先验至少可以以两种方式同经验保持联系:(1)为了获取命题中涉及到的概念,经验是必需的;(2)为了维系先验命题,经验也是必需的。我们必须承认,经验在获取先验知识的过程中承担着一定的角色。

雷伊强调,先验的存在与否是一个经验问题,从经验中可以判断先验是否存在。同时,也可以将某个经验问题固定地称作先验,他认同用经验的方法去证实先验性的存在。正是因为雷伊预设了经验的方法可以证实先验的存在,所以他更倾向于将先验作为一种特定的辩护而非具体的知识,因为先验作为特定的辩护才更有可能与经验相联系,而如果作为固有的特定的真理性知识内容,独立于经验并且先于经验而存在,就很难证明它与经验的联系。在他看来,先验辩护在本质上是一种分析性的原则,用于指导经验实践。雷伊的策略是从经验到先验。他认为,"针对是否存在先验知识这一问题,经验已经给出答案：先验知识是存在的"①。雷伊所说的先验知识实际上是一种推理的必需原则，也是特定的辩护策略，先验随着经验而变化，这一过程可以看作是先验的改进，而不是否定原有的先验内容。

因此，先验的消极描述，在于探讨先验与经验的关系。先验已不再与经验对立，反而成为一种脱离不开经验活动的辩护形式。莱布尼兹把为经验联系确定理由的方法称为先验的方法。他主张：甚至最初认为仅仅是后验的那些偶然（经验）命题，原则上也能够先验地加以证明。莱布尼兹可能过多强调先验在认知过程中的基础性，但是只要他所指的"理由"是非经验的，那就能够促成经验中的先验，因而在原则上可以作为先验地辩护经验命题的一种形式。

总的来说，先验辩护在经验的范围内。如果某一个经验含有先验辩护，如果某个人经历这一经验，那么他很有可能就领悟了此先验辩护。如果一类充足的经验包含先验辩护，一个人经历这类经验就能够获得包含先验辩护的相关概念。同样的，如果所有充足的经验都含有先验辩护，那么一个人就能够在任何经验中领悟先验辩护。这些活动都是在经验范围内产生的。所以说，先验虽然不依赖于经验，但它可以作为特殊的经验而存在于经验活动中，这一消极描述是先验辩护的最本质的描述方式。

2.积极特征

戴维特认为，如果要认真地对待先验，那么我们所需要的是积极特征，而不只是消极特征。我们需要描述一个过程，有理由认为它是现实的。我们需要阐述先验知识是什么而不是去解释它不是什么。

先验的积极描述方式正是为了解决戴维特的这些疑问。它最常见的表述方法是：在对一个命题进行辩护时，如果能让一个人直接理解该命题并相信它是真的，这样一种辩护就是先验辩护。该方法面

---

① Rey G. A naturalistic a priori[J]. *Philosophical Studies*，1998，92(1/2)：5.

临两个紧迫的问题:怎样理解一个命题,才足够说明它已经是获得充分辩护的命题? 这样的理解如何为相信这个命题做辩护? 针对这两个问题,该方法的一些赞同者认为可以从命题本身进行理解,即通过直觉、内省和理性等方式,也可以对表达命题的语词进行理解,即一种逻辑和分析方式,从而判断该命题是否已经通过直接理解获得足够充分的辩护。这种对命题的直接理解方式就是对命题的先验辩护过程。先验的赞成者通常大胆地宣传:理解一个基本先验命题的人能够"看见"它是真的。那怎样去理解一个命题,才能够算作是已经理解这个命题,从而"看见"它是真的?

邦乔维通过先验洞察力概念,来阐明如何理解一个命题从而"看见"它是真的。他认为这种理解源自于对事实的直接的或瞬间的洞察力。为了更好地理解洞察力的真实含义,邦乔维将其称之为"先验洞察力"①。先验洞察力不仅仅揭示一个命题是什么或者这个命题是否必然为真,并且在某种程度上,也揭示了为什么这一论断是必需的。洞察力的另一个要点,是在归纳推理中对命题的前提和结论之间的联系进行直接把握。邦乔维列举了以下例子:

(1)2+3=5;

(2)所有的立方体都有12条边;

(3)对于任何一组命题 p 和 q,要么 p 正确要么 q 正确,假如 p 是假的,那么 q 就是真的;

(4)如果物体 A 在特定的维度上(长度、面积、体积等)大于物体 B,而物体 B 同时在相同的维度上大于 C,那么 A 就在该维度上大于 C;

---

① BonJour L. In defense of the a priori[M]//Matthias Steup, Ernest Sosa eds. *Contemporary Debates in Epistemology*. Padstow, UK: TJ International Ltd. Press, 2005: 100.

（5）物体表面不可能同时是红色的又是蓝色的。①

邦乔维借助这些例子来说明，在任何可能世界的情形中，我们都能直接看见或把握以上命题必然为真。邦乔维认为这种洞察力并不依赖于经验，它所依赖的是先验理性。当一个人通过洞察力相信一个命题得到了充分的先验辩护时，这个命题就是具有先验性质的。邦乔维倾向于探讨先验辩护而非先验知识，因为在他看来，之所以有先验知识，就是因为先验辩护在起作用。

戈德曼将获得辩护的信念作为知识的一个必要条件。先验辩护是辩护的一种类型，它所获得的信念是高度可靠的信念，因为推理和内省等心理活动都是获得知识的可靠过程。他为获得辩护的信念提供了一种描述：

> 一个信念是获得辩护的，仅仅是因为它是可靠地产生的，也就是说，仅仅因为它是心理过程的产生，而这种心理过程趋于产生真信念。②

戈德曼强调，信念获得辩护的过程是心理机制发挥作用的过程。人的心理机制可以呈现出信念辩护的整个过程，包括所进行的逻辑推理过程，真信念就是在这一环境中产生的。按照他的理论，直觉、纯理性等先验性质的辩护都属于心理过程，通过心理学的途径可以揭示先验辩护的真实存在。

先验的积极描述就是阐述通过哪些方式可以获得先验辩护，而

---

① BonJour L. In defense of the a priori［M］//Matthias Steup, Ernest Sosa eds. *Contemporary Debates in Epistemology*. Padstow, UK: TJ International Ltd. Press, 2005: 100.

② Goldman A I. What is justified belief? ［M］//George Pappas ed. *Justification and Knowledge*. Boston: D. Reidel Pub. Co. Press, 1979: 6.

最传统的方式是内省、直觉和纯理性。雷伊强调先验是一种分析性原则,用于指导经验。莱布尼兹将先验理由视为确定经验的一种方法,认为它在本质上也是一种辩护方式,因为一些经验命题原则上也能够先验地加以证明。当然,还有其他不同的方案,例如,邦乔维提出的"先验洞察力",戈德曼则倡导心理学的办法。这些方法都为先验辩护的存在提供合理性方案。笔者倾向于认可邦乔维的"先验洞察力"方案,先验洞察力其实与内省、直觉和纯理性在本质上是一致的。它结合了直觉、内省和思辨等内在的理性活动,更加形象地表达了一种理性的内在的洞察。沃尔夫(Wolff, Christian)认为,每一个需要中间步骤的证明,最终都是一个先验的证明,而后验的论证仅仅指直接的(感觉的)经验。他将先验辩护运用到经验的每个步骤而获得有效知识。本节也支持纯经验的积累不可能形成系统的科学知识,对任何经验知识进行研究和处理,都需要一定的先验辩护(包括数学和逻辑分析)。将数学和逻辑视为经验的成果是很牵强的做法,因为直接经验和间接经验都无法对具体事物进行抽象的整理与分析,只有借助理性思维才能对归纳产生的理论进行重新演绎从而确定其可靠性。因此,"对经验命题进行先验辩护从而获得真信念"是产生知识的最有效途径,而先验辩护同时也是知识产生的可靠基础。

总之,先验的积极描述是建立在先验的消极描述的基础之上的。先验的消极描述与积极描述最终在本质上是一样的。消极描述可能在最初显得更加显而易见。如果一个陈述或论断是通过先验获得辩护的,那它就并不依赖于经验。虽然先验辩护独立于经验,但并不意味着,没有体验过任何经验的人能够占有用以辩护的先验理由。

七、先验与不可修正性

除了这两种描述方式,"是否应当将不可修正性作为先验辩护的条件"这一问题,也在自然主义认识论这一社会思潮的大背景下得到激烈探讨。以奎因为代表的自然主义认识论者认为,先验知识的存在与自然主义认识论相冲突,或者可以说,他们追求的是这样一种认识论——认为人类知识就如同自然现象一般是完全可以解释的,因而宣称任何知识都是需要修正的。奎因强调,如果假设先验知识或辩护的存在,那它们就必然具有不可修正性,而实际上先验知识所谓的必然性和永恒性是不可能达到的,因为"没有一种陈述是免于修正的"①,任何陈述都需要通过经验来论证和修改,所以先验陈述的存在是有问题的。奎因认为科学理论是可错的、可修正的,从事认识论的正确方法就是科学的经验方法。

从先验反对者的论断中,我们可以了解到,多数人所指的先验是永真且不可修正的传统先验,强调先验的真理性知识概念。当先验作为辩护形式存在时,就没有必要认为它必须具备不可修正性。因为某物是可修正的或不可修正的,与获取知识这一问题毫无关系。就比如我们争论天鹅的颜色与我们捕捉天鹅的过程没有直接联系。我们有足够的信念相信我们所捕捉的是天鹅,因为我们找出了天鹅之所以是天鹅的最本质的特征,而这一特征是别的动物所无法具有的。我们根据天鹅的本质特征在正常情况下捕捉到白天鹅,但也并不意味着就没有黑天鹅的存在,而实际上,黑色的天鹅确实存在。因为颜色并不是区别天鹅存在与否的最本质特征。正如先验辩护,它的本质特征是非经验辩护,我们只要顺着这一特征来寻找先验辩护,情况就会显得简单明了。

当然,我们也可以对先验辩护的不可修正性问题进行讨论,分析它是否具有这一性质。事实上,先验辩护并不一定具有不可修正性,卡萨洛根据对不可修正性与先验的关系分析给出了强有力的证据。

他先将先验的不可修正性区分为强纲领和弱纲领:

---

① Quine W V. *From a Logical Point of View and Other Essays*[M]. New York: Harper and Row,1953:206.

（1）强纲领的不可修正性理论是，如果 S 辩护地认为 P 是先验知识，那么根据任何将来的可能证据，P 陈述都是理性的不可修正。

（2）弱纲领的不可修正性理论是，如果 S 辩护地认为 P 是先验知识，那么根据任何将来的经验证据，P 陈述都是理性的不可修正。[①]

也就是说，强纲领的不可修正性理论是，如果一个命题面对任何将来可能有的证据时都是不可修正的，那么它就是强不可修正的。这个证据包括从经验中获得的以及非经验中所获得的。而弱纲领的不可修正性理论是，如果一个命题仅仅在面对经验证据的情况下是不可修正的，那么它就是弱不可修正的。也就是说，弱不可修正性只强调某一命题可以面对从经验中获得的证据而免受修正，并不能排除这一命题面对非经验证据时可修正的可能性。卡萨洛在做出此定义之时，同时也对这两种不可修正性进行反驳，声称无论强纲领的不可修正性还是弱纲领的不可修正性，事实上都无法作为先验存在的条件。他给出两个令人信服的反例进行说明。

第一个反例是：假设查理进行思考，得出有效的证据相信 p 蕴涵 q，我们可以假定他的这一信念获得了先验辩护。但是，假设存在一个假的证据证明 p 蕴涵-q，如果这个假的证据引起查理的注意，使得他根本没察觉里面的漏洞同时也忽略了其他的证据，他也许会通过思考相信 p 蕴涵-q，这样，他所产生的这一信念也应属于先验辩护。但是，他当前所作的先验辩护是失败的，并且需要修正。查理仍然进行了这一先验辩护。要对这一辩护进行修正，查理需要认真地思考，察觉思考的漏洞并结合其他证据。所以，从这一例子中可以得出，非

---

① Casullo A. Revisability, reliabilism, and a priori knowledge[J]. *Philosophy and Phenomenological Research*, 1988, 49(2): 203.

经验的证据无法保证先验辩护不可错,而强纲领的不可修正性强调非经验证据不可错,在这一意义上,这一反例揭示出,强纲领的不可修正性不能作为先验辩护的必要条件。

卡萨洛还举了一个神经生理学方面的反例,试图证明经验证据同样也能说明先验辩护是可错的。像查理一样,菲尔进行严密的思考并给出某些证据,从而获得一个具有逻辑性的信念。此时,如果菲尔要进行某项实验,这项实验是关于他如何进行逻辑思考的某种大脑扫描实验,扫描所获得的信息也许会否定他之前所做的逻辑思考过程,颠覆他为自己所信任的某些思想所做的辩护,尽管可能问题出在大脑扫描实验上而他的逻辑思考并没有缺陷。不管怎样,菲尔确实对他的信念进行了先验辩护,虽然这个辩护在经验中被驳斥了。[①]这个案例说明这一先验辩护可以被经验证据所否定,无论强纲领的不可修正性还是弱纲领的不可修正性,都强调经验证据不可错,所以这一反例说明了两种不可修正性都无法排除经验证据的修正。

我们应当注意到,辩护遭受经验的挫败并不意味着这一辩护就是经由经验而获得的。对某人自身感觉的某一信念进行内省的辩护,通过神经生理学观察可能发现这种信念的内在辩护是错误的,但这并不意味着最初的辩护就不是直觉内省的。所以,卡萨洛强调赋予先验辩护以最低限度的概念,即它仅仅是非经验辩护。而作为非经验来源的先验辩护不可能避免可错性的发生,非经验证据和经验证据都有可能证明其可错。查理和菲尔的例子就证明了,从人自身感觉出发对信念进行逻辑思考和内省(即非经验的辩护)也可能是错误的。所以,弱纲领和弱纲领的不可修正性都不能成为先验存在的理由,而先验存在的最大理由就是它获得了非经验辩护。

当然,还有一位哲学家雷伊也认为先验辩护在逻辑和数学中是有

---

① 两个案例参见:Casullo A. Revisability, reliabilism, and a priori knowledge[J]. *Philosophy and Phenomenological Research*,1988,49(2):187-213.

效的,传统哲学家并不会为偶然经验引起先验的变化而感到困扰,因为这可以看作是促进了先验的发展,经验展现了以前未发现的东西,而不是抛弃原有的先验原则。也就是说,先验可以随着经验发展而进行自我修正,这是先验的一种发展方式,修正先验并不代表着抛弃先验。

八、自然化认识论的实践与先验规范

以经验科学作为研究对象的认识论本质上具备一种自然化的态度;强调规范性的建构以及先验在其中的作用,并不意味着本章的论述持有非自然主义的形而上学或元哲学态度。事实上,纯粹经验的活动很容易使得科学知识的可靠性成为一种概率、一种猜测,甚至一种工具。

作为一种认识论概念,先验在知识和科学理论获得的过程中具有不同于感觉经验的辩护意义,这与强调自然科学是认识的唯一有效方式不存在冲突,并使得科学实践具有规范的可说明性。它去除了形而上学特征和建构色彩,但本质上仍然是不依赖于经验而存在的,因此具有相对的独立性和普遍有效性。但是在原则上先验也是可错的。因为人是获得先验概念的主体。人是一种事物,一种经验活动中的现象,其所获得的任何知识都无法逸出这个世界。虽然先验概念不依赖于人而存在,但当从人的理性中寻找先验的根据时,其实就是在找一种可以以广义的人类经验来看待的纯理性,这种理性在原则上不依赖于经验,我们可以称其为先验。

先验概念存在的必要性和必然性并不只是针对自然主义认识论的,它存在于任何认识论领域。因为本章持有一种温和的自然主义认识论倾向,所以结合先验概念与自然主义认识论的理论进行探讨。同时也是对先验概念的本质进行讨论,并非只是通过自然主义认识论的理论对先验概念进行修正从而弥补其缺憾。换句话说,关于先验概念,本章只是结合自然主义认识理论,试图叙述其真实的存在方式。

通过对先验理论的分析，我们发现纯经验的积累很难形成系统的科学知识，尤其是一些高度抽象的自然科学理论。我们必须结合逻辑和数学等先验原则，并适当地对信念进行先验辩护，才能将经验知识可靠地整合，最终形成理论系统。这一过程是在经验范围中进行的。先验作为一种认识论概念以及知识的特定辩护方式，必须结合经验环境进行辩护活动。同时，它作为哲学的一个经典的基础性概念，也引发了我们对科学背景下的知识客观性和认知态度的思考。

科学哲学——追求科学的客观性

纵观科学哲学的百年历史，大致经历了三个阶段：逻辑实证主义阶段、历史主义阶段和后历史主义阶段。逻辑实证主义阶段的科学哲学任务是排除形而上学的干扰，对哲学进行语言研究促使其完全科学化。20世纪50年代奎因的《经验主义的两个教条》否定了经验论的两个教条，促使逻辑实证主义走向衰落。之后在库恩、汉森（Hansen）等哲学家的努力下，科学哲学进入历史主义阶段，然而相对主义也随之蔓延。到了后历史主义时期，与科学哲学相关的学科错乱纷杂，如科学社会学、科学知识社会学、科学心理学、认知科学等等，导致科学哲学的进程出现混乱的局面。在这一时刻，我们不得不重新审视科学哲学的本质，探讨它有可能的发展进程。

科学哲学有个共同的话题，即追求科学的客观性。在自然主义认识论那里，客观性等同于实在性。自然主义认识论反对一切对"基础"的寻求，认为哲学不应当是专断的，不应当对科学活动进行认识论的限制，它更应该以经验科学的方法描述科学活动的过程。在自然主义者看来，唯一存在的客观对象就是"自然"，这也就是认识的对象。

作为自然主义认识论者，我们无须追求科学之外的基础或先于科学研究的形而上学预设,但仍然可以对科学现象以及认识过程进行陈述。这一做法与斯特劳森所倡导的描述的形而上学①思想并无实质性抵触。斯特劳森认为形而上学已经不再是以揭示事物之本质为使命的事业,而只是试图对世界的实际图式进行描述。这时的形而上学实际上已经是哲学的代名词。而自然主义认识论这一理论本身就是一种形而上学思想。

在追求科学的客观性的过程中,我们不断认识到形而上学陈述和专门科学陈述之间所存在的密切联系。形而上学的力量源自认识论的内在张力。传统的科学哲学以排除形而上学干扰为任务,而实质上却遗失了形而上学的维度,丧失了科学的本体论意义,使得科学哲学的发展道路越来越狭窄,只能单纯地从语言哲学角度去挖掘科学的哲学含义。

这一现象已经被很多自然主义认识论者注意到了。虽然仍有一些自然主义认识论者拒斥形而上学的存在,但是自然主义并非唯物主义,深入自然主义认识论内部,形而上学的去留问题仍然是争议的热点。一些温和派的自然主义认识论者力图恢复形而上学在科学哲学发展中应有的地位和作用。科恩布利斯就提倡通过经验研究寻求认知规范,并提出一种以科学为基础的、形而上学与认识论互相包容的新的自然主义,将形而上学与认识论同时自然化,从而形成统一的自然主义。可见,虽然自然主义从提出到现在尚没有一个清晰的轮廓,但是我们仍然可以从中挖掘到丰富的理论商榷的可能性和它特有的张力。因而,也能为在其理论背景下探讨先验性提供广阔的空间。

科学是一门开放的学科,一切与科学相关的人与事都可以参与

---

① 斯特劳森提倡的描述的形而上学与本章所支持的形而上学概念大体上是一致的。本章所支持的形而上学主要指的是那种要求用有科学性的陈述表达出来的对整个世界的思想结构进行描述的形而上学,而并不是揭示事物之本质以及关于世界意义和人类存在意义问题的形而上学问题。

到科学活动中来。它使得自然主义认识论极具魅力和吸引力。虽然自然主义认识论内部是不连贯并且相对模糊的,但作为哲学研究者,我们依然可以持着一种"自然"的精神,跳出各种理论观念的束缚,对事物做出实在的判断。正如著名分析哲学家普特南所呼吁的:

> 我们可以从康德那里学到很多,而无须称自己为康德信徒;我们也可以从马菲、杜威那里学到很多,而无须称自己为实用主义者;我们还可以学习维特根斯坦,而无须称自己为维特根斯坦信徒。同样,我们也可以从弗雷格、罗素、卡尔纳普、奎因以及戴维森那里学到很多,而无须称自己为"分析哲学家"。为什么我们不能只做"哲学家",而去掉那个形容词呢?①

认识论——自然态度中的先验因素

康德的愿望——让先验知识为人类的认识提供有效的基础,并最终建立作为科学的形而上学——注定是渺茫的,至少从他所赋予的先验知识概念来说是如此。就经验科学来说,康德的"自然科学的形而上学前提"在今天已经不能从科学意义上认真看待了。其原因有几点:

(1)康德所给出的先验知识概念的可信度是非常弱的,尤其是在数学和经验科学等各个学科中。科学的严密程度大大提高了,对概念结构的精确性、对逻辑和数学证明的严密性以及对综合科学命题的可证实性,都提出了比较高的要求。哲学家们顺应科学的发展趋

---

① 普特南.从内部看哲学的半个世纪[M]//陈波.分析哲学:回顾与反省.成都:四川教育出版社,2001:112-113.

势,逐渐将知识的客观性等同于实在性。而在康德那里,知识的客观性需要以纯粹的、原始的和恒定的意识统一性为前提。这一做法正是自然主义认识论所批判的,哲学不应当对科学活动进行认识论的限制。科学哲学的兴起使得科学与自然、社会的关系更加紧密,这使得奎因的由经验科学组成的信念之网得以盛行,也导致了康德的先验理论受到不同程度的批判。

(2)由于人类对自身知识的反思,认识论的任务被界定为对知识及其普遍性和客观性进行辩护和限定。然而,传统的认识论——包括康德的先验哲学在内——都没有合理地解决知识的客观性问题。这也导致了当代自然主义认识论对传统认识论所追求的知识的普遍性、必然性和客观性给予了全面的解构和摧毁。近些年兴起的新兴科学,如认知心理学、思维科学,不断地挤占认识论的传统领地,使得其哲学研究从中心滑到了边缘,越来越难有容身之所。

幸运的是,传统认识论的终结并不意味着认识论的终结。只要人生活在世界中,必然存在着理性的认识。这也是人区别于动物的一个标志。人们逐渐意识到,不可能存在着对事物性质的终极解释,即使是科学理论,也要在发展过程中不断进行修正,哲学理论更是如此。这个观念不仅冲击了牛顿时代的理性权威(康德的形而上学理论就是在此基础上建立的),也动摇了为科学知识提供可靠性观念的形而上学理论。科技革命给人类的价值观念带来巨大的改变,对真理的追求逐渐演变成对科学知识的寻求,先验理性被打入冷宫,经验认知则出来收拾局面。于是经验论为主的认识论在 20 世纪占据了统治地位,也直接导致了自然主义认识论的兴起。虽然科学的逻辑基础和科学合理性的信念仍在科学发展中发挥着作用,但在追根究底的哲学分析中失去了它的必然性和确定性,这不是大多数自然主义认识论者所希望的。

因此,自然主义认识论者试图在越来越模糊的认识论领域,寻找一种关于如何在科学领域中合理运用哲学认识的认识论。虽然它讨论的核心问题是知识如何获得辩护,但在其研究问题中综合了对认识现象进行描述以及为认识提供一种最后的基础这两个任务。对认识现象进行描述和为认识提供一种最后的基础,这原本是认识论的两种分类,这两种分类直接关系着哲学家在认识问题上采取的基本态度。对认识现象进行描述的做法表现为自然主义的认识态度,而为人的认识提供一种最后的基础的做法则表现为理性主义的认识态度。

　　这两种认识论类型的重组是自然主义认识论的一大亮点。自然主义认识论不畏惧在科学范围内同时进行对现象过程的描述和对科学寻求确定基础的努力,即使这一基础是先验性质的。自然主义认识论很明显地终结了传统的主客二分思维模式的抽象认识论,而采取了自然的认识态度。在拥护基本的自然态度同时,一些自然主义认识论者也掀起了一场认识论的先验转向过程。在经过自然化转向和先验认识论转向之后,带有先验色彩的温和自然主义认识论为先验的必要性、合法性做出辩护,实现认识论在哲学意义上的新生。它所关注的不再是先验赋予知识的客观性、真理性,而是认识论意义上知识存在的合理性问题。先验概念在其框架中作为朴素的认识论概念而存在,不再具有建构的色彩,只是作为一种辩护类型为知识的合理性正名。它存在于日常生活中,作为自明性的概念为一些命题和陈述进行非经验辩护,并在经验范围内为科学理论的建立提供了相对的可靠性和确定性。正如莱布尼兹所说的,"自然的秩序是从最单纯的东西开始的,当我们想来考虑那潜在地,并且全部察觉之先在我们之中的东西时,我们以最单纯的东西开始是有道理的。它们对思想是必需的,正如肌肉对于行走是必需的一样"[①]。

---

① 莱布尼兹.人类理智新论[M].陈修斋,译.北京:商务印书馆,1982:40.

参考文献

Almeder R. Defining justification and naturalizing epistemology[J]. *Philosophy and Phenomenological Research*, 1994, 54(3): 669-681.

Almeder R. *Harmless Naturalism*[M]. Chicago: Open Court Publishing Company, 1998.

Almeder R. On naturalizing epistemology [J]. *American Philosophical Quarterly*, 1990, 27(4): 263-279.

Armstrong A C. The evolution of pragmatism [J]. *The Journal of Philosophy, Psychology and Scientific Methods*, 1908, 5(24): 645-650.

Armstrong D M. A naturalist program: Epistemology and ontology [C]//Proceedings and Addresses of the American Philosophical Association. American Philosophical Association, 1999: 77-89.

Armstrong D M. *Perception and the Physical World* [M]. London: Routledge and Kegan Paul, 1961.

Audi R. Prospects for a naturalization of practical reason: Humean instrumentalism and the normative authority of desire[J]. *International Journal of Philosophical Studies*, 2002, 10(3): 235-263.

Ayer A J. *Language, Truth and Logic*[M]. 2nd ed. London: Gollancz, 1946.

Ayer A J. *The Problem of Knowledge*[M]. Hamondsworth: Penguin Book, 1956.

Baç M. Structure versus process: Mach, Hertz, and the normative aspect of science[J]. *Journal for General Philosophy of Science*, 2000, 31(1): 39-56.

Bahm A J. Evolutionary naturalism [J]. *Philosophy and Phenomenological Research*, 1954, 15(1): 1-12.

Barrett R B, Gibson R F. *Perspectives on Quine* [M]. Cambrige: Bassil Blackwell, 1990.

Bealer G. A priori knowledge and the scope of philosophy[J]. *Philosophical Studies*, 1996, 81(2): 121-142.

Bealer G. The boundary between philosophy and cognitive science[J]. *The Journal of Philosophy*, 1987, 84(10): 553-555.

Bedau M. Can biological teleology be naturalized? [J]. *The Journal of Philosophy*, 1991, 88(11): 647-655.

Benacerraf P. Mathematical truth [J]. *The Journal of Philosophy*, 1973, 70(19): 661-679.

Bernstein R. Whatever happened to naturalism? [C]//Proceedings and addresses of the American Philosophical Association. American Philosophical Association, 1995: 57-76.

Bezuidenhout A. Resisting the step toward naturalism [J]. *Philosophy and Phenomenological Research*, 1996, 56(4): 743-770.

Birx H J. Naturalistic philosophies of experience: Studies in James, Dewey and Farber against the background of Husserl's phenomenology[J]. *Philosophy and Phenomenological Research*, 1972, 32(4):581-582.

Boghossian P, Peacocke C. *New Essays on the A Priori*[M]. Oxford: Clarendon Press, 2000.

BonJour L. Against naturalized epistemology [J]. *Midwest Studies in Philosophy*, 1994, 19: 283-300.

BonJour L. Externalism/internalism[M]//Jonathan Dancy, Ernest Sosa eds. *A Companion to Epistemology*. Oxford: Blackwell, 1992.

BonJour L. *In Defense of Pure Reason: A Rationalist Account of a Priori Justification*[M]. Cambridge: Cambridge University Press, 1998.

BonJour L. In defense of the a priori[M]//Matthias Steup, Ernest Sosa eds. *Contemporary Debates in Epistemology*. Padstow, UK: TJ International Ltd Press, 2005.

BonJour L. Precis of in defense of pure reason[J]. *Philosophy and Phenomenological Research*, 2001, 63(3): 625-631.

BonJour L. Replies[J]. *Philosophy and Phenomenological Research*, 2001, 63(3): 673-98.

BonJour L. *The Structure of Empirical Knowledge*[M]. Cambridge, MA: Harvard University Press, 1985.

Boumans M. The reliability of an instrument[J]. *Social Epistemology*, 2004, 18(2-3): 215-246.

Boyd R. Scientific realism and naturalistic epistemology[C]// Proceedings of the biennial meeting of the Philosophy of Science Association. Philosophy of Science Association, 1980: 613-662.

Brewer W F, Chinn C A. Scientists' responses to anomalous data: Evidence from psychology, history, and philosophy of science[C]// Proceedings of the biennial meeting of the Philosophy of Science association. Philosophy of Science Association, 1994: 304-313.

Butchvarov P. *The Concept of Knowledge*[M]. Evanston: Northwestern University Press, 1970.

Campbell D T. Science policy from a naturalistic sociological epistemology [C]//Proceedings of the biennial meeting of the Philosophy of Science Association. Philosophy of Science Association, 1984: 14-29.

Capps J. Dewey, Quine, and pragmatic naturalized epistemology[J]. *Transactions of the Charles S. Peirce Society*, 1996, 32(4): 634-667.

Carnap R. *Logical Foundations of Probability*[M]. Chicago: University of Chicago Press, 1950.

Casullo A. *A Priori Justification*[M]. New York & Oxford: Oxford University Press, 2003.

Casullo A. Revisability, reliabilism, and a priori knowledge[J]. *Philosophy and Phenomenological Research*, 1988, 49(2): 187-213.

Casullo A. The definition of a priori knowledge[J]. *Philosophy and Phenomenological Research*, 1977, 38(2): 220-224.

Cherniak C. *Minimal Rationality*[M]. Cambridge, MA: MIT Press, 1986.

Cherryholmes C H. Notes on pragmatism and scientific realism [J]. *Educational Researcher*, 1992, 21(6): 13-17.

Chisholm R M. *Perceiving* [M]. New York: Cornell University Press, 1957.

Chisholm R M. *Theory of Knowledge*[M]. Englewood Cliffs, NJ: Prentice Hall, 1977.

Christensen D. Conservatism in epistemology[J]. *Noûs*, 1994, 28(1): 69-89.

Christensen W D, Hooker C A. The organization of

knowledge: Beyond Campbell's evolutionary epistemology [J]. *Philosophy of Science*, 1999, 66: 237-249.

Churchland P S. Epistemology in the age of neuroscience[J]. *The Journal of Philosophy*, 1987, 84(10): 544-553.

Churchland P S. *Neurophilosophy: Toward a Unified Science of the Mind/Brain*[M]. Cambridge: MIT Press, 1989.

Clough S. Having it all: Naturalized normativity in feminist science studies[J]. *Hypatia*, 2004, 19(1): 102-118.

Code L. What is natural about epistemology naturalized? [J]. *American Philosophical Quarterly*, 1996, 33(1): 1-22.

Craig W L, Moreland J P. *Naturalism: A Critical Analysis* [M]. New York: Routledge, 2000.

Crane T, Mellor D H. There is no question of physicalism[J]. *Mind*, 1990, 99(394): 185-206.

Cummins D D, Lubart T, Alksnis O, et al. Conditional reasoning and causation[J]. *Memory & Cognition*, 1991, 19(3): 274-282.

Dale Jacquette. Psychologism Revisited [M] *Logic, Metaphysics, and Epistemology*, 2001(32): 261-278.

Dauer F W. Humean naturalism and the problem of induction [J]. *Ratio*, 2000, 13(2): 123-137.

Davidson D. Mental events [M]//*Essays on Actions and Events*. Oxford: Clarendon Press, 1980.

De Caro M, Macarthur D. *Naturalism in Question* [M]. Cambridge, MA: Harvard University Press, 2004.

DePaul M R, Ramsey W, Cummings R, et al. *Rethinking Intuition: The Psychology of Intuition and Its Role in Philosophical Inquiry*[M]. Lanham, MD: Rowman and Littlefield, 1998.

Devitt M. *Coming to Our Senses*[M]. Cambridge: Cambridge University Press, 1996.

Devitt M. Meanings just ain't in the head[M]//G. Boolos ed. *Meaning and Method: Essays in Honor of Hilary Putnam*. New York: Cambridge University Press, 1990.

Devitt M. Naturalism and the a priori[J]. *Philosophical Studies: An International Journal for Philosophy in the Analytic Tradition*, 1998, 92(1/2): 45-65.

Devitt M. *Realism and Truth*[M]. 2nd ed. Princeton, NJ: Princeton University Press, 1997.

Devitt M. There is no a priori[M]//Matthias Steup, Ernest Sosa eds. *Contemporary Debates in Epistemology*. Padstow, UK: TJ International Ltd. Press, 2005.

Doppelt G. The naturalist conception of methodological standards in science: A critique[J]. *Philosophy of Science*, 1990, 57(1): 1-19.

Downes S M. Socializing naturalized philosophy of science[J]. *Philosophy of Science*, 1993, 60(3): 452-468.

Dretske F I. Conclusive reasons[J]. *Australasian Journal of Philosophy*, 1971, 49(1): 1-22.

Dretske F I. *Seeing and Knowledge*[M]. London: Routledge and Kegan Paul, 1969.

Duran J. *Knowledge in Context*[M]. London: Rowman & Littelefieldm Publisher, 1994.

Duran J. Naturalized epistemics and conditional reasoning[J]. *Metaphilosophy*, 1998, 29(4): 288-297.

Eames S M. *Pragmatic Naturalism: An Introduction*[M]. Carbondale and Edwardsville: SIU Press, 1977.

East J P. Pragmatism and behavioralism[J]. *Western Political Quarterly*, 1968, 21(4): 597-605.

Edel A. Naturalism and the concept of moral change [C]//Proceedings and addresses of the American Philosophical Association. American Philosophical Association, 1987: 821-840.

Ereshefsky M. Pluralism, normative naturalism, and biological taxonomy[C]//Proceedings of the biennial meeting of the Philosophy of Science Association. Philosophy of Science Association: 382-389.

Fales E. Plantinga's case against naturalistic epistemology[J]. *Philosophy of Science*, 1996, 63(3): 432-451.

Feldman R. Epistemology naturalized. The Stanford Encyclopedia of Philosophy [EB/OL]. http://plato. stanford. edu/ archives/ fall2001/ entries/ epistemology-naturalized/.

Feldman R. Methodological naturalism in epistemology[M]//John Greco, Ernest Sosa. *The Blackwell Guide to Epistemology*. Oxford: Blackwell Publishers Ltd. , 1999.

Fennell J. The three Quines[J]. *International Journal of Philosophical Studies*, 2003, 11(3): 261-292.

Field H. Epistemological nonfactualism and the a prioricity of logic[J]. *Philosophical Studies: An International Journal for Philosophy in the Analytic Tradition*, 1998, 92(1/2): 1-24.

Field H. The a prioricity of logic [C]//Proceedings of the Aristotelian Society. Aristotelian Society, Wiley, 1996: 359-379.

Fitch G W. On Kripke and statements[J]. *Midwest Studies in Philosophy*, 2004, 28: 295-308.

Fodor J A. The dogma that didn't bark (A fragment of a naturalized epistemology)[J]. *Mind*, 1991, 100(2): 201-220.

Fogelin R J. Quine's limited naturalism[J]. *The Journal of*

Philosophy，1997，94(11)：543-563.

Freed B. Epistemology and cognition：Alvin I. Goldman[J]. *Philosophy of Science*，1988，55(3)：479-480.

Freedman K L. *Naturalized epistemology and the construction of normativity*[D]. Toronto：University of Toronto，2001.

Freedman K L. Naturalized epistemology，or what the Strong Programme can't explain[J]. *Studies in History and Philosophy of Science Part A*，2005，36(1)：135-148.

Frege G. *The Foundations of Arithmetic*[M]. 2nd revised ed. Evanston，Illinois：Northwestern University Press，1974.

French P A，Uehling T E，Wettstein H. *Midwest Studies in Philosophy* [M]. Notre Dame：University of Notre Dame Press，1994.

Friedman M. Philosophical naturalism[C]//Proceedings and addresses of the American Philosophical Association. American Philosophical Association，1997：5-21.

Friedman M. Truth and confirmation[J]. *The Journal of Philosophy*，1979，76(7)：361-382.

Fumerton R. Skepticism and naturalistic epistemology [J]. *Midwest Studies in Philosophy*，1994，19：321-340.

Gale R M，James W，Dewey J. The odd couple[J]. *Midwest Studies in Philosophy*，2004，28：149-167.

Gettier E L. Is justified true belief knowledge? [J]. *Analysis*，1963，23(6)：121-123.

Giedymin J. Quine's philosophical naturalism[J]. *The British Journal for the Philosophy of Science*，1972，23(1)：45-55.

Giere R N. Philosophy of science naturalized[J]. *Philosophy of Science*，1985，52(3)：331-356.

Gleitman H. *Psychology*［M］. 4th ed. New York：W. W. Norton & Co. ，1995.

Goldman A I. A causal theory of knowing［J］. *Journal of Philosophy*，1967，64(12)：357-372.

Goldman A I. A prior warrant and naturalistic epistemology ［M］//*Philosophical Perspectives*，13：*Epistemology*. Oxford：Blackwell，1999.

Goldman A I. A priori warrant and naturalistic epistemology：The seventh philosophical perspectives lecture［J］. *Noûs*，1999，33 (s13)：1-28.

Goldman A I. Cognitive science and metaphysics［J］. *The Journal of Philosophy*，1987，84(10)：537-544.

Goldman A I. Discrimination and perceptual knowledge［J］. *The Journal of Philosophy*，1976，73(20)：771-791.

Goldman A I. Epistemic folkways and scientific epistemology ［M］//Hilary Kornblith ed. *Naturalized Epistemology*. 2nd ed. Cambridege，MA：MIT Press，1994.

Goldman A I. Epistemics：The regulative theory of cognition ［J］. *The Journal of Philosophy*，1978，75(10)：509-523.

Goldman A I. *Liaisons：Philosophy Meets the Cognitive and Social Sicences*［M］. Cambridege，MA：MIT Press，1992.

Goldman A I. *Pathways to Knowledge：Private and Public* ［M］. New York：Oxford University Press，2002.

Goldman A I. Replies to reviews of knowledge in a social world［J］. *Social Epistemology*，2000，14(4)：317-333.

Goldman A I. The relation between epistemology and psychology［J］. *Synthese*，1985，64(1)：29-68.

Goldman A I. Varieties of cognitive appraisal［J］. *Noûs*，1979，

13(1):23-38.

Goldman A I. What is justified belief? [M]//George Pappas ed. *Justification and Knowledge*. Boston: D. Reidel Pub. Co. Press, 1979.

Greco J, Sosa E. *The Blackwell Guide to Epistemology* [M]. Oxford: Blackwell Publishers Ltd. ,1999.

Grice H P, Strawson P F. In defense of a dogma [J]. *The Philosophical Review*, 1956, 65(2):141-158.

Grimes T. The myth of supervenience [J]. *Pacific Philosophical Quarterly*, 1988, 69(June):.

Haack S. *Evidence and Inquiry* [M]. Oxford: Blackwell Publishers Ltd. , 1993.

Haack S. Précis of evidence and inquiry: Towards reconstruction in epistemology [J]. *Philosophy and Phenomenological Research*, 1996, 56(3):611-614.

Haack S. Recent obituaries of epistemology [J]. *American Philosophical Quarterly*, 1990, 27(3):199-212.

Haack S. The two faces of Quine's naturalism [J]. *Synthese*, 1993, 94(3):335-356.

Hacking I. Is the end in sight for epistemology? [J]. *The Journal of Philosophy*, 1980, 77(10):579-588.

Hamlyn D W. History of epistemology [M]//Paul Edwards ed. *The Encyclopedia of Philosophy*. New York: Macmillan, 1967.

Hangqing C, Xiaodong C. Pragmatic commitments to naturalized epistemology [J]. *Frontiers of Philosophy in China*, 2006, 1(3):477-490.

Hanson P, Hunter B. *Return of the A Priori* [M]. Calgary,

Alberta: University of Calgary Press, 1992.

Hare R M. *The Language of Morals*[M]. Oxford: Clarendon Press, 1952.

Harman G. Inferential justification [J]. *The Journal of Philosophy*, 1977, 73(17): 570-571.

Hartmann D, Lange R. Epistemology culturalized[J]. *Journal for General Philosophy of Science*, 2000, 31(1): 75-107.

Hempel C G. *Aspects of Scientific Explanation*[M]. New York: Free Press, 1965.

Hilbert D. Über das Unendliche[J]. *Mathematische Annalen*, 1926, 95(1): 161-190.

Houkes W. Normativity in Quine's naturalism: The technology of truth-seeking? [J]. *Journal for General Philosophy of Science*, 2002, 33(2): 251-267.

Hume D. A treatise of human nature[M]//Chappell V C ed. *The Philosophy of David Hume*. New York: Randon House, 1963.

Hundleby C. The open end: Social naturalism, feminist values and the integrity of epistemology[J]. *Social Epistemology*, 2002, 16(3): 251-265.

Janvid M. Epistemological naturalism and the normativity objection[J]. *Erkenntnis*, 2004, 60(1): 35-49.

John L P, Joseph C. *Contemporary Theories of Knowledge* [M]. 2nd ed. Lanham: Rowman & Littelefield Publisher, 1999.

Jurgen B M. *Kant's Psychologie*[M]. Berlin: Wilhelm Hertz, 1870.

Kant I. *Critique of Pure Reason* [M]. trans. N. Kemp Smith. London: Macmillan, 1964.

Kant I. *Foundations of the Netaphysics of Morals* [M]. trans. Lewis White Beck. New York: Macmillan, 1959.

Kaplan M. Epistemology on holiday [J]. *The Journal of Philosophy*, 1991, 88(3): 132-154.

Kertész A. On the de-naturalization of epistemology [J]. *Journal for General Philosophy of Science*, 2002, 33 (2): 269-288.

Kim J. Concepts of supervenience [J]. *Philosophy and Phenomenological Research*, 1984, 45(2): 153-176.

Kim J. Epiphenominal and supervenient causation[M]//Eells E. Peter A. French, Theodore E. Uehling, Jr., Howard K. Wettstein eds. *Midwest Studies in Philosophy*. Minneapolis: University of Minnesota Press, 1984.

Kim J. Supervenience as a philosophical concept [J]. *Metaphilosophy*, 1990, 21(1/2): 1-27.

Kim J. The myth of nonreductive materialism [C]// Proceedings and addresses of the American Philosophical Association. 1989: 31-47.

Kim J. The role of perception in a priori knowledge: Some remarks[J]. *Philosophical Studies*, 1981, 40(3): 339-354.

Kim J. What is "Naturalized Epistemology"? [M]// Linda Martin Alcoff ed. *Epistemology: The Big Questions*. Oxford: Blackwell Publishers, 1998.

Kim J. What is "naturalized epistemology"? [J]. *Philosophical Perspectives*, 1988, 2: 381-405.

Kim J. What is "Naturalized Epistemology"? [M]// J. Tomberlin ed. *Philosophical Perspectives*, 2: *Epistemology*. Atascadero, CA: Rigdeview, 1998.

Kitchener R F. The natural and the normative[J]. *Philosophy of Science*，1995，62(2)：334-335.

Kitcher P. *A Priori Knowledge Revisited：New Essays on the a Priori*[M]. New York：Oxford University Press，2000.

Kitcher P. A priori knowledge[J]. *The Philosophical Review*，1980，89(1)：3-23.

Kitcher P. Deconstructing the mind[J]. *The Journal of Philosophy*，1998，95(12)：641-644.

Kitcher P. Frege's epistemology[J]. *The Philosophical Review*，1979，88(2)：235-262.

Kitcher P. *Kant's Transcendental Psychology*[M]. New York：Oxford University Press，1990.

Kitcher P. Socializing knowledge[J]. *The Journal of Philosophy*，1991，88(11)：675-676.

Kitcher P. The naturalists return[J]. *The Philosophical Review*，1992，101(1)：53-114.

Klatzky R L. *Human Memory：Structures and Processes*[M]. San Francisco：W. H. Freeman，1975.

Kloppenberg J T. Pragmatism：An old name for some new ways of thinking?[J]. *The Journal of American History*，1996，83(1)：100-138.

Knowles J. *Norms，Naturalism and Epistemology：The Case for Science without Norms*[M]. New York：Plagrave Macmillan，2003.

Knowles J. What's really wrong with Laudan's normative naturalism[J]. *International Studies in the Philosophy of Science*，2002，16(2)：171-186.

Kolb R W. Naturalism and value language[J]. *Ethics*，1973，

83(2): 168-172.

Kornblith H. "What is Naturalistic Epistemology?"[M]// *Naturalizing Epistemology*. Cambrige: The MIT Press, 1993.

Kornblith H. Epistemic normativity[J]. *Synthese*, 1993, 94 (3): 357-376.

Kornblith H. In defense of A naturalized epistemology[M]// John Greco, Ernest Sosa. *The Blackwell Guide to Epistemology*. Oxford: Blackwell Publishers Ltd., 1999.

Kornblith H. Justified belief and epistemically responsible action[J]. *The Philosophical Review*, 1983, 92(1): 33-48.

Kornblith H. Naturalism: Both metaphysical and epistemological[J] *Midwest Studies in Philosophy*, 1994, 19.

Kornblith H. Naturalistic epistemology and its critics[J]. *Philosophical Topics*, 1995, 23(1): 237-255.

Kornblith H. *Naturalizing Epistemology*[M]. Cambridge, MA: MIT Press, 1997.

Kornblith H. The impurity of reason [J]. *Pacific Philosophical Quarterly*, 2000, 81(1): 67-89.

Kornblith H. The psychological turn [J]. *Australasian Journal of Philosophy*, 1982, 60(3): 238-253.

Kornblith H. *Naturalizing Epistemology* [M]. 2nd ed. Cambridge, MA: MIT Press, 1994.

Krikorian Y H. Cohen's rationalistic naturalism[J]. *Philosophy and Phenomenological Research*, 1968, 29(2): 264-273.

Kripke S. *Naming and Necessity* [M]. Cambridge, MA: Harvard University Press, 1980.

Kukla A. Scientific realism, scientific practice, and the natural ontological attitude[J]. *The British Journal for the Philosophy of*

Science，1994，45(4)：955-975.

Laudan L. Methodology's prospects［C］//Proceedings of the biennial meeting of the Philosophy of Science Association. Philosophy of Science Association，1986：347-354.

Laudan L. Normative naturalism［J］. *Philosophy of Science*，1990，57(1)：44-59.

Laudan L. Progress or rationality? The prospects for normative naturalism［J］. *American Philosophical Quarterly*，1987，24（1）：19-31.

Laudan L. *Science and Values*［M］. Berkeley：University of California Press，1984.

Lauener D. Holism and naturalized epistemology confronted with the problem of truth［M］//Robert Barrett，Roger Gibson ed. *Perspectives on Quine*. Cambrige：Basil Blackwell，1990.

Lavine T Z，Robinson C J. Modernity and the Spirit of Naturalism［C］//Proceedings and addresses of the American Philosophical Association. 1991：73-83.

Lawn B. From temple to streets：The style of pragmatism［J］. *New England Quarterly*，1972，45(4)：526-540.

Leiter B，Allen R J. Naturalized epistemology and the law of evidence［J］. *Virginia Law Review*，2001，87：1491.

Lennon K. Naturalizing and interpretive turns in epistemology［J］. *International Journal of Philosophical Studies*，2003，11(3)：245-259.

Leplin J. Renormalizing epistemology［J］. *Philosophy of Science*，1990，57(1)：20-33.

Lepore E，Fodor J. *Holism：A Shopper's Guide*［M］. Oxford：Blackwell，1991.

Levin M. You can always count on reliabilism［J］. *Philosophy and Phenomenological Research*, 1997, 57(3): 607-617.

Levinson H S. Pragmatic naturalism and the spiritual life[J]. *Raritan*, 1990, 10(2): 70-86.

Linsky B, Zalta E N. Naturalized platonism versus platonized naturalism[J]. *The Journal of Philosophy*, 1995, 92(10): 525-555.

Longino H. Who knows: From Quine to a feminist empiricism[J]. *Isis*, 1992, 83.

Lovejoy A O. Pragmatism and realism[J]. *The Journal of Philosophy*, *Psychology and Scientific Methods*, 1909, 6(21): 575-580.

Lycan W G. "Is" and "ought" in cognitive science[J]. *Behavioral and Brain Sciences*, 1981, 4(3): 344-345.

Maddy P. Set theoretic naturalism[J]. *The Journal of Symbolic Logic*, 1996, 61(2): 490-514.

Maffie J. Realism, relativism, and naturalized meta-epistemology[J]. *Metaphilosophy*, 1993, 24(1/2): 1-13.

Maffie J. Recent work on naturalized epistemology[J]. *American Philosophical Quarterly*, 1990, 27(4): 281-293.

Maffie J. Scientism: Philosophy and the Infatuation with science[J]. *Philosophy of Science*, 1993, 60(4):677-679.

Matthen M. Naturalism and teleology[J]. *The Journal of Philosophy*, 1991, 88(11): 656-657.

McCain K. Matthias Steup, Ernest Sosa eds. *Contemporary Debates in Epistemology*[M]. Padstow UK: TJ International Ltd Press.

Miller S, Fredericks M. Reliabilism "naturalized"[J]. *Social Epistemology*, 2002, 16(4): 367-376.

Moser P. *A Priori Knowledge*[M]. Oxford: Oxford University

Press，1987.

Munson R，Roth P. Testing normative naturalism：The problem of scientific medicine[J]. *The British Journal for the Philosophy of Science*，1994，45(2)：571-584.

Nozick R. *Philosophical Explanations*[M]. Cambridge，MA：Harvard University Press，1981.

Oberdan T. The Vienna Circle's "Anti-Foundationalism"[J]. *The British Journal for the Philosophy of Science*，1998，49(2)：297-308.

Pap A. *Semantics and Necessary Truth*[M]. New Haven，CT：Yale University Press，1958.

Papineau D. *Philosophical Naturalism* [M]. Oxford：Blackwell Publishers Ltd. ，1993.

Peacocke C. *A Study of Concepts*[M]. Cambridge，MA：MIT Press，1992.

Peacocke C. Can possession conditions individuate concepts? [J]. *Philosophy and Phenomenological Research*，1996，56(2)：433-460.

Peirce C S. *Collected Papers of Charles Sanders Peirce*[M]. Cambridge，MA：Harvard University Press，1960.

Peirce C S. How to make our ideas clear[J]. *Popular Science Monthly*，1878，12(Jan.)：286-302.

Plantinga A. *Warrant：The Current Debate*[M]. New York & Oxford：Oxford University Press，1993.

Pollock J L. *Knowledge and Justification* [M]. Princeton：Princeton University Press，1974.

Popper K. *Logic of Scientific Discovery* [M]. New York：Oxford University Press，1993.

Preston J. Methodology, epistemology and conventions: Popper's bad start[C]//Proceedings of the biennial meeting of the Philosophy of Science Association. Philosophy of Science Association, 1994: 314-322.

Psillos S. *Scientific Realism: How Science Tracks Truth* [M]. New York: Routledge, 1998.

Putnam H. *Realism and Reason*[M]. Cambridge: Cambridge University Press, 1983.

Putnam H. *Reason, Truth and History* [M]. Cambridge: Cambridge University Press, 1981.

Qiune W V. *Ontological Relativity and Other Essays*[M]. New York: Columbia University Press, 1969.

Quine W V. Carnap and logical truth[M]//*Ways of Paradox*. 2nd ed. Cambridge: Harvard University Press, 1976.

Quine W V. Epistemology naturalized[M]//Hilary Kornblith ed. *Naturalizing Epistemology*. 2nd ed. Cambridge, MA: MIT Press, 1994.

Quine W V. Epistemology naturalized [M]//*Ontological Relativity and Other Essays*. New York: Random House, 1969.

Quine W V. *From a Logical Point of View and Other Essays* [M]. New York: Harper and Row, 1953.

Quine W V. Grades of theoreticity[M]//L. Foster, J. W. Swanson eds. *Experience and Theory*. Amherst: Niversity of Massachusetts, 1970.

Quine W V. Natural kinds[M]//*Ontological Relativity and Other Essays*. New York: Columbia University Press, 1969.

Quine W V. Notes on existence and necessity[J]. *The Journal of Philosophy*, 1943, 40(5): 113-127.

Quine W V. Posits and reality[M]//*The Ways of Paradox and Other Essays*. 2nd ed. Cambridge：Harvard University Press，1976.

Quine W V. Reply to Smart[M]//D. Davidson，J. Hintikka eds.*Words and Objections：Essays on the Work of W. V. Quine*. Dordrecht：Reidel Publishing Company，1975.

Quine W V. Reply to Vullemin[M]//E. L. Hahn，P. A. Schilpp eds. *The Philosophy of W. V. Quine*. LaSalle，IL：Open Court，1986.

Quine W V. Reply to White[M]// E. L. Hahn，P. A. Schilpp eds. *The Philosophy of W. V. Quine*. LaSalle，IL：Open Court，1986.

Quine W V. Structure and nature[J]. *The Journal of Philosophy*，1992，89(1)：5-9.

Quine W V. The nature of natural knowledge[M]// Samuel Guttenplan ed. *Mind and Language*. Oxford：Clarendon Press，1975.

Quine W V. *The Pursuit of Truth*[M]. Cambridge：Harvard University Press，1990.

Quine W V. The scope and language of science[M]// *The Ways of Paradox and Other Essays*. New York：Random House，1966.

Quine W V. *The Ways of Paradox and Other Essays*[M]. revised and enlarged ed. Cambridge：Harvard University Press，1976.

Quine W V. *Theories and Things*[M]. Cambridge：Belknap Press，1981.

Quine W V. *Theories and Things*[M]. Cambridge：Harvard University Press，1981.

Quine W V. Things and their place in theories[M]//*Theories and Things*. Cambridge：Belknap Press，1980.

Quine W V. Two dogmas of empiricism[J]. *Philosophical Review*, 1951, 60(1):20-43.

Quine W V. Two dogmas of empiricism[M]//*From a Logical Point of View*. 2nd ed. Cambridge, MA: Harvard University Press, 1961.

Quine W V. *Web of Belief*[M]. New York: Random House Press, 1970.

Quine W V. *Word and Object*[M]. Cambridge, MA: MIT Press, 1960.

Randall J H. Empirical pluralism and unifications of nature [M]//Ryder J. *American Philosophic Naturalism in the Twentieth Century*. New York: Prometheus Books, 1994.

Ravetz J R. *Scientific Knowledge and Its Social Problems* [M]. Oxford: Clarendon Press, 1971.

Reichenbach H. *Experience and Prediction*[M]. Chicago: University of Chicago Press, 1938.

Rey G. A naturalistic a priori[J]. *Philosophical Studies: An International Journal for Philosophy in the Analytic Tradition*, 1998, 92(1/2): 25-43.

Rey G. *Contemporary Philosophy of Mind: A Contentiously Classical Approach*[M]. Oxford: Blackwell's, 1997.

Rey G. Digging deeper for the a priori[J]. *Philosophy and Phenomenological Research*, 2001, 63(3): 649-656.

Rey G. Resisting primitive compulsions[J]. *Philosophy and Phenomenological Research*, 1996, 56(2): 419-424.

Richardson A W. Philosophy of science and its rational reconstructions: Remarks on the VPI program for testing philosophies of science[C]//Proceedings of the biennial meeting of the Philosophy of Science Association. Philosophy of Science Association, 1992: 36-46.

Ricketts T G. Rationality, translation, and epistemology naturalized[J]. *The Journal of Philosophy*, 1982, 79 (3): 117-136.

Riepe D. What is a scientific naturalist at mid-century? [J]. *The Journal of Philosophy*, 1958, 55(17): 726-734.

Robert A. *The Cambridge Dictionary of Philosophy*[M]. Cambridge: Cambridge University Press, 1995.

Rochberg-Halton E. Why pragmatism now? [J]. *Sociological Theory*, 1987, 5(2): 194-200.

Rosenberg A. Naturalistic epistemology for eliminative materialists[J]. *Philosophical and Phenomenological Research*, 1999, 59(2): 335-358.

Ross G. Undefeated naturalism[J]. *Philosophical Studies: An International Journal for Philosophy in the Analytic Tradition*, 1997, 87(2): 159-184.

Roth P A. Siegel on naturalized epistemology and natural science[J]. *Philosophy of Science*, 1983, 50(3): 482-493.

Rouse J. *How Scientific Practices Matter*[M]. Chicage: University of Chicage Press, 2002.

Rouse J. *Knowledge and Power*[M]. Ithaca: Cornell University Press, 1987.

Russell B. *The Problems of Philosophy*[M]. London: Williams and Norgate, 1912.

Ryckman T A. Overcoming logical positivsm from within: The emergence of Neurath's naturalism in the Vienna Circle's protocol sentence debate[J]. *Philosophy of Science*, 1995, 62(2): 335-337.

Ryder J. *American Philosophic Naturalism in the Twentieth Century*[M]. New York: Prometheus Books, 1994.

Sas P J. Plugging the leaks in Neurath's ship: A defense of naturalistic epistemology[J]. *Journal for General Philosophy of Science*, 1999, 30(1): 131-153.

Schmitt F F. Veritistic value[J]. *Social Epistemology*, 2000, 14(4): 259-280.

Seigfried H. Against naturalizing preconceptual experience[J]. *Philosophy and Phenomenological Research*, 1988, 48 (3): 505-518.

Shatz D. Scepticism and naturalized epistemology[M]//S. J. Wagner, R. Warner eds. *Naturalism: A Critical Reapparaisal*. Notre Dame: Notre Dame University Press, 1993.

Shimony A, Nails D. *Naturalistic Epistemology: A Symposium of Two Decades*[M]. Dordrecht, Holland: D. Reidel Publishing Company, 1987.

Siegel H. Empirical psychology, naturalized epistemology, and first philosophy [J]. *Philosophy of Science*, 1984, 51 (4): 667-676.

Siegel H. Instrumental rationality and naturalized philosophy of science[J]. *Philosophy of Science*, 1996, 63: S116-S124.

Siegel H. Laudan's normative naturalism [J]. *Studies In History and Philosophy of Science Part A*, 1990, 21 (2): 295-313.

Siegel H. Naturalism and the abandonment of normativity [M]//W. D. Donohue, R. Kitcher eds. *The Philosophy of Psychology*. London: SAGE Publications Ltd. 1996.

Siegel H. What is the question concerning the rationality of science? [J]. *Philosophy of Science*, 1985, 52(4): 517-537.

Skagestad P. Peirce's conception of truth: A framework for naturalistic epistemology? [M]// Abner Shimony, Debrn Nails eds. *Naturalistic Epistemology*. Dordrecht, Holland: D. Reidel Publishing Company, 1987.

Skagestad P. *The Road of Inquiry: Charles Peirce's Pragmatic Realism*[M]. New York: Columbia University Press, 1981.

Sklar L. Naturalism and the interpretation of theories [C]// Proceedings and addresses of the American Philosophical Association. American Philosophical Association, 2001: 43-58.

Skyrms B. The explication of "X" knows that "P"[J]. *The Journal of Philosophy*, 1967, 64(12): 373-389.

Sleigh R C. *Necessary Truth* [M]. Englewood Cliffs, NJ: Prentice Hall, 1972.

Somers M R. Narrating and naturalizing civil society and citizenship theory: The place of political culture and the public sphere[J]. *Sociological Theory*, 1995: 229-274.

Sorabji R. *Aristotle on Memory*[M]. Providence, RI: Brown University Press, 1972.

Sosa E. Nature unmirrored, epitemology naturalized [J]. *Synthese*, 1983, 55(1): 49-72.

Stabler Jr E P. Rationality in naturalized epistemology[J]. *Philosophy of Science*, 1984, 51(1): 64-78.

Steup M. Harmless naturalism: The limits of science and the nature of philosophy[J]. *The Philosophical Review*, 2000, 109(3): 462-465.

Stich S P. A pragmatic account of cognitive evaluation[M]// Hilary Kornblith ed. *Naturalizing Epistemology*. Cambridge,

MA：MIT Press，1994.

Stich S P. *The Fragmentation of Reason*［M］. Cambridge，MA：MIT Press，1990.

Stroud B. The charm of naturalism［C］//Proceedings and addresses of the American Philosophical Association. American Philosophical Association，1996：43-55.

Stump D. Naturalized philosophy of science with a plurality of methods［J］. *Philosophy of Science*，1992，59(3)：456-460.

Tufts J H. Forty years of American philosophy［J］. *Ethics*，1938，48(3)：433-438.

Van Fraassen B C. Theory construction and experiment：An empiricist view［C］//Proceedings of the biennial meeting of the Philosophy of Science Association. Philosophy of Science Association，1980：663-678.

Whitehead A N，Russell B. *Principia Mathematica*［M］. New York：Cambridge University Press，1910.

Williams M. Skepticism and naturalism：Some varieties［J］. *Philosophical Quarterly*，1986，36(144)：444-448.

D. J. 奥康诺. 批评的西方哲学史［M］. 洪汉鼎，等译. 北京：东方出版社，2005.

R. 罗蒂. 实用主义：过去与现在［J］. 张金言，译. 国外社会科学，2004(4)：20-26.

W. 阿尔斯顿. 语言哲学［M］. 牟博，刘鸿辉，译. 北京：生活·读书·新知三联书店，1988.

阿尔弗雷德·朱尔斯·艾耶尔. 先天性［M］//保罗·贝纳塞拉夫，希拉里·普特南编. 朱水林，等译. 数学哲学. 北京：商务印书馆，2003.

阿尔弗雷德·朱尔斯·艾耶尔. 语言、真理与逻辑［M］. 尹大贻译. 上海：上海译文出版社，1981.

阿尔文·I. 戈德曼. 认识论［M］//欧阳康. 当代英美哲学地图. 北京：人民出版社，2005.

柏拉图. 理想国［M］. 郭斌，张竹明，译. 北京：商务印书馆，2003.

保罗·欧尼斯特. 数学教育哲学［M］. 齐建华，译. 上海：上海教育出版社，1998.

北京大学哲学系外国哲学史教研室编译. 十六—十八世纪西欧各国哲学［M］. 北京：商务印书馆，1975.

陈刚. 附生性，因果性，还原性［J］. 哲学研究，2005（3）：80-85.

陈嘉明. 知识与确证［M］. 上海：上海人民出版社，2003.

程晓东. 实用主义承诺下的自然主义认识论［D］. 杭州：浙江大学，2006.

丛杭青，程晓东. 自然主义认识论的实用主义承诺［J］. 哲学研究，2005（10）：51-57.

丛杭青，戚陈炯. 集体意向性：个体主义与整体主义之争［J］. 哲学研究，2007（6）：49-56.

丛杭青，任姣婕. 集体信念与接受［J］. 自然辩证法研究，2008，24（3）：44-49.

丛杭青，徐献军. Testimony 是如何得到辩护的［J］. 哲学研究，2003（10）：69-76.

丛杭青. 陈词证据研究［M］. 北京：人民出版社，2005.

丛杭青. 什么是科学的社会研究？［J］. 科学学研究，2003，21（3）：225-231.

窦新元. 杜威形而上学的经验自然主义［J］. 学术研究，2004（12）：19-24.

杜威. 经验与自然［M］. 傅统先，译. 北京：商务印书馆，1960.

杜威. 确定性的追求[M]. 傅统先译//《哲学研究》编辑部. 资产阶级哲学资料选辑:第九辑. 上海:上海人民出版社,1966.

杜威. 新旧个人主义——杜威文选[M]. 孙中有,等译. 上海:上海社会科学院出版社,1997.

杜威. 哲学的改造[M]. 胡适,唐擘黄,译. 合肥:安徽教育出版社,1999.

恩斯特·索萨. 形而上学[M]//欧阳康. 当代英美哲学地图. 北京:人民出版社,2005.

方在庆. 规范自然主义述评[J]. 自然辩证法通讯,1992,14(2):1-10.

高魁. 非还原物理主义思潮述评[J]. 自然辩证法通讯,2000,22(4):30-34.

郭贵春. 奎因的自然主义与科学实在论[J]. 自然辩证法通讯,1997,19(4):1-9.

郭贵春.劳丹的"规范的自然主义"认识论——西方科学哲学发展的一种趋势[J].科学技术与辩证法,1991(3):1-5,20.

何静,丛杭青. 自然主义认识论的不同形式[J]. 自然辩证法通讯,2006,28(3):34-38.

何静. 自然主义认识论的困境与出路[J]. 自然辩证法研究,2005,21(3):41-44.

黑格尔. 法哲学原理[M]. 张企泰,译. 北京:商务印书馆,1961.

胡克,范岱年. 自然主义实在论:纲要和研究纲领[J]. 自然辩证法通讯,1994,16(2):1-13.

江怡. 当代西方科学哲学的走向分析[J]. 自然辩证法研究,2005,21(7):15-19.

江怡. 当今美国实在论的自然主义和实用主义倾向[J]. 厦门大学学报(哲学社会科学版),2004(6):13-20.

江怡. 美国实用主义哲学的现状及其分析[J]. 哲学动态，2004（1）：27-31.

江怡. 自然主义的回归——新近美国哲学中的一种新动向[J]. 国外社会科学，1995（7）：12-17.

卡尔·亨佩尔. 论数学真理的本性[M]//保罗·贝纳塞拉夫，希拉里·普特南. 数学哲学. 朱水林，等译. 北京：商务印书馆，2003.

卡尔-奥托·阿佩尔. 哲学的改造[M]. 孙周兴，陆兴华，译. 上海：上海译文出版社，2005.

康德. 未来形而上学导论[M]. 庞景仁，译. 北京：商务印书馆，1978.

康德. 纯粹理性批判[M]//杨祖陶，邓晓芒，编译. 康德三大批判精粹. 北京：人民出版社，2001.

杨祖陶，邓晓芒编译. 康德三大批判精粹[M]. 北京：人民出版社，2001.

康德. 逻辑学讲义[M]. 许景行，译. 北京：商务印书馆，1991.

康德. 未来形而上学导论[M]//刑贲思等. 影响世界的著名文献:哲学卷. 北京：新华出版社，1997.

康德. 纯粹理性批判[M]. 邓晓芒，译，杨祖陶，校. 北京：人民出版社，2004.

克里普克. 命名与必然性[M]. 梅文译. 上海：上海译文出版社，2001.

克里普克. 同一性与必然性[M]//涂纪亮. 语言哲学名著选辑:英美部分. 北京：生活·读书·新知三联书店，1988.

奎因. 从逻辑的观点看[M]. 江天骥，等译. 上海：上海译文出版社，1987.

奎因. 语词和对象[M]. 陈启伟，等译. 北京：中国人民大学出版社，2005.

莱布尼兹. 单子论[M]//北京大学哲学系外国哲学史教研室编译. 十六—十八世纪西欧各国哲学. 北京：商务印书馆，1975.

莱布尼兹. 人类理智新论[M]. 陈修斋,译. 北京：商务印书馆，1982.

李淑英. 规范的自然主义解释——自然化认识论的规范性问题之一[J]. 自然辩证法研究，2007，23(11)：16-19.

李为. 自然主义认识论的当代复兴[J]. 自然辩证法研究，2003,19(12).

林杭明. 自然化认识论的心理学进路[D]. 杭州：浙江大学，2006.

刘军. 当代科学哲学中的自然主义流派论析[J]. 自然辩证法通讯，1997，19(6)：16-24.

刘军. 论哲学和伦理学中的自然主义[J]. 求是学刊，1999(6)：43-48.

罗伯特·B. 塔利斯. 杜威[M]. 彭国华,译. 北京：中华书局，2002.

罗素. 哲学问题[M]. 何兆武,译. 北京：商务印书馆，2007.

罗素. 论哲学中的科学方法[M]//D. J. 奥康诺. 批评的西方哲学史. 洪汉鼎,等译. 北京：东方出版社，2005.

罗素. 逻辑原子论的哲学[M]//D. J. 奥康诺. 批评的西方哲学史. 洪汉鼎,等译. 北京：东方出版社，2005.

洛克. 人类理解论[M]. 关文运,译. 北京：商务印书馆，1983.

洛克. 人类理解论[M]//北京大学哲学系外国哲学史教研室编译. 十六—十八世纪西欧各国哲学. 北京：商务印书馆，1975.

孟建伟. 论劳丹的规范自然主义[J]. 自然辩证法研究，1992(8)：

南森. 豪塞尔. 皮尔士实用主义之回归[J]. 徐鹏,译. 江海学刊，2004(4)：25-28.

尼古拉斯·布宁，余纪元. 西方哲学英汉对照辞典[Z]. 北京：人民出版社，2001.

庞加莱. 数学上的创造[J]. 数学译林，1986，5.

普特南. 从内部看哲学的半个世纪[M]//陈波. 分析哲学：回顾与反省. 成都：四川教育出版社，2001.

钱满素. 作为美国民族精神的实用主义[J]. 社会科学论坛，1999（Z3）：36-41.

乔纳森·科恩. 科学哲学[M]//欧阳康. 当代英美哲学地图. 北京：人民出版社，2005.

乔纳森·洛厄. 哲学逻辑[M]//欧阳康. 当代英美哲学地图. 北京：人民出版社，2005.

任姣婕. 自然主义认识论背景下的规范性重建[D]. 杭州：浙江大学，2008.

盛晓明. 康德的"先验演绎"与"自相关"问题——评布伯纳与罗蒂的争论[J]. 哲学研究，1998（6）：50-55.

师保国，廖承琳. 规范自然主义理论对心理学研究的启示[J]. 自然辩证法研究，2002，18(3)：17-20.

斯特劳森. 个体：论描述的形而上学[M]. 江怡，译. 北京：中国人民大学出版社，2004.

唐纳德·戴维森. 哲学与中国哲学[M]. 北京：商务印书馆，2008.

唐纳德·戴维森. 真理、意义与方法：戴维森哲学文选[M]. 北京：商务印书馆，2008.

涂纪亮. 当代美国哲学论著选译：第1集[M]. 北京：商务印书馆，1991.

万俊人，陈亚军. 詹姆斯集[M]. 上海：上海远东出版社，2004.

王成兵. 析实用主义哲学[J]. 北京师范大学学报（社会科学

版），1992（2）：27-34.

王海英. 社会科学中的自然主义[J]. 自然辩证法研究，2005，21(10)：17-20.

王守昌，苏玉昆. 现代美国哲学[M]. 北京：人民出版社，1990.

王漪. 经验中的先验[D]. 杭州：浙江大学，2010.

王漪. 如何理解先验知识？[J]. 自然辩证法研究，2010，26(4)：1-5.

王漪. 自然主义认识论背景下的先验性[D]. 杭州：浙江大学，2007.

王漪. 自然主义认识论背景下的先验性[J]. 自然辩证法研究，2007，23(10)：12-17.

王元明. 试析蒯因的自然主义认识论[J]. 天津师大学报（社会科学版），1997(5)：19-25.

休谟. 人类理解研究[M]. 关文运，译. 北京：商务印书馆，1972.

休谟. 人性论[M]. 关文运，译. 北京：商务印书馆，1980.

徐献军，丛杭青. 当代西方 Testimony 理论研究述评[J]. 哲学动态，2003（11）：26-30.

徐献军，丛杭青. 休谟的证词还原论：困境与出路[J]. 自然辩证法通讯，2005，27(4)：63-67.

徐越如. 自然主义能解决当代认识论的问题吗？[J]. 自然辩证法研究，1992，8(7)：24-29.

叶初升. 自然化认识论：在描述与规范之间[J]. 哲学动态，1997（7）：31-34.

于金龙，吴彤. 科学哲学中的规范性研究述评[J]. 哲学动态，2007（1）：46-52.

俞吾金. 谈谈哲学研究中的自然主义态度[J]. 社会科学战线，

1995（4）：63-65.

约翰·巴斯摩尔. 哲学百年·新近哲学家［M］. 洪汉鼎，等译.
北京：商务印书馆，1996.

詹姆斯. 实用主义［M］. 陈羽纶，孙瑞禾，译. 北京：商务印书
馆，1979.

赵敦华. 现代西方哲学新编［M］. 北京：北京大学出版社，2001.

赵汀阳. 先验论证［J］. 世界哲学，2005（3）：97-100.

赵汀阳. 再论先验论证［J］. 世界哲学，2006（3）：99-102.

图书在版编目(CIP)数据

自然主义认识论研究 / 丛杭青等著. —杭州:浙
江大学出版社,2022.12
ISBN 978-7-308-23149-7

Ⅰ.①自… Ⅱ.①丛… Ⅲ.①自然主义－认识论－研
究 Ⅳ.①B017

中国版本图书馆 CIP 数据核字(2022)第 189816 号

自然主义认识论研究

丛杭青 等著

丛书策划	陈佩钰　吴伟伟
责任编辑	陈佩钰　范洪法
责任校对	许艺涛
封面设计	程　晨
出版发行	浙江大学出版社
	(杭州市天目山路 148 号　邮政编码 310007)
	(网址:http://www.zjupress.com)
排　　版	浙江时代出版服务有限公司
印　　刷	杭州钱江彩色印务有限公司
开　　本	710mm×1000mm　1/16
印　　张	23.25
字　　数	313 千
版 印 次	2022 年 12 月第 1 版　2022 年 12 月第 1 次印刷
书　　号	ISBN 978-7-308-23149-7
定　　价	98.00 元